Tartuffe and
The Bourgeois Gentleman

Le Tartuffe et
Le Bourgeois Gentilhomme

A Dual-Language Book

Molière

Edited and Translated by
STANLEY APPELBAUM

DOVER PUBLICATIONS, INC.
Mineola, New York

Copyright

Theatrical Rights

This Dover Thrift Edition may be used in its entirety, in adaptation, or in any other way for theatrical productions, professional and amateur, in the United States, without permission, fee, or acknowledgment. (This may not apply outside of the United States, as copyright conditions may vary.)

Bibliographical Note

The present edition, first published in 1998, contains the full French text (with spelling modernized) of *Le Tartuffe ou l'imposteur* and *Le bourgeois gentilhomme* as contained in the volume *Œuvres complètes de Molière, Nouvelle édition accompagnée de notes tirées de tous les commentateurs . . .* , Garnier Frères, Paris, n.d. [late nineteenth century], plus new translations of both plays by Stanley Appelbaum, who also wrote the Introduction and footnotes (some of which indicate significant textual variations in other French editions). *Le Tartuffe ou l'imposteur* was first published by Jean Ribou, Paris, in 1669. *Le bourgeois gentilhomme* was first published by Pierre Le Monnier, Paris, in 1671.

Library of Congress Cataloging-in-Publication Data

Molière, 1622–1673.
   [Tartuffe. English & French]
   Tartuffe and the Bourgeois gentleman = Le Tartuffe et Le Bourgeois gentil-homme : a dual-language book / Molière ; edited and translated by Stanley Appelbaum.
     p. cm.
   ISBN 0-486-40438-2 (pbk.)
   I. Appelbaum, Stanley. II. Molière, 1622–1673. Bourgeois gentilhomme. English & French. III. Title. IV. Title: Bourgeois gentilhomme.
PQ1842.A418   1998
842'.4—dc21
               98-26498
               CIP

Manufactured in the United States by Courier Corporation
40438203
www.doverpublications.com

Contents

INTRODUCTION

THE PLAYWRIGHT

The present volume offers the absolutely complete text, with translation, of two of Molière's most highly regarded and most frequently performed plays: *Le Tartuffe,* a verse comedy with serious overtones, and *Le bourgeois gentilhomme,* a largely farcical prose comedy with lyrical sections intended for musical performance.

Molière, generally considered France's greatest writer of comedies—and rated by many critics as the foremost of all French writers—was born in Paris in 1622 as Jean-Baptiste Poquelin. His father, a well-to-do upholsterer, purchased, for himself and his heirs, the privilege of supplier to the royal court. Young Poquelin received an excellent education, which many passages in his plays attest to, and even attained a lawyer's degree. But his heart was elsewhere.

Long enamored of theatricals, and acquainted with the head of the Parisian troupe of Italian comedians, the young man became an actor in 1643, joining the company of Madeleine Béjart, four years his senior. They acted in a reconverted tennis court, and their financially shaky Illustre-Théâtre lasted only until 1645, when Molière (now head of the troupe, he adopted this stage name from that of a popular novelist) actually spent a few days in prison for debt.

Subsequently the troupe left Paris for thirteen years of wandering in the French provinces, chiefly in the south. During this "exile," Molière learned his acting and directing craft thoroughly, and began writing sketches and regular comedies for himself and his colleagues to perform.

Returning to Paris in 1658, under the patronage of the brother of young Louis XIV, Molière and his company won the king's favor and were allowed to share a Parisian theater, the Petit-Bourbon, with an Italian troupe; Molière became sole lessee the following year. The

company's repertoire also included tragedy, but Molière was much less successful in that line—possibly because his style was more natural than that of his rivals at the Hôtel de Bourgogne, whose chanted declamation was appreciated by even the finest connoisseurs. (At any rate, in years to come—at the Palais-Royal theater from 1661 on—Molière was to produce the world premieres of two tragedies by the now elderly Pierre Corneille and the first two by the rising young Jean Racine.)

In comedy, however, Molière was matchless both as performer and playwright, putting all his predecessors and contemporaries in the shade, and establishing the groundwork for future French comedy writing. In the few years remaining to him, he was to bequeath to the world such classics as *L'école des femmes* (The School for Wives; 1662), *Le Tartuffe* (1664–69), *Dom Juan* (1665), *Le misanthrope* (1666), *L'avare* (The Miser; 1668), *Le bourgeois gentilhomme* (The Bourgeois Gentleman; 1670), *Les femmes savantes* (The Women Scholars; 1672), and *Le malade imaginaire* (The Hypochondriac [or Imaginary Invalid], 1673). His comedies included works in prose, works in regular dramatic verse (see the discussion of *Le Tartuffe* below), and mixed genres such as the ballet comedy (see the discussion of *Le bourgeois gentilhomme*). Some of the plays were commissioned by the king and were first performed at various royal châteaux. Some were completely original, such as the two in this volume, while others were adaptations of earlier works in French or other languages. The stock characters and situations of Italian comedy (commedia dell'arte) are omnipresent.

Even though many of these works have proved to be timeless, Molière was writing them to fit the specific talents, and even the physique and tics, of his own players: for instance, the title character in *Le Tartuffe* and Lucile in *Le bourgeois gentilhomme* (played by Molière's wife) are described physically in the text. Molière himself, besides directing a temperamental company, wrote parts for himself that included wily servants (from commedia dell'arte, but ultimately descended from Pseudolus and similar slaves in Athenian New Comedy and Roman comedy), cuckolds, and especially men living out their monomanias: Arnolphe in *L'école des femmes*, who wants to mold a girl into his fixed idea of a proper wife; the religious freak Orgon in *Le Tartuffe*; Monsieur Jourdain, the merchant fixated on becoming a nobleman in *Le bourgeois gentilhomme*; the psychotic miser Harpagon in *L'avare*; the hypochondriac Argan in *Le malade imaginaire*; and Alceste in *Le misanthrope*, miserable because the world

around him is so imperfect in his eyes. A prime specialty in Molière's own roles was a pyrotechnic display of anger.

The playwright seems to have been a peppery man in real life as well, since a number of his works are polemical in nature, aimed at such enemies as his theatrical rivals, who even attacked his domestic life; certain religious confraternities, who assailed what they saw as immorality and irreligiosity in some of his plays; and highly placed persons who thought they were the specific butt of his satire, and even resorted to physical violence against the playwright. In 1662 Molière had married Armande Béjart, some 21 years his junior, and either the much younger sister (the public story) or the natural daughter (always considered the more plausible version) of his ex-employer and mistress Madeleine Béjart. One enemy even went so far as to claim that Molière had married his own daughter, but nothing came of that drastic accusation.

During this intensive, demanding career, Molière suffered repeatedly from pulmonary complaints. He finally succumbed to them in 1673, when, on the fourth night of his new play *Le malade imaginaire,* he collapsed onstage and died at home a few hours later. As with many details of his life, legend is mixed with fact when it comes to his funeral: most accounts speak of a clandestine shriving and burial, actors in general and Molière in particular being in the bad graces of the Church; while others point to Molière's solid middle-class standing as holder of the family's upholstery privilege and speak of much more normal last rites. A few years after Molière's death, his troupe was merged with others to become the founding nucleus of today's Comédie-Française.

"LE TARTUFFE"

The exact name of the play in the first edition of 1669 is *Le Tartuffe ou l'imposteur.* It is also printed variously as *Le Tartuffe, Tartuffe,* and *L'imposteur.* A three-act version (either the whole action in only three acts, or else the first three acts of the definitive five-act play) was performed before the king at the Versailles palace in 1664 as part of the multiday festival called *Les plaisirs de l'île enchantée* (The Pleasures of the Enchanted Island). The king was pleased but religious critics attacked at once, and only sporadic private performances for the nobility were given until Molière presented it at his Palais-Royal theater in 1667. This was an expurgated version, with the villain's name

changed to Panulphe, but the attacks continued, and Molière had to await a favorable conjunction of political constellations in 1669 before he could mount, and very successfully, the version we know today. He played Orgon, his wife played Elmire. Part of the blame seems to lie on both sides in the long controversy: the opposition to Molière *was* acting disingenuously, especially since much more openly blasphemous plays were left alone; but Molière *was* basically a free-thinker, and unorthodox sentiments occur in other plays. The role of the right-thinking man, Cléante, full of lengthy humanistic sermons, was probably built up substantially between 1664 and 1669 as a kind of lightning rod to ward off bolts from heaven's representatives on earth.

Le Tartuffe is written throughout in the verse scheme common to many comedies and virtually all tragedies of the time (and those that followed the tradition in later centuries). The basic line is the Alexandrine, a verse of twelve syllables generally containing a perceptible pause (caesura), usually at the halfway point. (In counting syllables, a "mute" *e* at the end of a word is elided before the initial vowel of the following word, and a mute *e* at the end of a line doesn't count.) The lines, or verses, rhyme in couplets. The couplets alternate between those ending in "masculine" rhymes (the very last syllable is the strong syllable) and those with "feminine" rhymes (an unstressed syllable ending in mute *e* comes at the very end). Thus, the first four lines in *Le Tartuffe* (disregarding changes in speakers) can be plotted as:

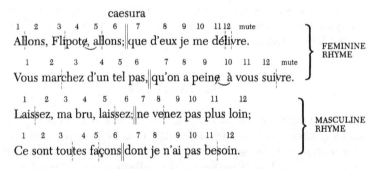

The poetry in *Le Tartuffe* attains a very high level at times, especially in the very subtle and beautifully managed speeches of Elmire and Tartuffe, and it is often flexible enough to encompass the homespun homilies of Madame Pernelle (originally played by a man in drag), but it also sometimes leads a character like the servant Dorine into flights above her station, and can even become elephantine, as in

the arresting officer's speech at the end (which can be seen as embarrassing from the dramaturgical standpoint as well).

Of the characters' names, Pernelle, Laurent, and Flipote (a folksy feminine diminutive of Philippe) are very French, while most of the others are in the Greco-Roman vein so beloved at the time and associated with the artistic sobriquets bestowed on adherents of the highly influential literary salons of the day—also the source of the flowery style of speech known as *précieux* (in *Le Tartuffe*, indulged in chiefly by the young lovers). Among these Greco-Roman names, Orgon may be the most meaningful, since it is possibly connected with the ancient Greek *orgē* (a fit of anger). The name Tartuffe is strikingly similar to *tartufo*, the Italian word for truffle, and it has been stated that the swindler was thus named because his true nature was subterranean, like that fungus—but this might be hindsight.

All the action takes place in the same room, and all within one day. This is the famous seventeenth-century unity of time and place, derived from contemporary interpretations of Aristotle's *Poetics*. Each act is continuous in time, the scene divisions merely indicating which characters are present (instead of indications of exits and entrances).

Standard Molièresque elements in the plot, besides Orgon's fixation, irrationality, and ungovernable temper, are: the saucy servant; carefully patterned comic routines, such as Dorine's interruptions to Orgon's conversation with his daughter; and the lovers' quarrel. The plot structure is unusual (opinions through time have differed as to its merits), after an extremely tidy first-scene exposition ticking off all the family relationships and "planting" such plot elements as Tartuffe's weakness for Elmire. After that, apart from Orgon's plan for his daughter's marriage, very little actually "happens" until the title character appears for the first time early in the third act. Then, two consecutive acts each contain a long scene of eavesdropping on an attempted seduction. Finally, a seemingly hopeless entanglement is resolved in a single "messenger's speech," in which adulation of the king (already "planted" in Act V, Scene 2, in Cléante's lines "Nous vivons sous un règne") reaches epic proportions. But the king, or his constable, is not a mere *deus ex machina* coming out of nowhere: it is Tartuffe, smarting under his humiliation, who recklessly exposes himself to hazardous public scrutiny. Indeed, it is one of the great ironies of the play that Tartuffe, constantly depicted by others in the first two acts as an invincible spider secure in the middle of his web, loses his

grip from the moment he appears, because of his own unconquerable weaknesses: his infatuation with Elmire and his satanic pride in his own cunning.

A classic of the first order in France, the play not only has strong characterizations and powerful situations, but has provided catchwords and witty sayings that are now part of the language, as is the name of the title character.

"LE BOURGEOIS GENTILHOMME"

The English equivalent used in this volume for the play's title (The Bourgeois Gentleman) is just one of innumerable preexisting versions. It must be kept in mind that "gentleman" here means a man of gentle birth, on a social par (or practically) with titled nobility—a man whose ancestors didn't work for a living. To avoid confusion, the French word *messieurs*, which normally would be translated as "gentlemen" (our current watered-down "gentlemen"), has been rendered in the translation by various equivalents.

According to contemporary reports, the play was commissioned in 1670 by the king, at relatively short notice, to be ready for a certain occasion and to contain certain specific plot elements. The king wished to view it during his fall hunting sojourn on the Loire. As for the topic: Louis, stung by the magnificence and superciliousness—rivaling his own—of a Turkish envoy lately in Paris, demanded a lampoon of the foreigner's ceremonies. The story goes that he even deputed a "technical adviser" on Turkish affairs to work with the playwright. Also assigned, as artistic collaborator, was the court composer Jean-Baptiste Lully (1632–1687; born in Florence as Giovanni Battista Lulli): for the entertainment was to be a ballet comedy (*comédie-ballet*).

This hybrid genre, established by Molière and Lully, who created several such works throughout the 1660s, combined a spoken play with sung and danced inserts and act closings. The musical form it used derived directly from the court ballet (*ballet de cour*), about a century old at the time, an entertainment greatly esteemed by Louis XIV, who had danced personally in Lully's *ballets de cour* of the 1650s.[1]

---

[1] The last phase of Lully's career, after the decade of *ballets de cour* and the subsequent decade working with Molière, was devoted to consolidating the standard principles of serious French opera, paving the way for composers like Campra and Rameau.

it did not appear worthwhile to take this into account.[2] With regard to the Ballet of the Nations, the speech of the Gascons and the Swiss is not really in local dialects, but just French with a humorous "vaudeville" accent. On the other hand, the Spanish and Italian used in the corresponding ballet episodes are perfectly correct, and perfectly comprehensible today. The form in which these languages are printed varies widely from one French edition to another. For the present volume, the translator decided to handle them just like the French text: to modernize the spelling and accentuation without altering the wording itself.

THE PRESENT EDITION; MOLIÈRE'S LANGUAGE

The French text in this volume is reprinted unaltered (except for a few mechanical updates in spelling practice—which do not involve changes in wording or in archaic word forms demanded by the meter or rhyme) from a late nineteenth-century edition that is very conservative (in the best sense) in its text and that contains by far the most extensive and lucid stage directions we have seen. (Significant differences in other editions, with regard to readings and to scene divisions, are indicated in footnotes on the appropriate pages.)

The translation, in accordance with the primary goal of this Dover dual-language series, is literal, in English prose, line for line.[3] (It is absolutely impossible to translate literally while following the original meters and rhyme schemes.) In places the translation is slightly wordier than the original, since it attempts to be somewhat interpre-

---

[2] The publisher and the translator apologize sincerely to anyone who may be offended in any way by the travesty of Islamic religion that indubitably occurs in the play. However unfortunate, it could not be omitted from a classic known and valued throughout the world. It is easily mitigated in performance, though it cannot be dispensed with, barring a thorough rewrite of Molière's original.

[3] This primary goal, which has been uppermost in the translator's mind, is partially in conflict with another goal the publisher strives for in his editions of plays: to offer an acting version free of copyright entanglements. For the French texts, this offers no problems whatsoever, but however successful the translator has been in achieving a stageworthy, conversational level of speech, this English version of *Tartuffe* is not in verse. (This is not a major obstacle to performance, since prose translations of verse plays are no novelty.) More seriously, the songs in *Le bourgeois gentilhomme* cannot be performed to any music (let alone Lully's original music) as they now stand.

tative (spelling out certain metaphors more fully, for instance) and tries to avoid all ambiguity of expression. It is thus an idea-for-idea rather than a word-for-word translation, but not one idea has been omitted, added, or falsified. Certain French idioms could, of course, not be translated word for word into what would have been nonsensical English. Some specific instances are discussed in footnotes.

As for Molière's language, his French is already modern French, and infinitely easier to understand than even Shakespeare's English is to us today. On the other hand, there have been numerous semantic changes in the connotations of words since his time; these are reflected in the translations in the present volume and should be carefully observed. Those wishing a brief overview of the chief differences in grammar and syntax between Molière's day and ours would do well to consult a French textbook such as *XVIIe Siècle,* by André Lagarde and Laurent Michard, published by Bordas, Paris, 1985; or *Recueil de textes littéraires français: XVIIe siècle,* by A. Chassaing and Ch. Senninger, Hachette, Paris, 1966. With regard to pronunciation, the most important difference is that the diphthong *oi,* now pronounced like the *wa* in the English word "watch," was then pronounced like the *we* in the English word *wet*; so that certain rhymes that would not be perfect ones nowadays were so when Molière wrote them.

Le Tartuffe ou l'imposteur
Comédie en cinq actes

Tartuffe, or The Impostor
Comedy in Five Acts

PERSONNAGES

MADAME PERNELLE, mère d'Orgon.
ORGON, mari d'Elmire.
ELMIRE, femme d'Orgon.
DAMIS, fils d'Orgon.
MARIANE, fille d'Orgon et amante de Valère.
VALÈRE, amant de Mariane.
CLÉANTE, beau-frère d'Orgon.
TARTUFFE, faux dévot.
DORINE, suivante de Mariane.
M. LOYAL, sergent.
UN EXEMPT.
FLIPOTE, servante de madame Pernelle.

La scène est à Paris, dans la maison d'Orgon.

CHARACTERS

MADAME PERNELLE, Orgon's mother.
ORGON, Elmire's husband.
ELMIRE, Orgon's wife.
DAMIS, Orgon's son.
MARIANE, Orgon's daughter, in love with Valère.
VALÈRE, Mariane's suitor.
CLÉANTE, Orgon's brother-in-law.
TARTUFFE, a charlatan posing as a holy man.
DORINE, Mariane's companion.
MONSIEUR LOYAL, a court bailiff.
A ROYAL CONSTABLE.
FLIPOTE, Madame Pernelle's servant woman.

The scene is in Paris, in [the ground-floor salon of] Orgon's house.[1]

---

[1] Square brackets always indicate additions by the translator.

ACTE PREMIER

SCÈNE I.—Madame Pernelle, Elmire, Mariane, Cléante, Damis, Dorine, Flipote.

MADAME PERNELLE
Allons, Flipote, allons; que d'eux je me délivre.

ELMIRE
Vous marchez d'un tel pas, qu'on a peine à vous suivre.

MADAME PERNELLE
Laissez, ma bru, laissez; ne venez pas plus loin;
Ce sont toutes façons dont je n'ai pas besoin.

ELMIRE
De ce que l'on vous doit envers vous on s'acquitte.
Mais, ma mère, d'où vient que vous sortez si vite?

MADAME PERNELLE
C'est que je ne puis voir tout ce ménage-ci,
Et que de me complaire on ne prend nul souci.
Oui, je sors de chez vous fort mal édifiée:
Dans toutes mes leçons j'y suis contrariée;
On n'y respecte rien, chacun y parle haut,
Et c'est tout justement la cour du roi Pétaud.

DORINE
Si . . .

4

ACT I

SCENE 1.—Madame Pernelle, Elmire, Mariane, Cléante, Damis, Dorine, Flipote.

MADAME PERNELLE
Let's go, Flipote, let's go, so I can be rid of them!

ELMIRE
You're walking so fast we can hardly keep up with you.

MADAME PERNELLE
Leave off, daughter-in-law, leave off; come no further;
All this is ceremony I can do without.

ELMIRE
We're only performing the duties we owe you.
But, mother, why is it you're leaving so quickly?

MADAME PERNELLE
It's because I can't watch the way this house is run,
And no one here gives any thought to pleasing me.
Yes, I'm carrying away a very bad impression from your home;
No matter what I try to teach you here, I'm thwarted;
There's no respect for anything here, everyone yells out loud,
And all I can call the place is Liberty Hall.[2]

DORINE
If . . .

---

[2] Literally, "the court of King Pétaud," a medieval "king" of beggars and vagabonds, who naturally couldn't enforce authority.

MADAME PERNELLE
   Vous êtes, ma mie, une fille suivante,
Un peu trop forte en gueule, et fort impertinente;
Vous vous mêlez sur tout de dire votre avis.

DAMIS
Mais . . .

MADAME PERNELLE
      Vous êtes un sot en trois lettres, mon fils;
C'est moi qui vous le dis, qui suis votre grand'mère;
Et j'ai prédit cent fois à mon fils, votre père,
Que vous preniez tout l'air d'un méchant garnement,
Et ne lui donneriez jamais que du tourment.

MARIANE
Je crois . . .

MADAME PERNELLE
      Mon Dieu! sa sœur, vous faites la discrète,
Et vous n'y touchez pas, tant vous semblez doucette;
Mais il n'est, comme on dit, pire eau que l'eau qui dort,
Et vous menez, sous chape, un train que je hais fort.

ELMIRE
Mais, ma mère . . .

MADAME PERNELLE
      Ma bru, qu'il ne vous en déplaise,
Votre conduite, en tout, est tout à fait mauvaise:
Vous devriez leur mettre un bon exemple aux yeux;
Et leur défunte mère en usait beaucoup mieux.
Vous êtes dépensière; et cet état me blesse,
Que vous alliez vêtue ainsi qu'une princesse.
Quiconque à son mari veut plaire seulement,
Ma bru, n'a pas besoin de tant d'ajustement.

CLÉANTE
Mais, madame, après tout . . .

MADAME PERNELLE
                  Pour vous, monsieur son frère,

MADAME PERNELLE
    You, my good woman, are a lady's maid
Who's a little too talkative and quite impertinent;
You stick your nose in to give your opinion about everything.

DAMIS
But . . .

MADAME PERNELLE
    You, my boy, are a downright fool:[3]
It's I telling you this, I, your grandmother,
And I've predicted a hundred times to my son, your father,
That you were turning out just like a wicked scapegrace,
And would never give him anything but grief.

MARIANE
I think . . .

MADAME PERNELLE
    Heavens! You, his sister, act like a quiet girl,
And you seem so very gentle that butter wouldn't melt in your mouth,
But, as the saying goes, still waters are the most dangerous,
And under cover you're leading a life that I detest.

ELMIRE
But, mother . . .

MADAME PERNELLE
    Daughter-in-law, don't take it badly,
But all of your conduct is totally wrong:
You ought to set a good example in their eyes,
And their dear departed mother behaved much better.
You're a spendthrift, and your ostentation hurts me,
When I see you going around dressed like a princess.
Whoever wants to please her husband only,
Daughter-in-law, doesn't need all that finery.

CLÉANTE
But, madame, after all . . .

MADAME PERNELLE
                    As for you, her brother,

---

[3] Literally, "a fool [*sot*] in three letters [*s-o-t*]."

Je vous estime fort, vous aime, et vous révère;
Mais enfin, si j'étais de mon fils son époux,
Je vous prierais bien fort de n'entrer point chez nous.
Sans cesse vous prêchez des maximes de vivre
Qui par d'honnêtes gens ne se doivent point suivre.
Je vous parle un peu franc; mais c'est là mon humeur,
Et je ne mâche point ce que j'ai sur le cœur.

DAMIS
Votre monsieur Tartuffe est bien heureux, sans doute . . .

MADAME PERNELLE
C'est un homme de bien qu'il faut que l'on écoute;
Et je ne puis souffrir, sans me mettre en courroux,
De le voir querellé par un fou comme vous.

DAMIS
Quoi! je souffrirai, moi, qu'un cagot de critique
Vienne usurper céans un pouvoir tyrannique;
Et que nous ne puissions à rien nous divertir,
Si ce beau monsieur-là n'y daigne consentir?

DORINE
S'il le faut écouter, et croire à ses maximes,
On ne peut faire rien, qu'on ne fasse des crimes;
Car il contrôle tout, ce critique zélé.

MADAME PERNELLE
Et tout ce qu'il contrôle est fort bien contrôlé.
C'est au chemin du ciel qu'il prétend vous conduire:
Et mon fils à l'aimer vous devrait tous induire.

DAMIS
Mais voyez-vous, ma mère, il n'est père ni rien,
Qui me puisse obliger à lui vouloir du bien:
Je trahirais mon cœur de parler d'autre sorte,
Sur ses façons de faire à tous coups je m'emporte:
J'en prévois une suite, et qu'avec ce pied-plat
Il faudra que j'en vienne à quelque grand éclat.

DORINE
Certes, c'est une chose aussi qui scandalise
De voir qu'un inconnu céans s'impatronise;
Qu'un gueux, qui, quand il vint, n'avait pas de souliers,

I think very well of you, I like you and respect you;
But, when it comes right down to it, if I were my son, her husband,
I'd strongly urge you never to visit us.
You ceaselessly proclaim guidelines about how to live
That shouldn't be followed by honest folk.
I'm speaking to you a little frankly, but that's my nature,
And I come right out and say what's on my mind.

DAMIS
Your monsieur Tartuffe is no doubt very lucky . . .

MADAME PERNELLE
He's a good man who ought to be heeded,
And I can't abide it without getting angry
When I see him accused by a madcap like you.

DAMIS
What! Am I, I, to allow a sanctimonious carper
To come into our house and fraudulently acquire a tyrannical power,
While we're unable to have any enjoyment
If that fine gentleman doesn't deign to consent to it?

DORINE
If we must heed him and believe his maxims,
We can't do a thing without committing a crime:
Because he checks up on everything, that eager critic.

MADAME PERNELLE
And everything he checks is very well checked.
It's on the road to heaven that he desires to lead you,
And my son ought to persuade all of you to love him.

DAMIS
No, look here, grandmother, neither a father nor anyone else
Can force me to wish him well.
If I spoke otherwise, I'd be betraying my heart;
I get furious each and every time at his mode of behavior;
I foresee a dire consequence, and that I'll have to
Come to some big blowup with that hayseed.

DORINE
Surely, it's also a shocking thing
To see a total stranger making himself master of the house;
To see a beggar, who had no shoes when he arrived,

Et dont l'habit entier valait bien six deniers,
En vienne jusque-là que de se méconnaître,
De contrarier tout, et de faire le maître.

MADAME PERNELLE
Eh! merci de ma vie, il en irait bien mieux
Si tout se gouvernait par ses ordres pieux.

DORINE
Il passe pour un saint dans votre fantaisie:
Tout son fait, croyez-moi, n'est rien qu'hypocrisie.

MADAME PERNELLE
Voyez la langue!

DORINE
           À lui, non plus qu'à son Laurent,
Je ne me fierais, moi, que sur un bon garant.

MADAME PERNELLE
J'ignore ce qu'au fond le serviteur peut être;
Mais pour homme de bien je garantis le maître.
Vous ne lui voulez mal et ne le rebutez
Qu'à cause qu'il vous dit à tous vos vérités.
C'est contre le péché que son cœur se courrouce,
Et l'intérêt du ciel est tout ce qui le pousse.

DORINE
Oui; mais pourquoi, surtout depuis un certain temps,
Ne saurait-il souffrir qu'aucun hante céans?
En quoi blesse le ciel une visite honnête,
Pour en faire un vacarme à nous rompre la tête?
Veut-on que là-dessus je m'explique entre nous?...
    Montrant Elmire
Je crois que de madame il est, ma foi, jaloux.

MADAME PERNELLE
Taisez-vous, et songez aux choses que vous dites.
Ce n'est pas lui tout seul qui blâme ces visites:
Tout ce tracas qui suit les gens que vous hantez,
Ces carrosses sans cesse à la porte plantés,
Et de tant de laquais le bruyant assemblage,
Font un éclat fâcheux dans tout le voisinage.
Je veux croire qu'au fond il ne se passe rien;

And whose whole outfit was worth about six farthings,
Reaching the point of forgetting who he is,
Contradicting everything and lording it over us.

MADAME PERNELLE
Ho! Mercy on me, it would be much better
If everything went in accordance with his pious orders!

DORINE
He seems to be a saint in your imagination:
Believe me, all his actions are nothing but hypocrisy.

MADAME PERNELLE
What a mouth on you!

DORINE
                    I wouldn't trust him,
Or his Laurent, either, unless they had some good man vouching for them.

MADAME PERNELLE
I don't know what his servant is really like,
But I guarantee that the master is a virtuous man.
You only wish him ill and reject him
Because he tells you all just what he thinks about you.
It's in order to combat sin that his heart grows angry,
And the interests of heaven are his only motive.

DORINE
Fine; but why, especially in the last while,
Can't he abide for us to have any guests?
In what way does an honorable visit offend heaven
For him to raise a row over it that splits our head?
Would you like my explanation of that, among ourselves? . . .
     (*Indicating Elmire:*)
I sincerely believe he's jealous over madame.

MADAME PERNELLE
Be still, and think about what you say.
He's not the only one who finds fault with those visits:
All the bother connected with the people you see,
Those carriages constantly standing at the door,
And the noisy gathering of all those lackeys,
Cause an undesirable scandal in the whole neighborhood.
I'm willing to believe that there's no basic harm in it,

Mais enfin on en parle, et cela n'est pas bien.

CLÉANTE
Eh! voulez-vous, madame, empêcher qu'on ne cause?
Ce serait dans la vie une fâcheuse chose,
Si, pour les sots discours où l'on peut être mis,
Il fallait renoncer à ses meilleurs amis.
Et, quand même on pourrait se résoudre à le faire,
Croiriez-vous obliger tout le monde à se taire?
Contre la médisance il n'est point de rempart.
À tous les sots caquets n'ayons donc nul égard;
Efforçons-nous de vivre avec toute innocence,
Et laissons aux causeurs une pleine licence.

DORINE
Daphné, notre voisine, et son petit époux,
Ne seraient-ils point ceux qui parlent mal de nous?
Ceux de qui la conduite offre le plus à rire
Sont toujours sur autrui les premiers à médire:
Ils ne manquent jamais de saisir promptement
L'apparente lueur du moindre attachement,
D'en semer la nouvelle avec beaucoup de joie,
Et d'y donner le tour qu'ils veulent qu'on y croie;
Des actions d'autrui, teintes de leurs couleurs,
Ils pensent dans le monde autoriser les leurs,
Et, sous le faux espoir de quelque ressemblance,
Aux intrigues qu'ils ont donner de l'innocence,
Ou faire ailleurs tomber quelques traits partagés
De ce blâme public dont ils sont trop chargés.

MADAME PERNELLE
Tous ces raisonnements ne font rien à l'affaire.
On sait qu' Orante mène une vie exemplaire;
Tous ses soins vont au ciel; et j'ai su, par des gens,
Qu'elle condamne fort le train qui vient céans.

DORINE
L'exemple est admirable, et cette dame est bonne!
Il est vrai qu'elle vit en austère personne;
Mais l'âge, dans son âme, a mis ce zèle ardent,

But people *do* talk about it, and that's not right.

CLÉANTE
Ah, madame, do you want to stop people from gossiping?
It would be an unfortunate thing in life
If, on account of the foolish talk there might be about you,
You had to give up your best friends;
And even if you could make up your mind to do it,
Do you think you could force everyone to keep quiet?
Against backbiting there's no protection.
So, let's pay no attention to any silly chatter,
Let's strive to live as blamelessly as we can,
And let the gossips have their own way entirely.

DORINE
Our neighbor Daphne and her little husband—
Wouldn't they be the ones who speak ill of us?
Those whose conduct is the most laughable
Are always the first to criticize others;
They never fail to snatch promptly at
The palest glimmer of the mildest show of affection,
To spread the news around with the greatest joy
And to give it the slant they want people to believe.
They try to justify their own behavior in society
By that of others who are dipped in the same dye,
And, in the false hope of some resemblance,
To lend an air of innocence to their own intrigues,
Or to shift onto others some share
Of that public blame with which they're all too heavily loaded.

MADAME PERNELLE
All this reasoning is beside the point:
It's well known that Orante[4] leads an exemplary life;
Her only thought is for heaven; and people have told me
She strongly reproves the ways of this household.

DORINE
A wonderful example, and a fine woman!
It's true that she lives like an austere person;
But old age has planted that ardent religion in her soul,

---

[4] A humorous name from Latin: "praying woman."

Et l'on sait qu'elle est prude, à son corps défendant.
Tant qu'elle a pu des cœurs attirer les hommages,
Elle a fort bien joui de tous ses avantages;
Mais, voyant de ses yeux tous les brillants baisser,
Au monde qui la quitte elle veut renoncer,
Et du voile pompeux d'une haute sagesse
De ses attraits usés déguiser la faiblesse.
Ce sont là les retours des coquettes du temps;
Il leur est dur de voir déserter les galants.
Dans un tel abandon, leur sombre inquiétude
Ne voit d'autre recours que le métier de prude;
Et la sévérité de ces femmes de bien
Censure toute chose, et ne pardonne à rien.
Hautement d'un chacun elles blâment la vie,
Non point par charité, mais par un trait d'envie,
Qui ne saurait souffrir qu'une autre ait les plaisirs
Dont le penchant de l'âge a sevré leurs désirs.

MADAME PERNELLE, *à Elmire*
Voilà les contes bleus qu'il vous faut, pour vous plaire,
Ma bru. L'on est chez vous contrainte de se taire:
Car madame, à jaser, tient le dé tout le jour.
Mais enfin je prétends discourir à mon tour:
Je vous dis que mon fils n'a rien fait de plus sage
Qu'en recueillant chez soi ce dévot personnage;
Que le ciel au besoin l'a céans envoyé
Pour redresser à tous votre esprit fourvoyé;
Que, pour votre salut, vous le devez entendre,
Et qu'il ne reprend rien qui ne soit à reprendre.
Ces visites, ces bals, ces conversations,
Sont du malin esprit toutes inventions.
Là, jamais on n'entend de pieuses paroles;
Ce sont propos oisifs, chansons, et fariboles:
Bien souvent le prochain en a sa bonne part,
Et l'on y sait médire et du tiers et du quart.
Enfin les gens sensés ont leurs têtes troublées
De la confusion de telles assemblées;
Mille caquets divers s'y font en moins de rien;

And it's well known that, if she's a prude, it's against her will.
As long as she was able to attract the attention of lovers,
She made the very best use of all her advantages;
But, seeing all the brightness of her eyes grow dim,
She wishes to renounce society, which is abandoning her,
And to disguise the powerlessness of her worn-out charms
Beneath the pompous veil of a lofty propriety.
Those are the tricks of the coquettes of our day.
It's hard for them to see their admirers desert them.
In their solitude, their gloomy restlessness
Sees no other recourse than the profession of prude,
And the severity of those proper women
Censures everything and pardons nothing:
Loudly they find fault with the life of one and all,
Not out of charity but out of a pang of envy
That can't abide seeing another woman enjoy the pleasures
Which their declining years deny to their own desires.

MADAME PERNELLE (*to Elmire:*)
Those are the fairy tales you require for your satisfaction.
Daughter-in-law, in your house people are forced to keep silent,
Because this lady holds the floor[5] all day long;
But at last I wish to have my turn speaking.
I tell you that my son never did anything wiser
Than to take this pious person into his home;
That heaven sent him here at a moment of need
In order to set straight all your minds that have gone astray;
That you ought to hear him out for your salvation,
And that he blames nothing that isn't blameworthy.
These visits, these dances, these conversations
Are all inventions of the devil.
One never hears pious words there,
Nothing but idle talk, foolishness and nonsense.
Very often our fellow creatures come off badly,
And there's vicious gossip about third parties and fourth parties.
Lastly, sensible people have their minds confused
By the hubbub at such gatherings;
A thousand different idle conversations take place in less than a minute,

---

[5] Literally, "holds the die [dice] in babbling." To "hold the die," that is, to prevail in or monopolize some endeavor, is an idiom derived from gambling.

Et, comme l'autre jour un docteur dit fort bien,
C'est véritablement la tour de Babylone,
Car chacun y babille, et tout du long de l'aune;
Et, pour conter l'histoire où ce point l'engagea . . .
> *Montrant Cléante*

Voilà-t-il pas monsieur qui ricane déjà!
Allez chercher vos fous qui vous donnent à rire,
> *À Elmire*

Et sans . . . Adieu, ma bru; je ne veux plus rien dire.
Sachez que pour céans j'en rabats de moitié,
Et qu'il fera beau temps quand j'y mettrai le pied.
> *Donnant un soufflet à Flipote*

Allons, vous, vous rêvez et bayez aux corneilles.
Jour de Dieu! je saurai vous frotter les oreilles.
Marchons, gaupe, marchons.

SCÈNE II.—Cléante, Dorine.

CLÉANTE

                    Je n'y veux point aller
De peur qu'elle ne vînt encor me quereller;
Que cette bonne femme . . .

DORINE

                    Ah! certes, c'est dommage
Qu'elle ne vous ouît tenir un tel langage:
Elle vous dirait bien qu'elle vous trouve bon,
Et qu'elle n'est point d'âge à lui donner ce nom!

CLÉANTE

Comme elle s'est pour rien contre nous échauffée!
Et que de son Tartuffe elle paraît coiffée!

DORINE

Oh! vraiment, tout cela n'est rien au prix du fils:
Et, si vous l'aviez vu, vous diriez: C'est bien pis!

And, as a preacher said so well the other day,
It's really and truly the tower of Babylon,
Because everyone there babbles on and on;[6]
And, to tell the story that this remark led him to . . .
    (*Pointing to Cléante:*)
Don't I see this gentleman already sneering?
Go find your jesters who make you laugh,
    (*In the next line, she begins to address Elmire:*)
Without . . . Good-bye, daughter-in-law, I'll say no more.
Just know that I've lost half my esteem for this house,
And that it'll be quite a while before I set foot in here again.
    (*Slapping Flipote:*)
Come along, you! You're daydreaming and woolgathering.
Lord! I'll make your ears warm for you.
Let's go, slut, let's go!

SCENE 2.—Cléante, Dorine.

CLÉANTE
                I don't want to follow them,
In case she might want to pick another fight with me;
Because that old woman . . .

DORINE
                Oh, it's a real pity
That she can't hear you using that word;
She'd surely tell you that she considers you odd,
And that her age doesn't warrant your calling her that.

CLÉANTE
How she flew off the handle at us for nothing,
And how infatuated she seems with her Tartuffe!

DORINE
Oh! To tell the truth, all that is nothing compared with her son;
And, if you had seen him, you'd say: "This is much worse."

---

[6] In Molière's time, the term "tower of Babylon" was used synonymously with "tower of Babel." The expression *tout du long de l'aune* (literally, "the full length of the ell measure") means "abundantly, in full measure."

Nos troubles l'avaient mis sur le pied d'homme sage,
Et, pour servir son prince, il montra du courage.
Mais il est devenu comme un homme hébété
Depuis que de Tartuffe on le voit entêté;
Il l'appelle son frère, et l'aime dans son âme
Cent fois plus qu'il ne fait mère, fils, fille et femme.
C'est de tous ses secrets l'unique confident,
Et de ses actions le directeur prudent,
Il le choie, il l'embrasse; et pour une maîtresse
On ne saurait, je pense, avoir plus de tendresse:
À table, au plus haut bout il veut qu'il soit assis;
Avec joie il l'y voit manger autant que six;
Les bons morceaux de tout, il faut qu'on les lui cède;
Et, s'il vient à roter, il lui dit: Dieu vous aide!
Enfin il en est fou; c'est son tout, son héros;
Il l'admire à tous coups, le cite à tous propos;
Ses moindres actions lui semblent des miracles,
Et tous les mots qu'il dit sont pour lui des oracles.
Lui, qui connaît sa dupe, et qui veut en jouir,
Par cent dehors fardés, a l'art de l'éblouir;
Son cagotisme en tire à toute heure des sommes,
Et prend droit de gloser sur tous tant que nous sommes.
Il n'est pas jusqu'au fat qui lui sert de garçon,
Qui ne se mêle aussi de nous faire leçon;
Il vient nous sermonner avec des yeux farouches,
Et jeter nos rubans, notre rouge, et nos mouches.
Le traître, l'autre jour, nous rompit de ses mains
Un mouchoir qu'il trouva dans une *Fleur des Saints*,
Disant que nous mêlions, par un crime effroyable,
Avec la sainteté les parures du diable.

SCÈNE III.—Elmire, Mariane, Damis, Cléante, Dorine.

ELMIRE, *à Cléante*
Vous êtes bien heureux de n'être point venu
Au discours qu'à la porte elle nous a tenu.

Our bad times[7] had given him the reputation of a sober-minded man,
And he displayed courage in the service of his monarch.
But he's become like a dull-witted man
Ever since he's been intoxicated with Tartuffe.
He calls him his brother and loves him in his soul
A hundred times more than his mother, son, daughter, and wife.
He's the only confidant of all his secrets
And the prudent director of his actions.
He makes much of him, he embraces him; and I don't think
A man could have more affection for a sweetheart;
At meals, he wants him to sit at the head of the table;
With joy he watches him eating for six;
He makes everyone leave the best pieces of every dish for him;
And if he happens to belch, he says "God bless you!"
In a word, he's crazy about him; he's his all, his hero;
He admires him constantly, quotes him on all occasions,
His least actions seem like miracles to him,
And every word he says is an oracle to him.
He, who knows his dupe and wants to benefit from it,
Possesses the art of dazzling him with a hundred false appearances,
His sanctimonious ways get money out of him all the time
And he takes upon himself the right to criticize all of us.
Even the conceited fool who acts as his servant
Butts in and gives us lessons;
He comes and preaches to us with wild eyes,
And throws away our ribbons, our rouge, and our beauty patches.
The other day the villain tore up with his own hands
A neckerchief he found pressed in a huge volume of saints' lives,
Saying that we were committing a horrible crime by associating
The ornaments of the devil with saintly matter.

SCENE 3.—Elmire, Mariane, Damis, Cléante, Dorine.

ELMIRE (*to Cléante:*)
You're lucky you didn't come to hear
The speech she made us at the door.

---

[7] Referring to the Fronde (1648–1653), a serious revolt by leading noblemen, backed by many members of the bourgeoisie, against the authority of the young king Louis XIV, who had to abandon Paris. Louis harbored a permanent grudge against the participants, some of whom he punished or viewed with suspicion even decades later.

Mais j'ai vu mon mari; comme il ne m'a point vue,
Je veux aller là haut attendre sa venue.

CLÉANTE
Moi, je l'attends ici pour moins d'amusement;
Et je vais lui donner le bonjour seulement.

SCÈNE IV.—Cléante, Damis, Dorine.

DAMIS
De l'hymen de ma sœur touchez-lui quelque chose:
J'ai soupçon que Tartuffe à son effet s'oppose,
Qu'il oblige mon père à des détours si grands;
Et vous n'ignorez pas quel intérêt j'y prends . . .
Si même ardeur enflamme et ma sœur et Valère,
La sœur de cet ami, vous le savez, m'est chère;
Et s'il fallait . . .

DORINE
    Il entre.

SCÈNE V.—Orgon, Cléante, Dorine.

ORGON
     Ah! mon frère, bonjour.

CLÉANTE
Je sortais, et j'ai joie à vous voir de retour.
La campagne à présent n'est pas beaucoup fleurie?

ORGON
   À Cléante
Dorine . . . Mon beau-frère, attendez, je vous prie.
Vous voulez bien souffrir, pour m'ôter de souci,
Que je m'informe un peu des nouvelles d'ici?
  À Dorine
Tout s'est-il, ces deux jours, passé de bonne sorte?

But I saw my husband; since he didn't see me,
I want to go and await his arrival upstairs.

CLÉANTE

As for me, I'll wait for him here to waste less time,
And I'll merely say hello to him.

SCENE 4.—Cléante, Damis, Dorine.[8]

DAMIS

Mention something to him about my sister's marriage.
I suspect that Tartuffe is opposed to its coming off,
That he's forcing my father to delay it this much;
And you're not unaware what an interest I take in the matter.
If my sister and Valère feel the same passion for each other,
The sister of that friend, you know, is dear to me;
And if it were necessary . . .

DORINE

He's coming in.

SCENE 5.—Orgon, Cléante, Dorine.

ORGON

Ah, brother, hello!

CLÉANTE

I was leaving, and I'm pleased to see you back:
Isn't the countryside in bloom right now?

ORGON
    (*To Dorine:*)
Dorine . . . (*To Cléante:*) Brother-in-law, please wait.
Will you permit me, to relieve me from worrying,
To ask a little about the news of the house?
    (*To Dorine:*)
Did everything go off well these last two days?

---

[8] This is a proper scene change, since two characters have exited, but it is not indicated in other editions, which therefore have a different scene numbering for the rest of the act.

Qu'est-ce qu'on fait céans? comme est-ce qu'on s'y porte?

DORINE

Madame eut avant-hier la fièvre jusqu'au soir,
Avec un mal de tête étrange à concevoir.

ORGON

Et Tartuffe?

DORINE

             Tartuffe! il se porte à merveille,
Gros et gras, le teint frais, et la bouche vermeille.

ORGON

Le pauvre homme!

DORINE

             Le soir elle eut un grand dégoût,
Et ne put, au souper, toucher à rien du tout,
Tant sa douleur de tête était encor cruelle!

ORGON

Et Tartuffe?

DORINE

             Il soupa, lui tout seul, devant elle;
Et fort dévotement il mangea deux perdrix,
Avec une moitié de gigot en hachis.

ORGON

Le pauvre homme!

DORINE

             La nuit se passa tout entière
Sans qu'elle pût fermer un moment la paupière;
Des chaleurs l'empêchaient de pouvoir sommeiller,
Et jusqu'au jour, près d'elle il nous fallut veiller.

ORGON

Et Tartuffe?

DORINE

             Pressé d'un sommeil agréable,
Il passa dans sa chambre au sortir de la table;
Et dans son lit bien chaud il se mit tout soudain,
Où, sans trouble, il dormit jusques au lendemain.

What are the people in the house doing? How are they feeling?

DORINE
The day before yesterday, your wife had a fever until evening,
With an unbelievably fierce headache.

ORGON
And Tartuffe?

DORINE
Tartuffe? He's as fit as a fiddle,
Round and plump, clear complexion and bright-red lips.

ORGON
The poor man!

DORINE
In the evening she had a total lack of appetite,
And wouldn't touch a thing at supper,
Because her headache still tortured her so.

ORGON
And Tartuffe?

DORINE
He had supper, he alone, at table with her,
And most piously devoured two partridges
Along with half a leg of lamb, minced.

ORGON
The poor man!

DORINE
The whole night went by
And she couldn't close her eyes for a minute;
Fever kept her from being able to sleep,
And we had to sit up with her until daylight.

ORGON
And Tartuffe?

DORINE
Urged on by a pleasant drowsiness,
He retired to his room right after the meal,
And immediately got into his nice warm bed,
Where he slept without uneasiness till the next day.

ORGON

Le pauvre homme!

DORINE

        À la fin, par nos raisons gagnée,
Elle se résolut à souffrir la saignée;
Et le soulagement suivit tout aussitôt.

ORGON

Et Tartuffe?

DORINE

        Il reprit courage comme il faut,
Et, contre tous les maux fortifiant son âme,
Pour réparer le sang qu'avait perdu madame,
But, à son déjeuner, quatre grands coups de vin.

ORGON

Le pauvre homme!

DORINE

        Tous deux se portent bien enfin;
Et je vais à madame annoncer, par avance,
La part que vous prenez à sa convalescence.

SCÈNE VI.—Orgon, Cléante.

CLÉANTE

À votre nez, mon frère, elle se rit de vous:
Et, sans avoir dessein de vous mettre en courroux,
Je vous dirai tout franc que c'est avec justice.
A-t-on jamais parlé d'un semblable caprice?
Et se peut-il qu'un homme ait un charme aujourd'hui
À vous faire oublier toutes choses pour lui?
Qu'après avoir chez vous réparé sa misère,
Vous en veniez au point . . .

ORGON

        Halte-là, mon beau-frère,
Vous ne connaissez pas celui dont vous parlez.

CLÉANTE

Je ne le connais pas, puisque vous le voulez;
Mais enfin, pour savoir quel homme ce peut être . . .

ORGON
The poor man!

DORINE
         Finally, won over by our arguments,
She consented to be bled,
And relief followed at once.

ORGON
And Tartuffe?

DORINE
         He took heart again as one should,
And, fortifying his soul against all ills,
To make up for the blood your wife had lost,
Drank four big draughts of wine at breakfast.

ORGON
The poor man!

DORINE
         In short, both of them are feeling fine;
And I'm now going to let your wife know in advance
How concerned you are about her convalescence.

SCENE 6.—Orgon, Cléante.

CLÉANTE
Brother, she's laughing at you to your face,
And, without intending to make you angry,
I'll tell you quite frankly she's right to do so.
Has anyone ever heard of such a caprice?
And is it possible that in this day and age a man has a magic spell
That can make you forget everything else on his account?
That after he recovered from his poverty in your home,
You're reaching the point . . .

ORGON
         Stop right there, brother-in-law;
You aren't acquainted with the man you're speaking about.

CLÉANTE
I'm unacquainted with him, if you must have it so,
But, in the last analysis, to know the kind of man he is . . .

ORGON

Mon frère, vous seriez charmé de le connaître;
Et vos ravissements ne prendraient point de fin.
C'est un homme . . . qui . . . ah! . . . un homme . . . un homme enfin.
Qui suit bien ses leçons goûte une paix profonde,
Et comme du fumier regarde tout le monde.
Oui, je deviens tout autre avec son entretien;
Il m'enseigne à n'avoir affection pour rien;
De toutes amitiés il détache mon âme;
Et je verrais mourir frère, enfants, mère, et femme,
Que je m'en soucierais autant que de cela.

CLÉANTE

Les sentiments humains, mon frère, que voilà!

ORGON

Ah! si vous aviez vu comme j'en fis rencontre,
Vous auriez pris pour lui l'amitié que je montre.
Chaque jour à l'église il venait, d'un air doux,
Tout vis-à-vis de moi se mettre à deux genoux.
Il attirait les yeux de l'assemblée entière
Par l'ardeur dont au ciel il poussait sa prière;
Il faisait des soupirs, de grands élancements,
Et baisait humblement la terre à tous moments:
Et, lorsque je sortais, il me devançait vite
Pour m'aller, à la porte, offrir de l'eau bénite.
Instruit par son garçon, qui dans tout l'imitait,
Et de son indigence, et de ce qu'il était,
Je lui faisais des dons; mais, avec modestie,
Il me voulait toujours en rendre une partie.
C'est trop, me disait-il, *c'est trop de la moitié;*
Je ne mérite pas de vous faire pitié.
Et, quand je refusais de le vouloir reprendre,
Aux pauvres, à mes yeux, il allait le répandre.
Enfin le ciel chez moi me le fit retirer,
Et depuis ce temps-là tout semble y prospérer.
Je vois qu'il reprend tout, et qu'à ma femme même
Il prend, pour mon honneur, un intérêt extrême;
Il m'avertit des gens qui lui font les yeux doux,
Et plus que moi six fois il s'en montre jaloux.
Mais vous ne croiriez point jusqu'où monte son zèle:
Il s'impute à péché la moindre bagatelle;

ORGON

Brother, you'd be captivated if you knew him,
And your enthusiasm would have no end.
He's a man who . . . ah! . . . a man . . . well, a man.
Whoever follows his counsel enjoys deep peace of mind
And considers the rest of the world as manure.
Yes, in his company I'm becoming a whole new man;
He's teaching me not to have affection for anything,
He is detaching my soul from every friendship,
And I could see my brother, children, mother, and wife die
Without caring that much about it.

CLÉANTE

Brother, what humane sentiments!

ORGON

Ah! If you had seen the way I met him,
You would have acquired the friendship for him that I display.
Each day he would come to church, with a gentle air,
Kneeling down right opposite me.
He would attract the eyes of the whole congregation
By the ardor with which he launched his prayers to heaven;
He heaved sighs, fell into raptures,
And humbly kissed the ground at every moment;
And, when I'd leave, he'd quickly overtake me
In order to offer me holy water at the door.
Informed by his servant, who imitated him in every detail,
About both his poverty and his personality,
I would give him alms; but, in his moderation,
He always wanted to give me back part.
"It's too much," he'd say to me, "it's double what it should be.
I am unworthy to arouse your pity."
And when I refused to take it back,
He would go and distribute it to the poor before my very eyes.
Finally heaven induced me to take him in,
And, since then, everything seems to be prospering here.
I see that he criticizes everything and that, for my honor,
He even takes an extreme interest in my wife;
He warns me about the men who make eyes at her,
And appears to be six times more jealous over her than I am.
But you'd never believe to what a pitch he raises his piety;
He considers that he's sinned over the least trifle;

Un rien presque suffit pour le scandaliser,
Jusque-là qu'il se vint l'autre jour accuser
D'avoir pris une puce en faisant sa prière,
Et de l'avoir tuée avec trop de colère.

CLÉANTE
Parbleu, vous êtes fou, mon frère, que je croi.
Avec de tels discours vous moquez-vous de moi?
Et que prétendez-vous? Que tout ce badinage . . .

ORGON
Mon frère, ce discours sent le libertinage:
Vous en êtes un peu dans votre âme entiché;
Et, comme je vous l'ai plus de dix fois prêché,
Vous vous attirerez quelque méchante affaire.

CLÉANTE
Voilà de vos pareils le discours ordinaire:
Ils veulent que chacun soit aveugle comme eux.
C'est être libertin que d'avoir de bons yeux,
Et qui n'adore pas de vaines simagrées
N'a ni respect ni foi pour les choses sacrées.
Allez, tous vos discours ne me font point de peur;
Je sais comme je parle, et le ciel voit mon cœur.
De tous vos façonniers on n'est point les esclaves.
Il est de faux dévots ainsi que de faux braves:
Et, comme on ne voit pas qu'où l'honneur les conduit
Les vrais braves soient ceux qui font beaucoup de bruit,
Les bons et vrais dévots, qu'on doit suivre à la trace,
Ne sont pas ceux aussi qui font tant de grimace.
Eh quoi! vous ne ferez nulle distinction
Entre l'hypocrisie et la dévotion?
Vous les voulez traiter d'un semblable langage,
Et rendre même honneur au masque qu'au visage;
Égaler l'artifice à la sincérité,
Confondre l'apparence avec la vérité,
Estimer le fantôme autant que la personne,
Et la fausse monnaie à l'égal de la bonne?
Les hommes, la plupart, sont étrangement faits;
Dans la juste nature on ne les voit jamais:
La raison a pour eux des bornes trop petites;
En chaque caractère ils passent ses limites,

The merest nothing is enough to shock him,
So much so that the other day he came and accused himself
Of catching a flea while he was praying
And killing it in an excess of anger.

CLÉANTE
Damn! I do believe you're crazy, brother.
Are you pulling my leg telling me all this?
And what do you expect this whole farce . . .

ORGON
Brother, your words reek of free-thinking.
You're a little infected with it in your soul,
And, as I've warned you more than ten times,
You'll get yourself into some unpleasant situation.

CLÉANTE
That's the standard speech given by your sort.
They want everyone to be as blind as they are;
To have good eyes is to be a free-thinker,
And whoever won't worship empty affectations
Has no respect for or belief in religion.
Go on, all your speeches fail to frighten me;
I know what I'm saying, and heaven sees my heart.
We aren't the slaves of all your putters-on of airs:
Some people sham piety just as some sham bravery;
And just as, in battle where their honor leads them,
The truly brave aren't those who make a lot of noise,
Likewise the good and truly pious, whose footsteps should be followed,
Are not those who make so many grimaces.
What! Don't you make any distinction
Between hypocrisy and devoutness?
You want to describe them in the same words,
And give the same honor to the mask as to the face;
To identify artifice with sincerity,
Confuse appearances with truth,
Respect the phantom as much as the person,
And accept counterfeit money on a par with the real thing?
Most men are oddly constituted!
One never sees them on an even course;
For them, reason has too narrow bounds;
In every capacity, they exceed its limits,

Et la plus noble chose, ils la gâtent souvent
Pour la vouloir outrer et pousser trop avant.
Que cela vous soit dit en passant, mon beau-frère.

ORGON

Oui, vous êtes, sans doute, un docteur qu'on révère,
Tout le savoir du monde est chez vous retiré;
Vous êtes le seul sage et le seul éclairé,
Un oracle, un Caton, dans le siècle où nous sommes;
Et près de vous ce sont des sots que tous les hommes.

CLÉANTE

Je ne suis point, mon frère, un docteur révéré,
Et le savoir chez moi n'est point tout retiré.
Mais, en un mot, je sais, pour toute ma science,
Du faux avec le vrai faire la différence.
Et, comme je ne vois nul genre de héros
Qui soient plus à priser que les parfaits dévots,
Aucune chose au monde et plus noble, et plus belle,
Que la sainte ferveur d'un véritable zèle;
Aussi ne vois-je rien qui soit plus odieux
Que le dehors plâtré d'un zèle spécieux,
Que ces francs charlatans, que ces dévots de place,
De qui la sacrilège et trompeuse grimace
Abuse impunément, et se joue, à leur gré,
De ce qu'ont les mortels de plus saint et sacré;
Ces gens qui, par une âme à l'intérêt soumise,
Font de dévotion métier et marchandise,
Et veulent acheter crédit et dignités
À prix de faux clins d'yeux et d'élans affectés;
Ces gens, dis-je, qu'on voit, d'une ardeur non commune,
Par le chemin du ciel courir à leur fortune;
Qui, brûlants et priants, demandent chaque jour,
Et prêchent la retraite au milieu de la cour;
Qui savent ajuster leur zèle avec leurs vices,
Sont prompts, vindicatifs, sans foi, pleins d'artifices,
Et, pour perdre quelqu'un, couvrent insolemment
De l'intérêt du ciel leur fier ressentiment;

And they often spoil the noblest trait
By trying to exaggerate it and carrying it too far.
Let me tell you that in passing, brother-in-law.

ORGON
Yes, without a doubt, you're a revered scholar;
All the knowledge in the world is stored up in you;
You're the only sage and the only enlightened man,
An oracle, a Cato[9] of the present age,
And, alongside of you, all other men are fools.

CLÉANTE
Brother, I'm not at all a revered scholar,
And knowledge isn't all stored up in me;
But, in a word, my entire wisdom lies in knowing how
To tell the difference between false and true;
And, since I see no class of hero
More to be esteemed than the truly devout,
Nothing in the world either nobler or finer
Than the holy fervor of genuine piety,
In the same way I see nothing more odious
Than the whited exterior of a specious piety,
Than those avowed charlatans, those public saints-for-hire
Whose sacrilegious, deceitful grimaces
Abuse with impunity, and mock to their heart's content,
All that mortals hold most holy and sacred;
Those people who, with a soul subjected to self-interest,
Make a merchandise and a profession out of their piety,
And attempt to buy esteem and honors
With false flutterings of the eyes and feigned ardor;
Those people, I mean, whom we see in their extraordinary fervor
Racing toward their fortune along the road to heaven;
Who, all afire with prayer, go begging every day
And preach religious retreat while they remain in the king's court;
Who are able to accommodate their piety with their vices,
Who are irascible, vindictive, faithless, full of stratagems,
And, in order to ruin someone, insolently cloak
Their fierce hatred with the interests of heaven;

---

[9] Referring to the Roman statesman Cato the Elder (243–149 B.C.), renowned for his judicious wisdom.

D'autant plus dangereux dans leur âpre colère,
Qu'ils prennent contre nous des armes qu'on révère,
Et que leur passion, dont on leur sait bon gré,
Veut nous assassiner avec un fer sacré:
De ce faux caractère on en voit trop paraître.
Mais les dévots de cœur sont aisés à connaître.
Notre siècle, mon frère, en expose à nos yeux
Qui peuvent nous servir d'exemples glorieux.
Regardez Ariston, regardez Périandre,
Oronte, Alcidamas, Polydore, Clitandre;
Ce titre par aucun ne leur est débattu;
Ce ne sont point du tout fanfarons de vertu;
On ne voit point en eux ce faste insupportable,
Et leur dévotion est humaine, est traitable:
Ils ne censurent point toutes nos actions,
Ils trouvent trop d'orgueil dans ces corrections;
Et, laissant la fierté des paroles aux autres,
C'est par leurs actions qu'ils reprennent les nôtres.
L'apparence du mal a chez eux peu d'appui,
Et leur âme est portée à juger bien d'autrui.
Point de cabale en eux, point d'intrigues à suivre;
On les voit, pour tous soins, se mêler de bien vivre.
Jamais contre un pécheur ils n'ont d'acharnement,
Ils attachent leur haine au péché seulement,
Et ne veulent point prendre, avec un zèle extrême,
Les intérêts du ciel, plus qu'il ne veut lui-même.
Voilà mes gens, voilà comme il en faut user,
Voilà l'exemple enfin qu'il se faut proposer.
Votre homme, à dire vrai, n'est pas de ce modèle:
C'est de fort bonne foi que vous vantez son zèle;
Mais par un faux éclat je vous crois ébloui.

ORGON
Monsieur mon cher beau-frère, avez-vous tout dit?

CLÉANTE
                                                    Oui.

ORGON, *s'en allant*
Je suis votre valet.

All the more dangerous in their bitter wrath
Because they use against us weapons that are revered,
And because their passion, for which we are grateful to them,
Wishes to murder us with a hallowed sword.
We see too many people all around us with this false nature:
But the devout at heart are easily recognized.
Our era, brother, displays some before our eyes
Who can serve us as glorious examples.
Look at Ariston, look at Périandre,
Oronte, Alcidamas, Polydore, Clitandre:
No one disputes this title of theirs:
They are not at all boastful of their virtue,
We don't see in them that unbearable ostentation,
And their devoutness is humane and affable.
They do not reprove all our actions:
They consider that those censures are too prideful,
And, leaving to others the haughtiness of words,
It is by their actions that they criticize ours.
The outward appearance of evil finds little credence among them,
And their soul is inclined to think well of others.
They don't indulge in secret plots, they don't pursue intrigues.
The only concern we see them have is to try to live decently.
They never combat a sinner relentlessly:
Their hatred is directed solely at the sin
And they don't attempt to fight for the interests of heaven,
With excessive zeal, more than heaven itself cares to.
Those are my people, that's how we should live;
In short, that's the example we should set ourselves.
To speak truthfully, your man isn't of that type.
You're in perfectly good faith when you boast of his piety,
But I think you're being dazzled by a false glow.

ORGON
Well, dear brother-in-law, have you said all you wanted?

CLÉANTE

                                            Yes.

ORGON
Your humble servant is unconvinced.
   (*He starts to exit.*)

CLÉANTE
De grâce, un mot, mon frère.
Laissons là ce discours. Vous savez que Valère,
Pour être votre gendre a parole de vous.

ORGON
Oui.

CLÉANTE
Vous aviez pris jour pour un lien si doux.

ORGON
Il est vrai.

CLÉANTE
Pourquoi donc en différer la fête?

ORGON
Je ne sais.

CLÉANTE
Auriez-vous autre pensée en tête?

ORGON
Peut-être.

CLÉANTE
Vous voulez manquer à votre foi?

ORGON
Je ne dis pas cela.

CLÉANTE
Nul obstacle, je croi,
Ne vous peut empêcher d'accomplir vos promesses.

ORGON
Selon.

CLÉANTE
Pour dire un mot faut-il tant de finesses?
Valère, sur ce point, me fait vous visiter.

ORGON
Le ciel en soit loué!

CLÉANTE
Mais que lui reporter?

CLÉANTE
                              Please, brother, just one more word.
Let's leave that topic. You know that Valère
Has your promise to make him your son-in-law.

ORGON
Yes.

CLÉANTE
   You had set a date for uniting the lovers.

ORGON
That's true.

CLÉANTE
              Then why put off the celebration?

ORGON
I don't know.

CLÉANTE
              Might you have a different idea in mind?

ORGON
Perhaps.

CLÉANTE
              You want to break your word?

ORGON
I don't say that.

CLÉANTE
                 No obstacle, I believe,
Can hinder you from fulfilling your promises.

ORGON
That depends.

CLÉANTE
              Must you be so roundabout in giving me an answer?
Valère asked me to visit you for this very purpose.

ORGON
Heaven be praised!

CLÉANTE
                 But what am I to tell him?

ORGON
Tout ce qu'il vous plaira.

CLÉANTE
                    Mais il est nécessaire
De savoir vos desseins. Quels sont-ils donc?

ORGON
                                        De faire
Ce que le ciel voudra.

CLÉANTE
                    Mais parlons tout de bon.
Valère a votre foi; la tiendrez-vous, ou non?

ORGON
Adieu.

CLÉANTE, *seul*
        Pour son amour je crains une disgrâce,
Et je dois l'avertir de tout ce qui se passe.

ORGON
Anything you like.

CLÉANTE
                    But it's necessary
To know your plans. What are they, then?

ORGON
                                        To do
Whatever heaven wishes.

CLÉANTE
                    But let's talk seriously.
Valère has your promise. Will you keep it or not?

ORGON
Good-bye.

CLÉANTE (*alone*)
        I fear some disaster for his love,
And I must warn him about all that's going on.

ACTE SECOND

SCÈNE I.—Orgon, Mariane.

ORGON
Mariane!

MARIANE
    Mon père?

ORGON
          Approchez; j'ai de quoi
Vous parler en secret.

MARIANE, *à Orgon, qui regarde dans un cabinet*
          Que cherchez-vous?

ORGON
              Je voi
Si quelqu'un n'est point là qui pourrait nous entendre,
Car ce petit endroit est propre pour surprendre.
Or sus, nous voilà bien. J'ai, Mariane, en vous
Reconnu de tout temps un esprit assez doux,
Et de tout temps aussi vous m'avez été chère.

MARIANE
Je suis fort redevable à cet amour de père.

ORGON
C'est fort bien dit, ma fille; et, pour le mériter,
Vous devez n'avoir soin que de me contenter.

MARIANE
C'est où je mets aussi ma gloire la plus haute.

ACT II

SCENE 1.—Orgon, Mariane.

ORGON
Mariane!

MARIANE
          Father?

ORGON
                    Come here. I have something
To tell you in secret.

MARIANE (*to Orgon, who is looking into a closet or small auxiliary room:*)
          What are you looking for?

ORGON
                              I'm seeing
Whether anyone is there who might hear us,
Because that little room is just right for eavesdropping.
Good, we're all right. Mariane, in you
I have always found a very gentle temperament,
And, besides, you have always been dear to me.

MARIANE
I'm much obliged by such paternal love.

ORGON
Very well said, daughter; and, in order to deserve it,
Your only care should be to please me.

MARIANE
And that's the very thing in which I take most pride.

39

ORGON
Fort bien. Que dites-vous de Tartuffe notre hôte?

MARIANE
Qui, moi?

ORGON
        Vous. Voyez bien comme vous répondrez.

MARIANE
Hélas! j'en dirai, moi, tout ce que vous voudrez.

SCÈNE II.—Orgon, Mariane; Dorine,
entrant doucement, et se tenant derrière Orgon, sans être vue.

ORGON
C'est parler sagement . . . Dites-moi donc, ma fille,
Qu'en toute sa personne un haut mérite brille,
Qu'il touche votre cœur, et qu'il vous serait doux
De le voir, par mon choix, devenir votre époux.
Eh?
     Mariane se recule avec surprise.

MARIANE
    Eh?

ORGON
      Qu'est-ce?

MARIANE
         Plaît-il?

ORGON
            Quoi?

MARIANE
              Me suis-je méprise?

ORGON
Comment?

ORGON
Very good. What do you think about our guest Tartuffe?

MARIANE
What do *I* think?

ORGON
Yes, you. Take care how you answer.

MARIANE
Alas! I'll say anything about him that you wish.

SCENE 2.—Orgon, Mariane; Dorine
(who enters softly and stands behind Orgon without being seen).[10]

ORGON
That's obediently said. So then, tell me, daughter,
That a lofty merit shines in his entire body,
That he touches your heart, and that it would be sweet to you
To see him become your husband by my choice.
Well?
    Mariane recoils in surprise.

MARIANE
    What!

ORGON
         What's wrong?

MARIANE
               How was that?

ORGON
                     Was what?

MARIANE
                         Did I misunderstand?

ORGON
How so?

---

[10] Other editions do not start a new scene here and do not mention Dorine until Orgon addresses her; they start Scene 2 at that point.

MARIANE
>   Qui voulez-vous, mon père, que je dise
> Qui me touche le cœur, et qu'il me serait doux
> De voir, par votre choix, devenir mon époux?

ORGON
> Tartuffe.

MARIANE
>   Il n'en est rien, mon père, je vous jure.
> Pourquoi me faire dire une telle imposture?

ORGON
> Mais je veux que cela soit une vérité;
> Et c'est assez pour vous que je l'aie arrêté.

MARIANE
> Quoi! vous voulez, mon père . . .

ORGON
>   Oui, je prétends, ma fille,
> Unir, par votre hymen, Tartuffe à ma famille.
> Il sera votre époux, j'ai résolu cela;
>   *Apercevant Dorine*
> Et, comme sur vos vœux je . . . Que faites-vous là?
> La curiosité qui vous presse est bien forte,
> Ma mie, à nous venir écouter de la sorte.

DORINE
> Vraiment, je ne sais pas si c'est un bruit qui part
> De quelque conjecture, ou d'un coup de hasard;
> Mais de ce mariage on m'a dit la nouvelle,
> Et j'ai traité cela de pure bagatelle.

ORGON
> Quoi donc! la chose est-elle incroyable?

DORINE
>   À tel point,
> Que vous-même, monsieur, je ne vous en crois point.

ORGON
> Je sais bien le moyen de vous le faire croire.

DORINE
> Oui! oui! vous nous contez une plaisante histoire!

MARIANE
   Who is it, father, that you want me to say that about,
That he touches my heart, and that it would be sweet to me
To see him become my husband by your choice?

ORGON
Tartuffe.

MARIANE
   That's not at all the case, father, I swear to you.
Why make me say such a falsehood?

ORGON
But I want it to be the truth;
And it's enough for you to know that I've decided on it.

MARIANE
What! Father, you want . . .

ORGON
       Yes, daughter, I firmly intend
To unite Tartuffe to my family through your marriage.
He will be your husband, I've determined that;
  (In the next line, he sees Dorine:)
And since your love is to me . . . What are you doing here?
The curiosity that prompts you is strong, indeed,
My good woman, for you to come and listen to us this way.

DORINE
Truthfully, I don't know whether it's a rumor set in motion
By guesswork or by some chance,
But I've been told the news of this marriage,
And I treated it like sheer nonsense.

ORGON
What! Is the subject unbelievable?

DORINE
      So much so,
Sir, that I don't even believe it when *you* say it.

ORGON
I know very well how to make you believe it.

DORINE
Sure, sure, you're just telling us a funny story.

ORGON

Je conte justement ce qu'on verra dans peu.

DORINE

Chansons!

ORGON

       Ce que je dis, ma fille, n'est point jeu.

DORINE

Allez, ne croyez point à monsieur votre père;
Il raille.

ORGON

    Je vous dis . . .

DORINE

          Non, vous avez beau faire,
On ne vous croira point.

ORGON

        À la fin, mon courroux . . .

DORINE

Eh bien, on vous croit donc; et c'est tant pis pour vous.
Quoi! se peut-il, monsieur, qu'avec l'air d'homme sage,
Et cette large barbe au milieu du visage,
Vous soyez assez fou pour vouloir? . . .

ORGON

         Écoutez:
Vous avez pris céans certaines privautés
Qui ne me plaisent point; je vous le dis, ma mie.

DORINE

Parlons sans nous fâcher, monsieur, je vous supplie.
Vous moquez-vous des gens d'avoir fait ce complot?
Votre fille n'est point l'affaire d'un bigot:
Il a d'autres emplois auxquels il faut qu'il pense.
Et puis, que vous apporte une telle alliance?
À quel sujet aller, avec tout votre bien,
Choisir un gendre gueux? . . .

ORGON

        Taisez-vous. S'il n'a rien,
Sachez que c'est par là qu'il faut qu'on le révère.

ORGON
I am telling precisely what everyone will actually see before long.

DORINE
Fiddlesticks!

ORGON
                What I'm saying, daughter, is no game.

DORINE
Come now, don't believe your father!
He's teasing.

ORGON
                I tell you . . .

DORINE
                                No, there's no use,
No one will believe you.

ORGON
                I'm getting angry . . .

DORINE
All right! So we believe you, and so much the worse for you.
What! Is it possible, sir, that with the appearance of a rational man
And with that big beard in the middle of your face,
You're so crazy that you want . . .

ORGON
                        Listen:
You've taken certain liberties in the household
That I don't like at all, I tell you that, my good woman.

DORINE
Sir, let's talk without getting angry, I beg of you.
Are you making a fool of people with this secret scheme of yours?
Your daughter is no concern of a bigot,
He has other matters to occupy him;
And then, what do you gain from such a match?
For what reason should you, with all your money,
Go and choose a beggar for a son-in-law . . .

ORGON
                                Be quiet. If he has nothing,
You should know that that's precisely why he's to be revered.

Sa misère est sans doute une honnête misère:
Au-dessus des grandeurs elle doit l'élever,
Puisque enfin de son bien il s'est laissé priver
Par son trop peu de soin des choses temporelles
Et sa puissante attache aux choses éternelles.
Mais mon secours pourra lui donner les moyens
De sortir d'embarras et rentrer dans ses biens:
Ce sont fiefs qu'à bon titre au pays on renomme;
Et, tel que l'on le voit, il est bien gentilhomme.

DORINE
Oui, c'est lui qui le dit; et cette vanité,
Monsieur, ne sied pas bien avec la piété.
Qui d'une sainte vie embrasse l'innocence
Ne doit pas tant prôner son nom et sa naissance;
Et l'humble procédé de la dévotion
Souffre mal les éclats de cette ambition.
À quoi bon cet orgueil? . . . Mais ce discours vous blesse;
Parlons de sa personne, et laissons sa noblesse.
Ferez-vous possesseur, sans quelque peu d'ennui,
D'une fille comme elle un homme comme lui?
Et ne devez-vous pas songer aux bienséances,
Et de cette union prévoir les conséquences?
Sachez que d'une fille on risque la vertu,
Lorsque dans son hymen son goût est combattu;
Que le dessein d'y vivre en honnête personne
Dépend des qualités du mari qu'on lui donne,
Et que ceux dont partout on montre au doigt le front
Font leurs femmes souvent ce qu'on voit qu'elles sont.
Il est bien difficile enfin d'être fidèle
À de certains maris faits d'un certain modèle;
Et qui donne à sa fille un homme qu'elle hait
Est responsable au ciel des fautes qu'elle fait.
Songez à quels périls votre dessein vous livre.

ORGON
Je vous dis qu'il me faut apprendre d'elle à vivre!

DORINE
Vous n'en feriez que mieux de suivre mes leçons.

His poverty is without a doubt an honest poverty.
It ought to elevate him above men of rank,
Because, you see, he's let himself be deprived of wealth
Through his lack of concern for worldly things
And his powerful attachment to eternal things.
But my aid will be able to give him the means
To get out of his difficulties and recover his property:
Estates that are justly renowned in his home province.
And, no matter how he looks, he is really a man of gentle birth.

DORINE
Yes, it's he that says it, and that vanity,
Sir, doesn't accord well with piety.
A man who embraces the purity of a holy life
Shouldn't boast so much about his name and his birth,
And the humble attitude of devoutness
Is unsuited to the glare of such ambition.
What good is that pride? . . . But this speech is offending you:
Let's speak of his person, and set aside his nobility.
Won't it give you any pain at all to make
A man like him owner of a daughter like her?
And shouldn't you think about the proprieties
And foresee the consequences of this union?
You should know that a girl's virtue is set at risk
When her feelings are overlooked in her marriage;
That the intention to live like an honest married woman
Depends on the qualities of the husband she is given,
And that those men whose forehead is pointed at everywhere[11]
Often cause their wives to become the way they are.
In short, it's very difficult to be faithful
To certain husbands cut from a certain pattern,
And the man who gives his daughter a man she hates
Is responsible to heaven for the faults she commits.
Think about the dangers your plan is letting you in for.

ORGON
I tell you, I've got to learn from her how to live!

DORINE
You'd surely do better if you followed my lessons.

---

[11] Cuckolds, with "horns" on their forehead.

ORGON

Ne nous amusons point, ma fille, à ces chansons;
Je sais ce qu'il vous faut, et je suis votre père.
J'avais donné pour vous ma parole à Valère;
Mais, outre qu'à jouer on dit qu'il est enclin,
Je le soupçonne encor d'être un peu libertin;
Je ne remarque point qu'il hante les églises.

DORINE

Voulez-vous qu'il y coure à vos heures précises,
Comme ceux qui n'y vont que pour être aperçus?

ORGON

Je ne demande pas votre avis là-dessus.
Enfin, avec le ciel l'autre est le mieux du monde,
Et c'est une richesse à nulle autre seconde.
Cet hymen de tous biens comblera vos désirs,
Il sera tout confit en douceurs et plaisirs.
Ensemble vous vivrez, dans vos ardeurs fidèles,
Comme deux vrais enfants, comme deux tourterelles:
À nul fâcheux débat jamais vous n'en viendrez;
Et vous ferez de lui tout ce que vous voudrez.

DORINE

Elle? Elle n'en fera qu'un sot, je vous assure.

ORGON

Ouais! quels discours!

DORINE
                    Je dis qu'il en a l'encolure
Et que son ascendant, monsieur, l'emportera
Sur toute la vertu que votre fille aura.

ORGON

Cessez de m'interrompre, et songez à vous taire,
Sans mettre votre nez où vous n'avez que faire.

DORINE; *elle l'interrompt toujours au moment où il se retourne pour parler à sa fille*
Je n'en parle, monsieur, que pour votre intérêt.

ORGON

C'est prendre trop de soin; taisez-vous, s'il vous plaît.

DORINE

Si l'on ne vous aimait . . .

ORGON *(to Mariane:)*
Daughter, let's waste no more time on this nonsense,
I know what you need, and I'm your father.
I had given my word to Valère about you;
But, besides having heard that he's prone to gambling,
I also suspect him of being a little irreligious;
I never see him going to church.

DORINE
Do you want him to run there at your prescribed hours,
Like those who go there merely to be seen?

ORGON
I'm not asking your opinion on the subject.
Finally, the other man is on the best possible terms with heaven,
And that is wealth second to no other.
This marriage will satisfy your desires for every good thing,
It will be permeated with sweetness and pleasure.
In your faithful ardor you will live together
Like two real children, like two turtle-doves.
You'll never find yourself in some annoying argument,
And you'll make of him anything you like.

DORINE
She? She'll only make a cuckold of him, I assure you.

ORGON
Well! What a thing to say!

DORINE
                              I say that he's got the look of one,
And that the star he was born under, sir, will be more powerful
Than all the virtue your daughter may possess.

ORGON
Stop interrupting me, and try to keep still,
Without sticking your nose into things that don't concern you.

DORINE *(who keeps interrupting him whenever he turns around to speak to his daughter:)*
I speak of it, sir, only in your own interest.

ORGON [*to Dorine:*]
You take it too much to heart; please keep still.

DORINE
If we didn't love you . . .

ORGON

            Je ne veux pas qu'on m'aime.

DORINE

Et je veux vous aimer, monsieur, malgré vous-même.

ORGON

Ah!

DORINE

    Votre honneur m'est cher, et je ne puis souffrir
Qu'aux brocards d'un chacun vous alliez vous offrir.

ORGON

Vous ne vous tairez point?

DORINE

                C'est une conscience
Que de vous laisser faire une telle alliance.

ORGON

Te tairas-tu, serpent, dont les traits effrontés . . .

DORINE

Ah! vous êtes dévot, et vous vous emportez!

ORGON

Oui, ma bile s'échauffe à toutes ces fadaises,
Et tout résolûment je veux que tu te taises.

DORINE

Soit. Mais, ne disant mot, je n'en pense pas moins.

ORGON

Pense, si tu le veux; mais applique tes soins
                Se retournant vers sa fille
À ne m'en point parler, ou . . . Suffit . . . Comme sage,
J'ai pesé mûrement toutes choses.

DORINE, *à part*

                J'enrage
De ne pouvoir parler!

ORGON
I don't want to be loved.

DORINE
But I want to love you, sir, in spite of yourself.

ORGON
Oh!

DORINE
    Your honor is dear to me, and I can't stand
To see you as the target of everyone's jibes.

ORGON
Won't you keep still?

DORINE
My conscience
Won't let you make a match like that.

ORGON
Will you shut up,[12] you snake, with your impudent face . . .

DORINE
Ah! You're pious, and you fly into a rage!

ORGON
Yes, my blood boils over at such stupid talk,
And I quite firmly ask you to hold your tongue.

DORINE
All right. But, though I'm not saying a word, I'm thinking pretty hard.

ORGON
Think all you like; but make every effort
    (In the next line, he turns toward his daughter:)
Not to speak to me about it, or . . . Enough. Like a sober-minded man,
I've weighed everything maturely.

DORINE *(aside:)*
I'm bursting
Because I can't talk.

---

[12] The more violent English expression used here for *se taire* reflects Orgon's angry shift from the *vous* to the *tu* form of address in the French text. Later, Mariane and Valère address Dorine as *tu* out of affection.

ORGON

      Sans être damoiseau,
Tartuffe est fait de sorte . . .

DORINE

       Oui, c'est un beau museau!

ORGON

Que, quand tu n'aurais même aucune sympathie
Pour tous les autres dons . . .

DORINE, *à part*

       La voilà bien lotie!
Orgon se tourne du côté de Dorine, et, les bras croisés, l'écoute et la regarde en face.
Si j'étais en sa place, un homme assurément
Ne m'épouserait pas de force impunément;
Et je lui ferais voir, bientôt après la fête,
Qu'une femme a toujours une vengeance prête.

ORGON, *à Dorine*
Donc de ce que je dis on ne fera nul cas?

DORINE
De quoi vous plaignez-vous? Je ne vous parle pas.

ORGON
Qu'est-ce que tu fais donc?

DORINE

      Je me parle à moi-même.

ORGON, *à part*
Fort bien. Pour châtier son insolence extrême,
Il faut que je lui donne un revers de ma main.
Il se met en posture de donner un soufflet à Dorine, et, à chaque mot qu'il dit à sa fille,
  il se tourne pour regarder Dorine, qui se tient droite sans parler.
Ma fille, vous devez approuver mon dessein . . .
Croire que le mari . . . que j'ai su vous élire . . .
  À Dorine
Que ne te parles-tu?

DORINE

      Je n'ai rien à me dire.

ORGON
Encore un petit mot.

ORGON
                    Even though he's not a fashionable youngster,
Tartuffe is such that . . .

DORINE
                    Yes, he's a handsome one!

ORGON
. . . Such that, even if you should have no liking
For all his other gifts . . .

DORINE *(aside:)*
                    She's well provided for!
    (Orgon turns toward Dorine and looks at her and listens to her, crossing his arms.)
If I were in her place, no man, I assure you,
Would marry me by force and get away with it,
And, soon after the ceremony, I'd show him
That a woman always has some kind of revenge up her sleeve.

ORGON *(to Dorine:)*
And so, you won't pay any attention to what I say?

DORINE
What are you complaining about? I'm not talking to you.

ORGON
Then what are you doing?

DORINE
                    I'm talking to myself.

ORGON *(aside:)*
Very good. To punish her extreme insolence,
I have to show her the back of my hand.
(He prepares his hand to slap Dorine, and, after each phrase addressed to his daughter, he turns around to look at Dorine, who stands erect and silent.)
Daughter, you ought to approve my plan . . .
To believe that the husband . . . I've picked out for you . . .
    (To Dorine:)
Why aren't you talking to yourself?

DORINE
                    I have nothing to say to myself.

ORGON
Just one more word.

DORINE

Il ne me plaît pas, moi.

ORGON

Certes, je t'y guettais.

DORINE

Quelque sotte, ma foi! . . .

ORGON

Enfin, ma fille, il faut payer d'obéissance;
Et montrer pour mon choix entière déférence.

DORINE, *en s'enfuyant*

Je me moquerais fort de prendre un tel époux.

ORGON, *après avoir manqué de donner un soufflet à Dorine*

Vous avez là, ma fille, une peste avec vous,
Avec qui, sans péché, je ne saurais plus vivre.
Je me sens hors d'état maintenant de poursuivre;
Ses discours insolents m'ont mis l'esprit en feu,
Et je vais prendre l'air pour me rasseoir un peu.

SCÈNE III.—Mariane, Dorine.

DORINE

Avez-vous donc perdu, dites-moi, la parole?
Et faut-il qu'en ceci je fasse votre rôle?
Souffrir qu'on vous propose un projet insensé,
Sans que du moindre mot vous l'ayez repoussé!

MARIANE

Contre un père absolu que veux-tu que je fasse?

DORINE

Ce qu'il faut pour parer une telle menace.

MARIANE

Quoi?

DORINE

Lui dire qu'un cœur n'aime point par autrui;
Que vous vous mariez pour vous, non pas pour lui;
Qu'étant celle pour qui se fait toute l'affaire,

DORINE

I don't feel like it.

ORGON

Sure, I was watching and waiting.

DORINE

I'm not such a fool, I can tell you! . . .

ORGON

Finally, daughter, you must exhibit your obedience,
And show wholehearted agreement with my choice.

DORINE (*running away:*)

I would certainly refuse to take a husband like that.

ORGON (*who tries to slap her but misses:*)

Daughter, that's a plague you have in your company,
And I couldn't live with her any longer without committing a sin.
I feel myself incapable of continuing right now;
Her insolent talk has got me in a rage,
And I need some fresh air to calm down a little.

SCENE 3.—Mariane, Dorine.

DORINE

Tell me, then, have you lost your tongue,
And do I have to play your part in this matter?
To allow someone to propose a mad plan to you
And not reject it with the slightest word!

MARIANE

What do you want me to do when up against a tyrannical father?

DORINE

Whatever is necessary to counteract a menace like this one.

MARIANE

What?

DORINE

To tell him that hearts don't fall in love at someone else's bidding;
That you want to get married for your own sake, not his;
That, being the one the whole affair centers on,

C'est à vous, non à lui, que le mari doit plaire;
Et que, si son Tartuffe est pour lui si charmant,
Il le peut épouser sans nul empêchement.

MARIANE
Un père, je l'avoue, a sur nous tant d'empire,
Que je n'ai jamais eu la force de rien dire.

DORINE
Mais raisonnons. Valère a fait pour vous des pas:
L'aimez-vous, je vous prie, ou ne l'aimez-vous pas?

MARIANE
Ah! qu'envers mon amour ton injustice est grande,
Dorine! Me dois-tu faire cette demande?
T'ai-je pas là-dessus ouvert cent fois mon cœur?
Et sais-tu pas pour lui jusqu'où va mon ardeur?

DORINE
Que sais-je si le cœur a parlé par la bouche,
Et si c'est tout de bon que cet amant vous touche?

MARIANE
Tu me fais un grand tort, Dorine, d'en douter;
Et mes vrais sentiments ont su trop éclater.

DORINE
Enfin, vous l'aimez donc?

MARIANE
                  Oui, d'une ardeur extrême.

DORINE
Et, selon l'apparence, il vous aime de même?

MARIANE
Je le crois.

DORINE
           Et tous deux brûlez également
De vous voir mariés ensemble?

MARIANE
                  Assurément.

DORINE
Sur cette autre union quelle est donc votre attente?

It's you, not he, that the husband must please,
And that, if he finds his Tartuffe so charming,
He can marry him and nobody will object.

MARIANE
I confess it, a father has such great authority over us
That I've never had the strength to speak up.

DORINE
But let's think this over. Valère has taken steps to win you:
I ask you, do you love him or don't you?

MARIANE
Ah! You're doing my love a great injustice,
Dorine! Is it right for you to ask me that?
Haven't I laid my heart bare to you on that subject a hundred times,
And don't you know how far my desire for him extends?

DORINE
How do I know whether your heart was speaking through your lips,
And whether that suitor is genuinely dear to you?

MARIANE
You do me a great wrong to doubt me, Dorine,
And my true feelings have shown themselves all too clearly.

DORINE
In short, you do love him?

MARIANE
　　　　　　　　　Yes, with a great passion.

DORINE
And, on the face of it, he loves you the same way?

MARIANE
I think so.

DORINE
　　　　　And both of you are equally impatient
To get married?

MARIANE
　　　　　Of course.

DORINE
Then, what do you expect to do about this other marriage?

MARIANE
De me donner la mort, si l'on me violente.

DORINE
Fort bien. C'est un recours où je ne songeais pas;
Vous n'avez qu'à mourir pour sortir d'embarras.
Le remède, sans doute, est merveilleux. J'enrage
Lorsque j'entends tenir ces sortes de langage.

MARIANE
Mon Dieu! de quelle humeur, Dorine, tu te rends!
Tu ne compatis point aux déplaisirs des gens.

DORINE
Je ne compatis point à qui dit des sornettes,
Et dans l'occasion mollit comme vous faites.

MARIANE
Mais que veux-tu? si j'ai de la timidité . . .

DORINE
Mais l'amour dans un cœur veut de la fermeté.

MARIANE
Mais n'en gardé-je pas pour les feux de Valère?
Et n'est-ce pas à lui de m'obtenir d'un père?

DORINE
Mais quoi! si votre père est un bourru fieffé,
Qui s'est de son Tartuffe entièrement coiffé,
Et manque à l'union qu'il avait arrêtée,
La faute à votre amant doit-elle être imputée?

MARIANE
Mais, par un haut refus et d'éclatants mépris,
Ferai-je, dans mon choix, voir un cœur trop épris?
Sortirai-je pour lui, quelque éclat dont il brille,
De la pudeur du sexe et du devoir de fille?
Et veux-tu que mes feux par le monde étalés . . .

DORINE
Non, non, je ne veux rien. Je vois que vous voulez
Être à monsieur Tartuffe; et j'aurais, quand j'y pense,
Tort de vous détourner d'une telle alliance.
Quelle raison aurais-je à combattre vos vœux?

MARIANE
To kill myself, if I'm driven into it.

DORINE
Very good. That's a stratagem I hadn't thought of:
All you need to do to get out of your jam is to die.
No question, it's a wonderful remedy. I get wild
When I hear anyone talk that way.

MARIANE
Heavens, Dorine, what a state you're getting into!
You have no compassion for people's problems.

DORINE
I've no compassion for people who talk poppycock,
And who wilt away like you when push comes to shove.

MARIANE
But what do you want? If I'm a little timid . . .

DORINE
But love demands firmness in the heart.

MARIANE
But don't I show firm loyalty to Valère's love?
And isn't it up to him to win me from my father?

DORINE
Come on now! If your father is a certified eccentric,
Who has totally lost his head over his Tartuffe
And is reneging on the match he himself had arranged,
Can the fault be laid at your suitor's door?

MARIANE
But, by loudly refusing and displaying my contempt,
By keeping to my choice, will I be showing a heart too deeply smitten?
Will I, for his sake, no matter how wonderful his merits,
Be going beyond the modesty of my sex and the duties of a daughter?
And do you want my passion, made the subject of public talk, . . .

DORINE
No, no, I want nothing. I see that you want
To belong to Monsieur Tartuffe, and, when I think about it, I'd be
Wrong to talk you out of a marriage like that one.
What reason would I have to object to your wishes?

Le parti de soi-même est fort avantageux.
Monsieur Tartuffe! oh! oh! n'est-ce rien qu'on propose?
Certes, monsieur Tartuffe, à bien prendre la chose,
N'est pas un homme, non, qui se mouche du pied;
Et ce n'est pas peu d'heur que d'être sa moitié.
Tout le monde déjà de gloire le couronne;
Il est noble chez lui, bien fait de sa personne;
Il a l'oreille rouge et le teint bien fleuri:
Vous vivrez trop contente avec un tel mari.

MARIANE
Mon Dieu! . . .

DORINE
          Quelle allégresse aurez-vous dans votre âme
Quand d'un époux si beau vous vous verrez la femme!

MARIANE
Ah! cesse, je te prie, un semblable discours,
Et contre cet hymen ouvre-moi du secours.
C'en est fait, je me rends, et suis prête à tout faire.

DORINE
Non, il faut qu'une fille obéisse à son père,
Voulût-il lui donner un singe pour époux.
Votre sort est fort beau: de quoi vous plaignez-vous?
Vous irez par le coche en sa petite ville,
Qu'en oncles et cousins vous trouverez fertile,
Et vous vous plairez fort à les entretenir.
D'abord chez le beau monde on vous fera venir.
Vous irez visiter, pour votre bienvenue,
Madame la baillive et madame l'élue,
Qui d'un siége pliant vous feront honorer.
Là, dans le carnaval, vous pourrez espérer
Le bal et la grand'bande, assavoir, deux musettes,
Et parfois Fagotin, et les marionnettes:
Si pourtant votre époux . . .

The match, in itself, is highly advantageous.
Monsieur Tartuffe! Oh! Oh! Is the offer worth nothing at all?
Certainly Monsieur Tartuffe, when you take the matter the right way,
Isn't a man, no sir, who can be lightly discounted,[13]
And it's no small piece of luck to be his better half.
Everyone is already crowning him with glory;
He's a nobleman back home, well set up physically.
He has red ears and a florid complexion:
You'll be only too happy with a husband like him.

MARIANE
God! . . .

DORINE
          What happiness you'll have in your heart
When you find yourself the wife of such a handsome husband!

MARIANE
Oh, please stop talking that way,
And offer me some help to escape this marriage.
You've won, I surrender and I'm ready to do anything.

DORINE
No, a daughter must obey her father,
Even if he wanted to give her an ape for a husband.
Your fate is very fine, what are you complaining about?
You will travel by carriage to his little town,
Which you'll find swarming with uncles and cousins,
And you'll have a great time conversing with them.
First off, you'll be taken into high society;
As a welcome, you'll go to visit
The wife of the magistrate and the wife of the tax assessor,
Who will honor you with a folding chair.[14]
There, at Carnival time, you can hope for
A ball and the royal orchestra—that is, two bagpipes—
And, sometimes, Fagotin[15] and a puppet show.
Yet, if your husband . . .

---

[13] Literally, "who blows his nose with his foot."
[14] A mark of the lowest social rank.
[15] A famous performing monkey of the time, also mentioned in La Fontaine's fables.

MARIANE

                  Ah! tu me fais mourir!
De tes conseils plutôt songe à me secourir.

DORINE

Je suis votre servante.

MARIANE

              Eh! Dorine, de grâce . . .

DORINE

Il faut, pour vous punir, que cette affaire passe.

MARIANE

Ma pauvre fille!

DORINE

     Non.

MARIANE

           Si mes vœux déclarés . . .

DORINE

Point. Tartuffe est votre homme, et vous en tâterez.

MARIANE

Tu sais qu'à toi toujours je me suis confiée:
Fais-moi . . .

DORINE

        Non, vous serez, ma foi, tartuffiée.

MARIANE

Eh bien, puisque mon sort ne saurait t'émouvoir,
Laisse-moi désormais toute à mon désespoir:
C'est de lui que mon cœur empruntera de l'aide;
Et je sais de mes maux l'infaillible remède.
    Elle veut s'en aller.

DORINE

Eh! la, la, revenez. Je quitte mon courroux.
Il faut, nonobstant tout, avoir pitié de vous.

MARIANE

Vois-tu, si l'on m'expose à ce cruel martyre,
Je te le dis, Dorine, il faudra que j'expire.

MARIANE
                    Oh! You're killing me!
Instead of that, think of some advice to help me.

DORINE
No, ma'am.

MARIANE
          Ah, Dorine, please . . .

DORINE
To punish you, this business must proceed as planned.

MARIANE
Dear Dorine!

DORINE
                No.

MARIANE
              If the love I've already declared . . .

DORINE
No. Tartuffe is your man, and you'll find out what he's like.

MARIANE
You know that I've always placed my trust in you.
Do me . . .

DORINE
              No. I tell you, you're going to be Tartuffified.

MARIANE
All right! Since my fate is powerless to move you,
Abandon me totally to my despair from here on.
It is from despair that my heart will borrow aid,
And I know the infallible remedy for my sorrows.
          (*She intends to exit.*)

DORINE
Hold it, come back, I'm no longer angry.
In spite of everything I must take pity on you.

MARIANE
You see, if I'm exposed to this cruel torture,
I tell you, Dorine, I just must die.

DORINE
Ne vous tourmentez point. On peut adroitement
Empêcher . . . Mais voici Valère, votre amant.

SCÈNE IV.—Valère, Mariane, Dorine.

VALÈRE
On vient de débiter, madame, une nouvelle
Que je ne savais pas, et qui sans doute est belle.

MARIANE
Quoi?

VALÈRE
      Que vous épousez Tartuffe.

MARIANE
                    Il est certain
Que mon père s'est mis en tête ce dessein.

VALÈRE
Votre père, madame . . .

MARIANE
                A changé de visée:
La chose vient par lui de m'être proposée.

VALÈRE
Quoi! sérieusement?

MARIANE
             Oui, sérieusement.
Il s'est pour cet hymen déclaré hautement.

VALÈRE
Et quel est le dessein où votre âme s'arrête,
Madame?

MARIANE
       Je ne sais.

VALÈRE
            La réponse est honnête:
Vous ne savez?

DORINE
Don't torment yourself, through cleverness we can
Prevent . . . But here is Valère, your suitor.

SCENE 4.—Valère, Mariane, Dorine.

VALÈRE
I've just been told, miss, a piece of news
That I didn't know and that I'm sure is very fine.

MARIANE
What?

VALÈRE
     That you're marrying Tartuffe.

MARIANE
                         It's perfectly true
That my father has taken that idea into his head.

VALÈRE
Your father, miss . . .

MARIANE
             . . . Has changed his plan.
He has just mentioned the matter to me now.

VALÈRE
What? Seriously?

MARIANE
          Yes, seriously;
He's come right out in favor of this marriage.

VALÈRE
And which is the plan on which your heart is set,
Miss?

MARIANE
     I don't know.

VALÈRE
         A kind answer.
You don't know?

MARIANE

     Non.

VALÈRE

      Non?

MARIANE

         Que me conseillez-vous?

VALÈRE

Je vous conseille, moi, de prendre cet époux.

MARIANE

Vous me le conseillez?

VALÈRE

       Oui.

MARIANE

        Tout de bon?

VALÈRE

          Sans doute:
Le choix est glorieux, et vaut bien qu'on l'écoute.

MARIANE

Eh bien, c'est un conseil, monsieur, que je reçois.

VALÈRE

Vous n'aurez pas grand'peine à le suivre, je crois.

MARIANE

Pas plus qu'à le donner n'en a souffert votre âme.

VALÈRE

Moi, je vous l'ai donné pour vous plaire, madame.

MARIANE

Et moi, je le suivrai pour vous faire plaisir.

DORINE, *se retirant dans le fond du théâtre*
Voyons ce qui pourra de ceci réussir.

VALÈRE

C'est donc ainsi qu'on aime? Et c'était tromperie
Quand vous . . .

MARIANE
> No.

VALÈRE
> No?

MARIANE
> What's your advice?

VALÈRE
I advise you to accept that husband.

MARIANE
That's your advice to me?

VALÈRE
> Yes.

MARIANE
> Seriously?

VALÈRE
> Of course.
The choice is splendid and well worth heeding.

MARIANE
Well, sir, that is a piece of advice that I accept.

VALÈRE
You won't have much trouble following it, I think.

MARIANE
No more than your heart felt in giving it.

VALÈRE
I gave it to you to please you, miss.

MARIANE
And I will follow it to please *you*.

DORINE (*moving far upstage:*)
Let's see what this may lead to.

VALÈRE
Is this, then, how you love? And was it deceit,
When you . . .

MARIANE

        Ne parlons point de cela, je vous prie;
Vous m'avez dit tout franc que je dois accepter
Celui que pour époux on me veut présenter,
Et je déclare, moi, que je prétends le faire,
Puisque vous m'en donnez le conseil salutaire.

VALÈRE

Ne vous excusez point sur mes intentions.
Vous aviez pris déjà vos résolutions;
Et vous vous saisissez d'un prétexte frivole
Pour vous autoriser à manquer de parole.

MARIANE

Il est vrai, c'est bien dit.

VALÈRE

                Sans doute; et votre cœur
N'a jamais eu pour moi de véritable ardeur.

MARIANE

Hélas! permis à vous d'avoir cette pensée.

VALÈRE

Oui, oui, permis à moi: mais mon âme offensée
Vous préviendra peut-être en un pareil dessein;
Et je sais où porter et mes vœux et ma main.

MARIANE

Ah! je n'en doute point; et les ardeurs qu'excite
Le mérite . . .

VALÈRE

          Mon Dieu! laissons là le mérite.
J'en ai fort peu sans doute, et vous en faites foi.
Mais j'espère aux bontés qu'une autre aura pour moi;
Et j'en sais de qui l'âme, à ma retraite ouverte,
Consentira sans honte à réparer ma perte.

MARIANE

La perte n'est pas grande; et de ce changement
Vous vous consolerez assez facilement.

VALÈRE

J'y ferai mon possible, et vous le pouvez croire.
Un cœur qui nous oublie engage notre gloire;

MARIANE
                    Let's not talk about that, please.
You've told me quite frankly that I ought to accept
The man they want to give me as a husband,
And, on my part, I declare that I intend to do so,
Since you've given me that beneficial advice.

VALÈRE
Don't excuse yourself on the basis of my intentions:
You had already made up your mind to it,
And you're seizing on a frivolous pretext
To justify yourself in breaking your word.

MARIANE
It's true, that's well put.

VALÈRE
                    No doubt, and your heart
Has never felt a true love for me.

MARIANE
Alas! Feel free to entertain that idea.

VALÈRE
Yes, yes, I can feel free; but my wounded heart
May perhaps follow a similar course even before you do:
And I know where to transfer my courtship and my hand.

MARIANE
Oh, I don't doubt it; and the passion that merit
Arouses . . .

VALÈRE
                    For heaven's sake, forget about merit:
I have very little of it, no doubt, and you attest to that;
But I have hopes in the kindness another woman will show me,
And I know some whose heart, welcoming me as I take refuge,
Will consent without shame to make good my loss.

MARIANE
The loss is no great one, and it won't be at all hard
For you to console yourself for this change . . .

VALÈRE
I'll do my best, you can believe it.
A heart that rejects us casts doubts on our reputation:

Il faut à l'oublier mettre aussi tous nos soins;
Si l'on n'en vient à bout, on le doit feindre au moins;
Et cette lâcheté jamais ne se pardonne,
De montrer de l'amour pour qui nous abandonne.

MARIANE
Ce sentiment sans doute est noble et relevé.

VALÈRE
Fort bien; et d'un chacun il doit être approuvé.
Eh quoi! vous voudriez qu'à jamais dans mon âme
Je gardasse pour vous les ardeurs de ma flamme,
Et vous visse, à mes yeux, passer en d'autres bras,
Sans mettre ailleurs un cœur dont vous ne voulez pas?

MARIANE
Au contraire; pour moi, c'est ce que je souhaite;
Et je voudrais déjà que la chose fût faite.

VALÈRE
Vous le voudriez?

MARIANE
           Oui.

VALÈRE
           C'est assez m'insulter,
Madame; et, de ce pas, je vais vous contenter.
     Il fait un pas pour s'en aller.

MARIANE
Fort bien.

VALÈRE, *revenant*
           Souvenez-vous au moins que c'est vous-même
Qui contraignez mon cœur à cet effort extrême.

MARIANE
Oui.

VALÈRE, *revenant encore*
     Et que le dessein que mon âme conçoit
N'est rien qu'à votre exemple.

MARIANE
           À mon exemple, soit.

We must also do all we can to forget *it* in our turn.
If we don't succeed in doing so, we must at least pretend we have;
And it's cowardice that is never to be forgiven
To show love for someone who deserts us.

MARIANE
That sentiment is surely noble and exalted.

VALÈRE
Very much so, and it ought to be approved by everyone.
What? You'd like me to keep forever in my heart
The heat of my passion for you,
While seeing you in another's arms before my eyes,
And not give another woman a heart you don't want?

MARIANE
On the contrary, as for me, that's exactly what I wish,
And I'd like it to be an accomplished fact already.

VALÈRE
You'd like that?

MARIANE
                    Yes.

VALÈRE
                    I've been insulted enough,
Miss, and this very moment I'm going off to satisfy you.
        (*He takes one step toward the door.*)

MARIANE
Fine.

VALÈRE (*returning:*)
        Recall at least that you're the one
Who is forcing my heart to take this extreme measure.

MARIANE
Yes.

VALÈRE (*returning again:*)
        And that the plan my heart conceives
Is merely in pursuit of your own example.

MARIANE
                            My own example, right.

VALÈRE, *en sortant*
Suffit: vous allez être à point nommé servie.

MARIANE
Tant mieux.

VALÈRE, *revenant encore*
      Vous me voyez, c'est pour toute ma vie.

MARIANE
À la bonne heure.

VALÈRE *s'en va, et, lorsqu'il est vers la porte, il se retourne*
        Eh?

MARIANE
        Quoi?

VALÈRE
          Ne m'appelez-vous pas?

MARIANE
Moi! Vous rêvez.

VALÈRE
        Eh bien, je poursuis donc mes pas.
Adieu, madame.
    Il s'en va lentement.

MARIANE
        Adieu, monsieur.

DORINE, *à Mariane*
           Pour moi, je pense
Que vous perdez l'esprit par cette extravagance:
Et je vous ai laissés tout du long quereller,
Pour voir où tout cela pourrait enfin aller.
Holà! seigneur Valère.
    Elle arrête Valère par le bras.

VALÈRE, *feignant de résister*
        Eh? que veux-tu, Dorine?

DORINE
Venez ici.

VALÈRE
      Non, non, le dépit me domine.
Ne me détourne point de ce qu'elle a voulu.

VALÈRE (*leaving:*)
Enough; you'll get what you want exactly when you want it.

MARIANE
So much the better.

VALÈRE (*returning again:*)
                You're seeing me for the last time in my life.

MARIANE
Good!

VALÈRE (*goes, and, when near the door, turns:*)
        Yes?

MARIANE
            What?

VALÈRE
                Didn't you call me?

MARIANE
I? You're dreaming.

VALÈRE
                All right, then, I'll continue the way I was going.
Farewell, miss.
        (*He walks away slowly.*)

MARIANE
                Farewell, sir.

DORINE (*to Mariane:*)
                    As for me, I think
That the two of you are losing your wits with this absurdity,
And I allowed you to have your spat out completely
To see where all this might wind up.
Hey there, Valère!
        (*She takes him by the arm.*)

VALÈRE (*pretending to resist:*)
                Say, what do you want, Dorine?

DORINE
Come here.

VALÈRE
            No, no, I'm overcome by vexation.
Don't keep me from doing what she wanted.

DORINE
Arrêtez.

VALÈRE
    Non, vois-tu, c'est un point résolu.

DORINE
Ah!

MARIANE, *à part*
    Il souffre à me voir, ma présence le chasse;
Et je ferai bien mieux de lui quitter la place.

DORINE, *quittant Valère, et courant après Mariane*
À l'autre! Où courez-vous?

MARIANE
              Laisse.

DORINE
                  Il faut revenir.

MARIANE
Non, non, Dorine; en vain tu veux me retenir.

VALÈRE, *à part*
Je vois bien que ma vue est pour elle un supplice,
Et, sans doute, il vaut mieux que je l'en affranchisse.

DORINE, *quittant Mariane, et courant après Valère*
Encor! Diantre soit fait de vous! Si, je le veux.
Cessez ce badinage; et venez çà tous deux.
    Elle prend Valère et Mariane par la main et les ramène.

VALÈRE, *à Dorine*
Mais quel est ton dessein?

MARIANE, *à Dorine*
           Qu'est-ce que tu veux faire?

DORINE
Vous bien remettre ensemble, et vous tirer d'affaire.
    À Valère
Êtes-vous fou d'avoir un pareil démêlé?

DORINE
Stop.

VALÈRE
No, can't you see? I've made up my mind.

DORINE
Ah!

MARIANE (*aside:*)
It hurts him to see me, my presence drives him away;
It would be better if I left and let him stay.

DORINE (*leaving Valère and running over to Mariane:*)
Now the other one? Where are you running off to?

MARIANE
Let me go.

DORINE
You must come back.

MARIANE
No, no, Dorine, it's in vain that you want to hold me back.

VALÈRE (*aside:*)
I see clearly that the sight of me is a torture to her,
And I'm sure it would be better if I freed her from it.

DORINE (*leaving Mariane and running over to Valère:*)
Again? To the devil with you! Yes, I insist.[16]
Stop this tomfoolery, and both of you come here.
(*She takes Valère and Mariane by the hand and brings them together.*)

VALÈRE (*to Dorine:*)
But what do you have in mind?

MARIANE (*to Dorine:*)
What are you trying to do?

DORINE
To bring you together again and get you out of your jam.
(*To Valère:*)
Are you crazy, to have a quarrel like this?

---

[16] Other French editions read "Diantre soit fait de vous si je le veux," which would translate as "To the devil with you if I allow it."

VALÈRE
N'as-tu pas entendu comme elle m'a parlé?

DORINE, *à Mariane*
Êtes-vous folle, vous, de vous être emportée?

MARIANE
N'as-tu pas vu la chose, et comme il m'a traitée?

DORINE, *à Valère*
Sottise des deux parts. Elle n'a d'autre soin
Que de se conserver à vous, j'en suis témoin.
  À Mariane
Il n'aime que vous seule, et n'a point d'autre envie
Que d'être votre époux; j'en réponds sur ma vie.

MARIANE, *à Valère*
Pourquoi donc me donner un semblable conseil?

VALÈRE, *à Mariane*
Pourquoi m'en demander sur un sujet pareil?

DORINE
Vous êtes fous tous deux. Çà, la main l'un et l'autre.
  À Valère
Allons, vous.

VALÈRE, *en donnant sa main à Dorine*
          À quoi bon ma main?

DORINE, *à Mariane*
                    Ah çà! la vôtre.

MARIANE, *en donnant aussi sa main*
De quoi sert tout cela?

DORINE
            Mon Dieu! vite, avancez.
Vous vous aimez tous deux plus que vous ne pensez.
     Valère et Mariane se tiennent quelque temps par la main sans se regarder.

VALÈRE, *se tournant vers Mariane*
Mais ne faites donc point les choses avec peine;
Et regardez un peu les gens sans nulle haine.
     Mariane se tourne du côté de Valère en lui souriant.

DORINE
À vous dire le vrai, les amants sont bien fous!

VALÈRE
Didn't you hear how she spoke to me?

DORINE (*to Mariane:*)
And you, are you crazy, to fly off the handle like that?

MARIANE
Didn't you see what was going on, and how he treated me?

DORINE (*to Valère:*)
Foolishness on both sides. Her only concern
Is to save herself for you, I'm a witness.
   (*To Mariane:*)
He loves nobody but you, and has no other wish
Than to be your husband, I'll stake my life on it.

MARIANE (*to Valère:*)
Why then did you give me such advice?

VALÈRE (*to Mariane:*)
Why ask me for it on such a topic?

DORINE
You're both crazy. Give me your hands, both of you.
   (*To Valère:*)
Come on.

VALÈRE (*giving his hand to Dorine:*)
      What do you need my hand for?

DORINE (*to Mariane:*)
              Ha! Now yours.

MARIANE (*also giving her hand:*)
What good is all this?

DORINE
        God! Quick, step forward.
You love each other more than you imagine.
   (*Valère and Mariane hold hands a while but don't look at each other.*)

VALÈRE (*turning to Mariane:*)
But don't do things as if you're suffering,
And take a little look at people without hatred.
   (*Mariane turns toward Valère and smiles.*)

DORINE
To tell you the truth, sweethearts are really crazy!

VALÈRE, *à Mariane*
Oh çà! n'ai-je pas lieu de me plaindre de vous?
Et, pour n'en point mentir, n'êtes-vous pas méchante
De vous plaire à me dire une chose affligeante?

MARIANE
Mais vous, n'êtes-vous pas l'homme le plus ingrat? . . .

DORINE
Pour une autre saison laissons tout ce débat,
Et songeons à parer ce fâcheux mariage.

MARIANE
Dis-nous donc quels ressorts il faut mettre en usage.

DORINE
Nous en ferons agir de toutes les façons.
    À Mariane   *À Valère*
Votre père se moque; et ce sont des chansons.
    À Mariane
Mais, pour vous, il vaut mieux qu'à son extravagance
D'un doux consentement vous prêtiez l'apparence,
Afin qu'en cas d'alarme il vous soit plus aisé
De tirer en longueur cet hymen proposé.
En attrapant du temps, à tout on remédie.
Tantôt vous payerez de quelque maladie
Qui viendra tout à coup, et voudra des délais;
Tantôt vous payerez de présages mauvais;
Vous aurez fait d'un mort la rencontre fâcheuse,
Cassé quelque miroir, ou songé d'eau bourbeuse:
Enfin, le bon de tout, c'est qu'à d'autres qu'à lui
On ne vous peut lier que vous ne disiez oui.
Mais, pour mieux réussir, il est bon, ce me semble,
Qu'on ne vous trouve point tous deux parlant ensemble.
    À Valère
Sortez; et, sans tarder, employez vos amis
Pour vous faire tenir ce qu'on vous a promis.
Nous allons réveiller les efforts de son frère,
Et dans notre parti jeter la belle-mère.
Adieu.

VALÈRE, *à Mariane*
    Quelques efforts que nous préparions tous,
Ma plus grande espérance, à vrai dire, est en vous.

VALÈRE (*to Mariane:*)
Come now! Don't I have some cause to complain about you?
And, without any lies, aren't you mean
To get pleasure out of saying hurtful things to me?

MARIANE
But you, aren't you the most ungrateful man . . .

DORINE
Let's leave this whole debate for another occasion,
And let's think about blocking this nuisance of a marriage.

MARIANE
Well, tell us what stratagems we must put into play.

DORINE
We'll use all sorts of them.
    (*In the next line, the first half is addressed to Mariane, the second to Valère:*)
Your father is acting irrationally, and it's all nonsense.
    (*To Mariane:*)
But, as for you, it would be better to counter his eccentricity
With the outward appearance of gentle compliance,
So that, in case of an emergency, it will be easier for you
To keep delaying this marriage he proposes.
Gaining time is the solution to everything.
On one occasion you'll pretend to have some illness
That hits you all at once and demands a postponement,
Another time, you'll fall back on bad omens:
You'll say you unluckily chanced to see a dead person,
Broke some mirror, or dreamt of muddy water.
Finally, the best thing of all is that you can't be joined
To anyone but him unless you say yes.
But, for greater success, it would be good, I think,
If you weren't found talking together.
    (*To Valère:*)
Leave now and, without delay, make use of your friends
To help you obtain what you were promised.
We are going to enlist the aid of her brother,
And enroll her stepmother in our party.
Good-bye.

VALÈRE (*to Mariane:*)
        No matter what efforts we all make,
To tell the truth, my greatest hope is in you.

MARIANE, *à Valère*
Je ne vous réponds pas des volontés d'un père;
Mais je ne serai point à d'autre qu'à Valère.

VALÈRE
Que vous me comblez d'aise! et, quoi que puisse oser . . .

DORINE
Ah! jamais les amants ne sont las de jaser.
Sortez, vous dis-je.

VALÈRE; *il fait un pas et revient*
                    Enfin . . .

DORINE
                              Quel caquet est le vôtre!
Tirez de cette part; et vous, tirez de l'autre.
            Dorine les pousse chacun par l'épaule et les oblige de se séparer.

MARIANE (*to Valère:*)
I'm not responsible for my father's wishes;
But I'll never belong to anyone but Valère.

VALÈRE
How you relieve my mind! And whatever may be ventured . . .

DORINE
Ah! Sweethearts never get tired of chattering.
Leave, I say.

VALÈRE (*taking a step and coming back:*)
            Finally . . .

DORINE
                    What a chatterbox you are!
You go this way, and you go the other.
        (*Dorine pushes each of them by the shoulder and forces them to separate.*)

ACTE TROISIÈME

SCÈNE I.—Damis, Dorine.

DAMIS

Que la foudre, sur l'heure, achève mes destins,
Qu'on me traite partout du plus grand des faquins,
S'il est aucun respect ni pouvoir qui m'arrête,
Et si je ne fais pas quelque coup de ma tête!

DORINE

De grâce, modérez un tel emportement:
Votre père n'a fait qu'en parler simplement;
On n'exécute pas tout ce qui se propose;
Et le chemin est long du projet à la chose.

DAMIS

Il faut que de ce fat j'arrête les complots,
Et qu'à l'oreille un peu je lui dise deux mots.

DORINE

Ah! tout doux! envers lui, comme envers votre père,
Laissez agir les soins de votre belle-mère.
Sur l'esprit de Tartuffe elle a quelque crédit,
Il se rend complaisant à tout ce qu'elle dit,
Et pourrait bien avoir douceur de cœur pour elle.
Plût à Dieu qu'il fût vrai! la chose serait belle.
Enfin, votre intérêt l'oblige à le mander:
Sur l'hymen qui vous trouble elle veut le sonder,
Savoir ses sentiments, et lui faire connaître
Quels fâcheux démêlés il pourra faire naître,
S'il faut qu'à ce dessein il prête quelque espoir.
Son valet dit qu'il prie, et je n'ai pu le voir;

ACT III

SCENE 1.—Damis, Dorine.

DAMIS
May lightning end my life this very moment,
May people everywhere call me the lowest creature on earth,
If there is any authority or power that can stop me,
And if I don't do something wild.

DORINE
Please, control your fury;
Your father has merely spoken about it;
Not everything people propose becomes a reality,
And it's a long way between the plan and the event.

DAMIS
I must put a stop to that vain fool's plotting,
And say a couple of choice words in his ear.

DORINE
Ah! Be calm! Leave him, and leave your father,
To the care of your stepmother.
She has a sort of hold on Tartuffe's mind;
He shows himself obliging to everything she says,
And may very well have tender feelings for her.
I wish it were really so! It would be a fine thing!
At any rate, she is forced to summon him on your behalf;
She wants to sound him out about the marriage that's upsetting you,
To learn his thoughts on the matter, and let him know
What unfortunate quarrels he may arouse
If he insists on lending encouragement to this plan.
His servant says he's praying, and I haven't been able to see him;

Mais ce valet m'a dit qu'il s'en allait descendre.
Sortez donc, je vous prie, et me laissez l'attendre.

DAMIS
Je puis être présent à tout cet entretien.

DORINE
Point. Il faut qu'ils soient seuls.

DAMIS
Je ne lui dirai rien.

DORINE
Vous vous moquez: on sait vos transports ordinaires;
Et c'est le vrai moyen de gâter les affaires.
Sortez.

DAMIS
     Non; je veux voir, sans me mettre en courroux.

DORINE
Que vous êtes fâcheux! Il vient. Retirez-vous.
   Damis va se cacher dans un cabinet qui est au fond du théâtre.

SCÈNE II.—Tartuffe, Dorine.

TARTUFFE, *parlant haut à son valet, qui est dans la maison, dès qu'il aperçoit Dorine*
Laurent, serrez ma haire avec ma discipline,
Et priez que toujours le ciel vous illumine.
Si l'on vient pour me voir, je vais aux prisonniers
Des aumônes que j'ai partager les deniers.

DORINE, *à part*
Que d'affectation et de forfanterie!

TARTUFFE
Que voulez-vous?

DORINE
       Vous dire . . .

TARTUFFE, *tirant un mouchoir de sa poche*
         Ah! mon Dieu! je vous prie,
Avant que de parler, prenez-moi ce mouchoir.

But that same servant told me he was going to come downstairs.
So please leave and let me wait for him.

DAMIS
I can be present at that whole conversation.

DORINE
No! They must be alone.

DAMIS
                    I won't say a word to him.

DORINE
You're kidding; everyone knows the rages you generally fly into,
And that's the surefire way to spoil the whole business.
Go.

DAMIS
    No, I want to watch and I won't get angry.

DORINE
What a pest you are! He's coming, be off with you.
    (*Damis hides in the closet or small room upstage.*)

SCENE 2.—Tartuffe, Dorine.

TARTUFFE (*catching sight of Dorine and then speaking aloud to his servant offstage:*)
Laurent, put away my hair-shirt along with my scourge,
And pray that heaven will always enlighten you.
If anyone comes to see me, I'm visiting the prisoners
To distribute among them the money I've received as alms.

DORINE (*aside:*)
What affectation and boasting!

TARTUFFE
What do you wish?

DORINE
                    To tell you . . .

TARTUFFE (*drawing a handkerchief from his pocket:*)
                            Heavens, I beg you,
Before you speak, take this handkerchief.

DORINE
Comment!

TARTUFFE
      Couvrez ce sein que je ne saurais voir.
Par de pareils objets les âmes sont blessées,
Et cela fait venir de coupables pensées.

DORINE
Vous êtes donc bien tendre à la tentation,
Et la chair sur vos sens fait grande impression!
Certes, je ne sais pas quelle chaleur vous monte:
Mais, à convoiter, moi, je ne suis point si prompte.
Et je vous verrais nu du haut jusques en bas,
Que toute votre peau ne me tenterait pas.

TARTUFFE
Mettez dans vos discours un peu de modestie,
Ou je vais sur-le-champ vous quitter la partie.

DORINE
Non, non, c'est moi qui vais vous laisser en repos,
Et je n'ai seulement qu'à vous dire deux mots.
Madame va venir dans cette salle basse,
Et d'un mot d'entretien vous demande la grâce.

TARTUFFE
Hèlas! très-volontiers.

DORINE, *à part*
      Comme il se radoucit!
Ma foi, je suis toujours pour ce que j'en ai dit.

TARTUFFE
Viendra-t-elle bientôt?

DORINE
      Je l'entends, ce me semble.
Oui, c'est elle en personne, et je vous laisse ensemble.

SCÈNE III.—Elmire, Tartuffe.

TARTUFFE
Que le ciel à jamais, par sa toute-bonté,
Et de l'âme et du corps vous donne la santé,

DORINE
How's that?

TARTUFFE
      Cover that bosom, which I may not look at.
Souls are wounded by such sights,
Which give rise to guilty thoughts.

DORINE
So you're quite susceptible to temptation,
And the flesh makes a great impression on your senses!
Surely, I don't know what kind of heat you're feeling,
But as for me, I don't lust after people so readily,
And I could see you naked from head to foot
Without being tempted by all your hide.

TARTUFFE
Moderate your expressions a bit,
Or I shall drop this conversation at once.

DORINE
No, no, *I* will leave *you* in peace,
And I have just a couple of words to say to you.
The lady of the house is coming to this salon
And asks you the favor of a few words with you.

TARTUFFE
Alas! With great pleasure.

DORINE (*aside:*)
        He's becoming all sweetness!
Yes, sir, I still stick to what I said about it.

TARTUFFE
Will she come soon?

DORINE
      I think I hear her.
Yes, it's she herself, and I leave you together.

SCENE 3.—Elmire, Tartuffe.

TARTUFFE
May heaven forever, in its supreme goodness,
Grant you health in soul and body,

Et bénisse vos jours autant que le désire
Le plus humble de ceux que son amour inspire!

ELMIRE

Je suis fort obligée à ce souhait pieux.
Mais prenons une chaise, afin d'être un peu mieux.

TARTUFFE, *assis*

Comment de votre mal vous sentez-vous remise?

ELMIRE, *assise*

Fort bien; et cette fièvre a bientôt quitté prise.

TARTUFFE

Mes prières n'ont pas le mérite qu'il faut
Pour avoir attiré cette grâce d'en haut;
Mais je n'ai fait au ciel nulle dévote instance
Qui n'ait eu pour objet votre convalescence.

ELMIRE

Votre zèle pour moi s'est trop inquiété.

TARTUFFE

On ne peut trop chérir votre chère santé;
Et, pour la rétablir, j'aurais donné la mienne.

ELMIRE

C'est pousser bien avant la charité chrétienne;
Et je vous dois beaucoup pour toutes ces bontés.

TARTUFFE

Je fais bien moins pour vous que vous ne méritez.

ELMIRE

J'ai voulu vous parler en secret d'une affaire
Et suis bien aise, ici, qu'aucun ne nous éclaire.

TARTUFFE

J'en suis ravi de même; et, sans doute, il m'est doux,
Madame, de me voir seul à seul avec vous.
C'est une occasion qu'au ciel j'ai demandée,
Sans que, jusqu'à cette heure, il me l'ait accordée.

ELMIRE

Pour moi, ce que je veux, c'est un mot d'entretien,
Où tout votre cœur s'ouvre, et ne me cache rien.

And bless your days as much as that man desires
Who is the humblest of those inspired by its love!

ELMIRE
I'm very grateful for this pious wish;
But let's take a chair to be a bit more comfortable.

TARTUFFE (*sitting down:*)
How do you feel after your illness?

ELMIRE (*sitting down:*)
Very well, the fever disappeared quickly.

TARTUFFE
My prayers don't have sufficient merit
To have elicited that favor from up above,
But I didn't make one pious supplication to heaven
That wasn't centered on your recovery.

ELMIRE
Your piety has taken too many pains on my account.

TARTUFFE
It's impossible to be too concerned for your dear health,
And to restore it I would have sacrificed mine.

ELMIRE
That's carrying Christian charity pretty far,
And I'm much obliged to you for all this kindness.

TARTUFFE
I do much less for you than you deserve.

ELMIRE
I wanted to speak with you secretly about a certain matter,
And I'm glad no one can spy on us here.

TARTUFFE
That delights me just as much, and it's certainly pleasant for me,
Madame, to find myself alone with you.
It's an opportunity I've asked heaven for,
Though it hasn't been vouchsafed to me until this moment.

ELMIRE
As for me, what I want is a brief conversation
In which your heart is laid bare and hides nothing from me.

Damis, sans se montrer, entr'ouvre la porte du cabinet dans lequel il s'était retiré, pour entendre la conversation.

TARTUFFE

Et je ne veux aussi, pour grâce singulière,
Que montrer à vos yeux mon âme tout entière,
Et vous faire serment que les bruits que j'ai faits
Des visites qu'ici reçoivent vos attraits
Ne sont pas envers vous l'effet d'aucune haine,
Mais plutôt d'un transport de zèle qui m'entraîne,
Et d'un pur mouvement . . .

ELMIRE

               Je le prends bien aussi,
Et crois que mon salut vous donne ce souci.

TARTUFFE, *prenant la main d'Elmire, et lui serrant les doigts*
Oui, madame, sans doute; et ma ferveur est telle . . .

ELMIRE
Ouf! vous me serrez trop.

TARTUFFE

               C'est par excès de zèle.
De vous faire aucun mal je n'eus jamais dessein,
Et j'aurais bien plutôt . . .
    Il met la main sur les genoux d'Elmire.

ELMIRE

               Que fait là votre main?

TARTUFFE
Je tâte votre habit: l'étoffe en est moelleuse.

ELMIRE
Ah! de grâce, laissez, je suis fort chatouilleuse.
    Elmire recule son fauteuil, et Tartuffe se rapproche d'elle.

TARTUFFE, *maniant le fichu d'Elmire*
Mon Dieu! que de ce point l'ouvrage est merveilleux!
On travaille aujourd'hui d'un air miraculeux:
Jamais, en toute chose, on n'a vu si bien faire.

ELMIRE
Il est vrai. Mais parlons un peu de notre affaire.
On tient que mon mari veut dégager sa foi,
Et vous donner sa fille. Est-il vrai? dites-moi.

(Damis, without showing himself, partly opens the door of the closet in which he is hiding, so he can hear the conversation.)

TARTUFFE

And I, too, as an extraordinary favor,
Wish only to present my entire soul to your view,
And to swear to you that the remarks I have made
About the visitors attracted to this house by your charms
Were not inspired by any hatred for you
But rather by a pious emotion that seizes hold of me
And by a pure impulse . . .

ELMIRE

That's how I take it, too,
And I believe that it's for my salvation that you're taking this trouble.

TARTUFFE *(taking Elmire's hand and squeezing her fingertips:)*
Yes, madame, certainly, and my fervor is such . . .

ELMIRE
Ouch! You're squeezing too hard.

TARTUFFE

It's from an excess of piety.
I've never had any intention of causing you pain,
And I would rather . . .
(He puts his hand on Elmire's knees.)

ELMIRE

What is your hand doing there?

TARTUFFE
I'm feeling your gown; the material is velvety.

ELMIRE
Oh, please stop; I'm very ticklish.
(She moves her chair back, and Tartuffe brings his nearer.)

TARTUFFE *(handling Elmire's lace shawl:)*
Heavens! What marvelous workmanship on this needle lace!
People do miraculous work nowadays;
Everything is better made than ever before.

ELMIRE
That's true. But let's talk a little about the business before us.
It's been said that my husband intends to break his word
And give you his daughter: tell me, is that true?

TARTUFFE

Il m'en a dit deux mots: mais, madame, à vrai dire,
Ce n'est pas le bonheur après quoi je soupire;
Et je vois autre part les merveilleux attraits
De la félicité qui fait tous mes souhaits.

ELMIRE

C'est que vous n'aimez rien des choses de la terre.

TARTUFFE

Mon sein n'enferme pas un cœur qui soit de pierre.

ELMIRE

Pour moi, je crois qu'au ciel tendent tous vos soupirs,
Et que rien ici-bas n'arrête vos désirs.

TARTUFFE

L'amour qui nous attache aux beautés éternelles
N'étouffe pas en nous l'amour des temporelles:
Nos sens facilement peuvent être charmés
Des ouvrages parfaits que le ciel a formés.
Ses attraits réfléchis brillent dans vos pareilles;
Mais il étale en vous ses plus rares merveilles:
Il a sur votre face épanché des beautés
Dont les yeux sont surpris et les cœurs transportés,
Et je n'ai pu vous voir, parfaite créature,
Sans admirer en vous l'Auteur de la nature
Et d'une ardente amour sentir mon cœur atteint,
Au plus beau des portraits où lui-même il s'est peint.
D'abord j'appréhendai que cette ardeur secrète
Ne fût du noir esprit une surprise adroite;
Et même à fuir vos yeux mon cœur se résolut,
Vous croyant un obstacle à faire mon salut.
Mais enfin je connus, ô beauté tout aimable!
Que cette passion peut n'être point coupable,
Que je puis l'ajuster avecque la pudeur,
Et c'est ce qui m'y fait abandonner mon cœur.
Ce m'est, je le confesse, une audace bien grande
Que d'oser de ce cœur vous adresser l'offrande;
Mais j'attends en mes vœux tout de votre bonté,
Et rien des vains efforts de mon infirmité.
En vous est mon espoir, mon bien, ma quiétude;
De vous dépend ma peine ou ma béatitude;

TARTUFFE
He mentioned it to me briefly; but, madame, to tell the truth,
That is not the happiness I sigh for,
And it is elsewhere that I see the wonderful charms
Of the felicity that my every wish is for.

ELMIRE
That is to say, you love nothing among earthly objects.

TARTUFFE
My bosom does not enclose a heart of stone.

ELMIRE
As for me, I think that all your sighs are directed toward heaven,
And that nothing here on earth can deflect your desires.

TARTUFFE
The love that binds us to the beauties of eternity
Doesn't stifle within us the love of worldly beauty,
Our senses can easily be spellbound
By the perfect handiwork that heaven has created.
Its charms shine by reflection in women like you,
But in you yourself it displays its rarest wonders.
It has shed over your face beauties
By which eyes are startled and hearts are carried away;
And I've been unable to look at you, you perfect being,
Without admiring in you the Creator of nature,
Without feeling my heart smitten by ardent love
In view of the most beautiful portrait in which He has painted Himself.
At first I feared lest that secret ardor
Might be a sly ruse of the evil spirit,
And my heart even resolved to avoid your sight,
Believing that you were an obstacle to my gaining salvation.
But finally I realized, O lovable beauty,
That it is possible for this passion to be wholly guiltless;
That I can accommodate it with my modesty,
And that's what makes me give over my heart to it.
I confess, it's great audacity on my part
To dare make to you the offering of this heart;
But in my wishes I expect all things from your kindness,
And nothing from the vain efforts of my lowly self.
In you lies my hope, my comfort, my quietude:
On you depends my suffering or my beatitude:

Et je vais être enfin, par votre seul arrêt,
Heureux, si vous voulez; malheureux, s'il vous plaît.

ELMIRE
La déclaration est tout à fait galante;
Mais elle est, à vrai dire, un peu bien surprenante.
Vous deviez, ce me semble, armer mieux votre sein,
Et raisonner un peu sur un pareil dessein.
Un dévot comme vous, et que partout on nomme . . .

TARTUFFE
Ah! pour être dévot, je n'en suis pas moins homme:
Et, lorsqu'on vient à voir vos célestes appas,
Un cœur se laisse prendre et ne raisonne pas.
Je sais qu'un tel discours de moi paraît étrange:
Mais, madame, après tout, je ne suis pas un ange;
Et, si vous condamnez l'aveu que je vous fais,
Vous devez vous en prendre à vos charmants attraits.
Dès que j'en vis briller la splendeur plus qu'humaine,
De mon intérieur vous fûtes souveraine;
De vos regards divins l'ineffable douceur
Força la résistance où s'obstinait mon cœur;
Elle surmonta tout, jeûnes, prières, larmes,
Et tourna tous mes vœux du côté de vos charmes.
Mes yeux et mes soupirs vous l'ont dit mille fois;
Et, pour mieux m'expliquer, j'emploie ici la voix.
Que si vous contemplez, d'une âme un peu bénigne,
Les tribulations de votre esclave indigne;
S'il faut que vos bontés veuillent me consoler,
Et jusqu'à mon néant daignent se ravaler,
J'aurai toujours pour vous, ô suave merveille!
Une dévotion à nulle autre pareille.
Votre honneur avec moi ne court point de hasard,
Et n'a nulle disgrâce à craindre de ma part.
Tous ces galants de cour, dont les femmes sont folles,
Sont bruyants dans leurs faits et vains dans leurs paroles;
De leurs progrès sans cesse on les voit se targuer;
Ils n'ont point de faveurs qu'ils n'aillent divulguer;
Et leur langue indiscrète, en qui l'on se confie,
Déshonore l'autel où leur cœur sacrifie.
Mais les gens comme nous brûlent d'un feu discret.
Avec qui, pour toujours, on est sûr du secret.

And, at last, by your sole decree, I am to be
Happy if you wish it, unhappy if it so pleases you.

ELMIRE
The declaration is perfectly gallant;
But, to tell the truth, it's a little surprising.
It seems to me, you should have fortified your heart more
And done some heavy thinking about a project like this.
A devout person like you, one who is talked about everywhere . . .

TARTUFFE
Ah! If I'm devout, I'm nonetheless a man;
And when one chances to see your heavenly charms,
A heart lets itself be captured and doesn't stop to think.
I know that these words sound strange coming from me;
But, madame, after all, I'm not an angel,
And, if you disapprove of the confession I make to you,
It's your spellbinding looks that you should blame.
The moment I saw their superhuman splendor shining,
You became the sovereign of my heart.
The ineffable sweetness of your divine eyes
Broke down the resistance on which my heart had determined;
It overcame everything, fasting, prayers, tears,
And turned all my desires in the direction of your charms.
My eyes and my sighs have told it to you a thousand times,
And to explain myself further I now use my voice.
And if you look with an indulgent heart
On the tribulations of your unworthy slave,
If it turns out that your kindness deigns to console me
And condescends to lower itself and accept my nothingness,
I shall always have for you, O sweet wonder,
A devotion second to none.
With me your honor runs no risk
And has no calamity to fear on my part.
All these gallant courtiers the women are crazy over
Are noisy in their actions and vain in their words;
They're constantly bragging about the progress they've made;
They never receive a favor without publicizing it,
And their indiscreet tongue, in which the woman confides,
Dishonors the altar at which their heart sacrifices.
But people like me burn with a discreet flame,
With us you're always sure of secrecy.

Le soin que nous prenons de notre renommée
Répond de toute chose à la personne aimée;
Et c'est en nous qu'on trouve, acceptant notre cœur,
De l'amour sans scandale et du plaisir sans peur.

ELMIRE
Je vous écoute dire, et votre rhétorique
En termes assez forts à mon âme s'explique.
N'appréhendez-vous point que je ne sois d'humeur
À dire à mon mari cette galante ardeur,
Et que le prompt avis d'un amour de la sorte
Ne pût bien altérer l'amitié qu'il vous porte?

TARTUFFE
Je sais que vous avez trop de bénignité,
Et que vous ferez grâce à ma témérité;
Que vous m'excuserez, sur l'humaine faiblesse,
Des violents transports d'un amour qui vous blesse,
Et considérerez, en regardant votre air,
Que l'on n'est pas aveugle, et qu'un homme est de chair.

ELMIRE
D'autres prendraient cela d'autre façon peut-être;
Mais ma discrétion se veut faire paraitre.
Je ne redirai point l'affaire à mon époux;
Mais je veux, en revanche, une chose de vous:
C'est de presser tout franc, et sans nulle chicane,
L'union de Valère avecque Mariane,
De renoncer vous-même à l'injuste pouvoir
Qui veut du bien d'un autre enrichir votre espoir;
Et . . .

SCÈNE IV.—Elmire, Damis, Tartuffe.

DAMIS, *sortant du cabinet où il s'étoit retiré*
     Non, madame, non; ceci doit se répandre.
J'étais en cet endroit, d'où j'ai pu tout entendre;
Et la bonté du ciel m'y semble avoir conduit
Pour confondre l'orgueil d'un traître qui me nuit,
Pour m'ouvrir une voie à prendre la vengeance
De son hypocrisie et de son insolence,

The care we take about our reputation
Always has the beloved woman's interest at heart,
And, when you accept our heart, it's in us that you find
Love without scandal and pleasure without fear.

ELMIRE
I'm listening to you, and your rhetoric
Is expounded to my mind in quite strong terms.
Aren't you afraid that I might be inclined
To tell my husband about this gallant ardor,
And that the sudden news of a love like this
Might spoil the friendship he has for you?

TARTUFFE
I know that you are much too kindly for that,
And that you will pardon my rashness;
That you will excuse me, knowing that human weakness
Causes the violent passions of a love that offends you,
And that you will take into account, with regard to your looks,
That people aren't blind and a man is made of flesh and blood.

ELMIRE
Others might react differently to a proposal like this,
But I want to show my discretion.
I won't talk to my husband about it;
But in return I want something from you:
That you openly, and with no quibbling, encourage
The union between Valère and Mariane;
That you yourself renounce the aid of an unfair power
Which aims at enriching your hopes with someone else's property;
And . . .

SCENE 4.—Elmire, Damis, Tartuffe.

DAMIS (*coming out of the closet in which he had been hiding:*)
No, madame, no, this must be spread abroad.
I was in that room, from which I could hear everything,
And heaven in its goodness seems to have led me there
To crush the pride of a villain who is harming me,
To open a path for me to take revenge
On his hypocrisy and his insolence,

À détromper mon père, et lui mettre en plein jour
L'âme d'un scélérat qui vous parle d'amour.

ELMIRE
Non, Damis; il suffit qu'il se rende plus sage
Et tâche à mériter la grâce où je m'engage.
Puisque je l'ai promis, ne m'en dédites pas.
Ce n'est point mon humeur de faire des éclats;
Une femme se rit de sottises pareilles,
Et jamais d'un mari n'en trouble les oreilles.

DAMIS
Vous avez vos raisons pour en user ainsi,
Et pour faire autrement j'ai les miennes aussi.
Le vouloir épargner est une raillerie;
Et l'insolent orgueil de sa cagoterie
N'a triomphé que trop de mon juste courroux
Et que trop excité de désordre chez nous.
Le fourbe trop longtemps a gouverné mon père
Et desservi mes feux avec ceux de Valère.
Il faut que du perfide il soit désabusé:
Et le ciel, pour cela, m'offre un moyen aisé.
De cette occasion je lui suis redevable,
Et, pour la négliger, elle est trop favorable:
Ce serait mériter qu'il me la vînt ravir,
Que de l'avoir en main et ne m'en pas servir.

ELMIRE
Damis . . .

DAMIS
              Non, s'il vous plaît, il faut que je me croie.
Mon âme est maintenant au comble de sa joie;
Et vos discours en vain prétendent m'obliger
À quitter le plaisir de me pouvoir venger.
Sans aller plus avant, je vais vider l'affaire;
Et voici justement de quoi me satisfaire.

SCÈNE V.—Orgon, Elmire, Damis, Tartuffe.

DAMIS
Nous allons régaler, mon père, votre abord
D'un incident tout frais qui vous surprendra fort.

To undeceive my father and show him in full daylight
The soul of a scoundrel who speaks to you of love.

ELMIRE
No, Damis, it's enough if he improves his behavior,
And tries to deserve the pardon I have promised him.
Since I have given my word, don't make me go back on it.
It goes against my nature to cause a scandal;
A woman laughs at such foolishness
And never bothers her husband's ears about it.

DAMIS
You have your reasons for acting that way,
And I also have mine for acting otherwise.
To want to spare him is a joke;
And the insolent pride of his hypocrisy
Has triumphed long enough over my just anger,
And has stirred up enough troubles in our home.
The fraud has ruled my father too long,
Intriguing against my love as well as Valère's.
He must have his eyes opened as to this treacherous fellow,
And, to that end, heaven has offered me an easy way.
I'm grateful to it for this opportunity,
Which is too favorable to be neglected;
I would deserve to have heaven take it away from me again
If I had it within my grasp and didn't use it.

ELMIRE
Damis . . .

DAMIS
        No, if you please, I must act as I see fit.
My mind is now at the height of its joy,
And it's in vain that your words try to force me
To abandon the pleasure of being able to avenge myself;
Without taking another step, I'm going to settle this business;
And here is precisely what I need to satisfy myself.

SCENE 5.—Orgon, Elmire, Damis, Tartuffe.

DAMIS
Father, we're going to celebrate your arrival
With a brand-new incident that will give you a real surprise.

Vous êtes bien payé de toutes vos caresses,
Et monsieur d'un beau prix reconnaît vos tendresses.
Son grand zèle pour vous vient de se déclarer:
Il ne va pas à moins qu'à vous déshonorer;
Et je l'ai surpris là qui faisait à madame
L'injurieux aveu d'une coupable flamme.
Elle est d'une humeur douce, et son cœur trop discret
Voulait à toute force en garder le secret;
Mais je ne puis flatter une telle impudence,
Et crois que vous la taire est vous faire une offense.

ELMIRE

Oui, je tiens que jamais de tous ces vains propos
On ne doit d'un mari traverser le repos;
Que ce n'est point de là que l'honneur peut dépendre,
Et qu'il suffit, pour nous, de savoir nous défendre.
Ce sont mes sentiments; et vous n'auriez rien dit,
Damis, si j'avais eu sur vous quelque crédit,

SCÈNE VI.—Orgon, Damis, Tartuffe.

ORGON

Ce que je viens d'entendre, ô ciel! est-il croyable?

TARTUFFE

Oui, mon frère, je suis un méchant, un coupable,
Un malheureux pécheur, tout plein d'iniquité,
Le plus grand scélérat qui jamais ait été.
Chaque instant de ma vie est chargé de souillures;
Elle n'est qu'un amas de crimes et d'ordures;
Et je vois que le ciel, pour ma punition,
Me veut mortifier en cette occasion.
De quelque grand forfait qu'on me puisse reprendre,
Je n'ai garde d'avoir l'orgueil de m'en défendre.
Croyez ce qu'on vous dit, armez votre courroux,
Et comme un criminel chassez-moi de chez vous;
Je ne saurais avoir tant de honte en partage,
Que je n'en aie encor mérité davantage.

ORGON, *à son fils*

Ah! traître, oses-tu bien, par cette fausseté,
Vouloir de sa vertu ternir la pureté?

You're well repaid for all your marks of affection,
And this gentleman here shows gratitude for your kindness with a fine reward.
His great zeal on your behalf has just been demonstrated.
It consists in nothing less than dishonoring you,
And I surprised him here making to your wife
The insulting confession of a guilty love.
She is sweet-natured, and her heart, all too discreet,
Wished by all means to keep it secret;
But I cannot graciously excuse such impudence
And I think that keeping it from you would be doing you a harm.

ELMIRE
Yes, I hold that a woman should never
Disturb her husband's peace of mind with all these idle matters;
That her honor doesn't depend on such a procedure,
And that it's enough for us to know how to defend ourselves.
Those are my views, and you wouldn't have said anything,
Damis, if I had had any influence over you.

SCENE 6.—Orgon, Damis, Tartuffe.

ORGON
Heavens! Is what I've just heard believable?

TARTUFFE
Yes, my brother, I am an evil man, a guilty creature,
A miserable sinner full of iniquity,
The greatest scoundrel that ever lived.
Every moment of my life is laden with impurity;
It is nothing but a heap of crimes and filthy actions,
And I see that, to punish me, heaven
Wishes to mortify me on this occasion.
No matter how great the misdeed I may be charged with,
I will not be so proud as to make any defense.
Believe what they tell you, stir up your anger,
And drive me out of your house like a criminal.
No matter how much shame falls to my lot,
I have surely deserved even more.

ORGON (*to his son:*)
Ah! Villain, do you dare to tell lies
And try to tarnish the purity of his virtue?

DAMIS

Quoi! la feinte douceur de cette âme hypocrite
Vous fera démentir . . .

ORGON

Tais-toi, peste maudite!

TARTUFFE

Ah! laissez-le parler; vous l'accusez à tort,
Et vous ferez bien mieux de croire à son rapport.
Pourquoi, sur un tel fait, m'être si favorable?
Savez-vous, après tout, de quoi je suis capable?
Vous fiez-vous, mon frère, à mon extérieur?
Et, pour tout ce qu'on voit, me croyez-vous meilleur?
Non, non: vous vous laissez tromper à l'apparence,
Et je ne suis rien moins, hélas! que ce qu'on pense.
Tout le monde me prend pour un homme de bien;
Mais la vérité pure est que je ne vaux rien.

S'adressant à Damis

Oui, mon cher fils, parlez; traitez-moi de perfide,
D'infâme, de perdu, de voleur, d'homicide;
Accablez-moi de noms encor plus détestés:
Je n'y contredis point, je les ai mérités;
Et j'en veux à genoux souffrir l'ignominie,
Comme une honte due aux crimes de ma vie.

ORGON

    À Tartuffe   *À son fils*

Mon frère, c'en est trop. Ton cœur ne se rend point,
Traître!

DAMIS

Quoi! ses discours vous séduiront au point . . .

ORGON

Relevant Tartuffe

Tais-toi, pendard! Mon frère, eh! levez-vous, de grâce!
   À son fils
Infâme!

DAMIS

Il peut . . .

ORGON

Tais-toi!

DAMIS
What? The false sweetness of this hypocritical soul
Will make you deny . . .

ORGON
                        Be still, you cursed plague!

TARTUFFE
Oh, let him speak; you accuse him wrongly,
And it would be much better if you believed his report.
Why be so favorable to me concerning such a deed?
After all, do you know what I'm capable of?
My brother, do you trust my outward trappings?
And, because of what you see there, do you think I'm a better man?
No, no, you're letting yourself be deceived by appearances,
And alas! I am not at all the way you think I am.
Everyone takes me for an upright man,
But the pure truth is that I'm good for nothing.
    (*To Damis:*)
Yes, my dear son, speak, call me treacherous,
Vile, a lost soul, a thief, a murderer;
Heap on me names even more hated;
I won't contradict them at all, I have deserved them,
And I want to undergo the disgrace on my knees,
As a shaming due to the crimes of my life.

ORGON
    (*First half of line to Tartuffe, second half to Damis:*)
Brother, that's going too far. Your heart won't bend,
Villain?

DAMIS
            What? Can his words deceive you to the extent . . .

ORGON
    (*First half of line to Damis; second half to Tartuffe, whom he lifts up:*)
Be quiet, you rogue! Brother, come! Please stand up.
    (*To his son:*)
Beast!

DAMIS
        He can . . .

ORGON
                Be still.

DAMIS

J'enrage! Quoi! je passe . . .

ORGON

Si tu dis un seul mot, je te romprai les bras.

TARTUFFE

Mon frère, au nom de Dieu, ne vous emportez pas!
J'aimerais mieux souffrir la peine la plus dure
Qu'il eût reçu pour moi la moindre égratignure.

ORGON, *à son fils*

Ingrat!

TARTUFFE

Laissez-le en paix. S'il faut, à deux genoux,
Vous demander sa grâce . . .

ORGON, *se jetant aussi à genoux et embrassant Tartuffe*

Hélas! vous moquez-vous?

À son fils

Coquin! vois sa bonté!

DAMIS

Donc . . .

ORGON

Paix!

DAMIS

Quoi! je . . .

ORGON

Paix, dis-je:

Je sais bien quel motif à l'attaquer t'oblige.
Vous le haïssez tous, et je vois aujourd'hui
Femme, enfants et valets déchaînés contre lui.
On met impudemment toute chose en usage
Pour ôter de chez moi ce dévot personnage:
Mais plus on fait d'efforts afin de l'en bannir,
Plus j'en veux employer à l'y mieux retenir;
Et je vais me hâter de lui donner ma fille,
Pour confondre l'orgueil de toute ma famille.

DAMIS

A recevoir sa main on pense l'obliger?

DAMIS
                    I'm in a fury! What! I'm going . . .

ORGON
Say another word and I'll break your arms.

TARTUFFE
Brother, in God's name, don't get excited.
I'd rather suffer the harshest penalty
Than that he should receive the slightest scratch on my account.

ORGON (*to his son:*)
Ingrate!

TARTUFFE
          Let him alone. If I must get down on my knees
To beg you to excuse him . . .

ORGON (*also kneeling and embracing Tartuffe:*)
                              Alas! Are you serious?
     (*To his son:*)
Wretch, see how good he is.

DAMIS
                    And so . . .

ORGON
                              Quiet!

DAMIS
                                   What, I . . .

ORGON
                                        Quiet, I say!
I'm well aware what makes you attack him.
You all hate him, and today I've seen
My wife, children, and servants all storming at him.
You're impudently clutching at every straw
To drive this devout person from my house;
But the more efforts you make to banish him,
The more I will make to have him stay put here,
And I'll waste no time in giving him my daughter
To crush the pride of my whole family.

DAMIS
You intend to force her to accept his hand?

ORGON

Oui, traître, et dès ce soir, pour vous faire enrager.
Ah! je vous brave tous, et vous ferai connaître
Qu'il faut qu'on m'obéisse, et que je suis le maître.
Allons, qu'on se rétracte; et qu'à l'instant, fripon,
On se jette à ses pieds pour demander pardon.

DAMIS

Qui? moi! de ce coquin, qui, par ses impostures . . .

ORGON

Ah! tu résistes, gueux, et lui dis des injures?
À Tartuffe
Un bâton! un bâton! Ne me retenez pas.
À son fils
Sus, que de ma maison on sorte de ce pas,
Et que d'y revenir on n'ait jamais l'audace!

DAMIS

Oui, je sortirai; mais . . .

ORGON

                     Vite, quittons la place.
Je te prive, pendard, de ma succession,
Et te donne, de plus, ma malédiction!

SCÈNE VII.—Orgon, Tartuffe.

ORGON

Offenser de la sorte une sainte personne!

TARTUFFE

O ciel! pardonne-lui comme je lui pardonne!
À Orgon
Si vous pouviez savoir avec quel déplaisir
Je vois qu'envers mon frère on tâche à me noircir! . . .

ORGON

Hélas!

ORGON
Yes, villain, and this very evening, to spite you.
Ah! I defy all of you and I'll teach you
That I must be obeyed and that I'm master here.
Come now, take back what you said, and right now, rascal,
Throw yourself at his feet and ask his forgiveness.

DAMIS
Who, me? The forgiveness of this knave who through his imposture . . .

ORGON
So, you resist, beggar, and you insult him?
    (*Second half of next line is addressed to Tartuffe:*)
A stick, a stick! Don't hold me back.
    (*To his son:*)
Out, leave my house this minute,
And never have the audacity to come back.

DAMIS
Yes, I'll leave, but . . .

ORGON
                 Quick, out of my sight.
I cut you off from your inheritance, rogue,
And, on top of that, I give you my curse.

SCENE 7.—Orgon, Tartuffe.

ORGON
To offend a saintly person that way!

TARTUFFE
Heaven, forgive him as I forgive him![17]
    (*To Orgon:*)
If you could know how it hurts me
To see people trying to blacken my name to my brother . . .

ORGON
Alas!

---

[17] Other French editions have the later, less "blasphemous" version (that is, not so close to the wording of the Lord's Prayer): "pardonne-lui la douleur qu'il me donne" (forgive him the grief he has given me).

TARTUFFE
Le seul penser de cette ingratitude
Fait souffrir à mon âme un supplice si rude . . .
L'horreur que j'en conçois . . . J'ai le cœur si serré,
Que je ne puis parler, et crois que j'en mourrai.

ORGON, *courant tout en larmes à la porte par où il a chassé son fils*
Coquin! je me repens que ma main t'ait fait grâce,
Et ne t'ait pas d'abord assommé sur la place!
    À Tartuffe
Remettez-vous, mon frère, et ne vous fâchez pas.

TARTUFFE
Rompons, rompons le cours de ces fâcheux débats.
Je regarde céans quels grands troubles j'apporte,
Et crois qu'il est besoin, mon frère, que j'en sorte.

ORGON
Comment! vous moquez-vous?

TARTUFFE
                            On m'y hait, et je voi
Qu'on cherche à vous donner des soupçons de ma foi.

ORGON
Qu'importe? Voyez-vous que mon cœur les écoute?

TARTUFFE
On ne manquera pas de poursuivre, sans doute;
Et ces mêmes rapports qu'ici vous rejetez,
Peut-être, une autre fois, seront-ils écoutés.

ORGON
Non, mon frère, jamais.

TARTUFFE
                        Ah! mon frère, une femme
Aisément d'un mari peut bien surprendre l'âme.

ORGON
Non, non.

TARTUFFE
                Laissez-moi vite, en m'éloignant d'ici,
Leur ôter tout sujet de m'attaquer ainsi.

TARTUFFE
> The very thought of that ingratitude
> Makes my soul suffer such a harsh torment . . .
> The horror it puts in my mind . . . My heart is so constricted
> That I can't speak and I think it will kill me.

ORGON (*in tears, running to the door out of which he drove his son:*)
Scoundrel! I'm sorry that my hands excused you,
And didn't immediately fell you on the spot.
> (*To Tartuffe:*)
Calm down, brother, and don't get angry.

TARTUFFE
Enough, let's break off this string of troublesome quarrels.
I see what a great disturbance I cause in your household
And I think I need to leave, brother.

ORGON
What? Are you serious?

TARTUFFE
> I'm hated here, and I see
That people are trying to raise doubts in you of my sincerity.

ORGON
So what? Do you notice me taking any mind of them?

TARTUFFE
They certainly won't fail to continue;
And those same reports you reject today
May be taken seriously another time.

ORGON
No, brother, never.

TARTUFFE
> Ah, brother, a wife
Can easily sway her husband's mind.

ORGON
No, no.

TARTUFFE
> Let me quickly, by leaving this house,
Take away from them every occasion to attack me this way.

ORGON

Non, vous demeurerez; il y va de ma vie.

TARTUFFE

Eh bien, il faudra donc que je me mortifie.
Pourtant, si vous vouliez . . .

ORGON

Ah!

TARTUFFE

Soit: n'en parlons plus.

Mais je sais comme il faut en user là-dessus.
L'honneur est délicat, et l'amitié m'engage
À prévenir les bruits et les sujets d'ombrage.
Je fuirai votre épouse, et vous ne me verrez . . .

ORGON

Non, en dépit de tous vous la fréquenterez.
Faire enrager le monde est ma plus grande joie;
Et je veux qu'à toute heure avec elle on vous voie.
Ce n'est pas tout encor: pour les mieux braver tous,
Je ne veux point avoir d'autre héritier que vous;
Et je vais de ce pas, en fort bonne manière
Vous faire de mon bien donation entière.
Un bon et franc ami, que pour gendre je prends,
M'est bien plus cher que fils, que femme, et que parents.
N'accepterez-vous pas ce que je vous propose?

TARTUFFE

La volonté du ciel soit faite en toute chose!

ORGON

Le pauvre homme! Allons vite en dresser un écrit,
Et que puisse l'envie en crever de dépit!

ORGON
No, you'll stay, my life is at stake.

TARTUFFE
Well, then, I just must mortify myself.
Yet, if you wanted . . .

ORGON

Ah!

TARTUFFE

All right, let's not discuss it any further.
But I know how I ought to behave in this area.
Honor is delicate, and friendship obliges me
To forestall scandals and occasions that give offense:
I'll avoid your wife and you'll never see me . . .

ORGON
No, in spite of everybody, you'll keep her company.
To make people furious is my biggest pleasure,
And I want them to see you with her at all hours.
And that's not all: to defy them even more,
I don't want to have any other heir but you,
And this very moment, legally and duly, I'm going
To sign over all my property to you.
A good, sincere friend, whom I'm taking as a son-in-law,
Is much dearer to me than son, wife, and parents.
Won't you accept what I offer you?

TARTUFFE
May heaven's will be done in all things!

ORGON
The poor man! Let's go quickly and draw up the documents,
And let the envious burst with chagrin!

ACTE QUATRIÈME

SCÈNE I.—Cléante, Tartuffe.

CLÉANTE

Oui, tout le monde en parle, et vous m'en pouvez croire,
L'éclat que fait ce bruit n'est point à votre gloire,
Et je vous ai trouvé, monsieur, fort à propos
Pour vous en dire net ma pensée en deux mots.
Je n'examine point à fond ce qu'on expose;
Je passe là-dessus, et prends au pis la chose.
Supposons que Damis n'en ait pas bien usé,
Et que ce soit à tort qu'on vous ait accusé:
N'est-il pas d'un chrétien de pardonner l'offense,
Et d'éteindre en son cœur tout désir de vengeance?
Et devez-vous souffrir, pour votre démêlé,
Que du logis d'un père un fils soit exilé?
Je vous le dis encore, et parle avec franchise,
Il n'est petit ni grand qui ne s'en scandalise;
Et, si vous m'en croyez, vous pacifierez tout,
Et ne pousserez point les affaires à bout.
Sacrifiez à Dieu toute votre colère,
Et remettez le fils en grâce avec le père.

TARTUFFE

Hélas! je le voudrais, quant à moi, de bon cœur;
Je ne garde pour lui, monsieur, aucune aigreur;
Je lui pardonne tout; de rien je ne le blâme,
Et voudrais le servir du meilleur de mon âme:
Mais l'intérêt du ciel n'y saurait consentir;
Et, s'il rentre céans, c'est à moi d'en sortir.
Après son action, qui n'eut jamais d'égale,

ACT IV

SCENE 1.—Cléante, Tartuffe.

CLÉANTE

Yes, everyone's talking about it and, take my word for it,
The scandal this news is causing is not at all to your credit;
And I've found you here, sir, most opportunely
To tell you briefly just what I think about it.
I'm not thoroughly examining what people are saying;
I forego that and put the worst possible face on the matter.
Let's suppose that Damis acted badly,
And that you've been accused falsely:
Isn't it a Christian's part to forgive the offense
And extinguish all desire for revenge in his heart?
And, just because you quarrelled, should you allow
A son to be banished from his father's dwelling?
I say to you again, speaking frankly,
There is no man, small or great, who isn't shocked by this;
And, if you trust me, you'll pacify everyone
And won't carry things to the extreme.
Sacrifice all your anger to God,
And reconcile the son with his father.

TARTUFFE

Alas! If it were up to me, I'd do it gladly:
I harbor no bitterness against him, sir;
I forgive him for everything, I blame him for nothing,
And I'd like from the bottom of my soul to help him;
But the interests of heaven wouldn't allow it,
And, if he comes back here, then *I* must leave.
After his doings, which were totally unparalleled,

113

Le commerce entre nous porterait du scandale:
Dieu sait ce que d'abord tout le monde en croirait;
À pure politique on me l'imputerait,
Et l'on dirait partout que, me sentant coupable,
Je feins, pour qui m'accuse, un zèle charitable;
Que mon cœur l'appréhende, et veut le ménager
Pour le pouvoir, sous main, au silence engager.

CLÉANTE
Vous nous payez ici d'excuses colorées;
Et toutes vos raisons, monsieur, sont trop tirées.
Des intérêts du ciel pourquoi vous chargez-vous?
Pour punir le coupable a-t-il besoin de nous?
Laissez-lui, laissez-lui le soin de ses vengeances:
Ne songez qu'au pardon qu'il prescrit des offenses,
Et ne regardez point aux jugements humains,
Quand vous suivez du ciel les ordres souverains.
Quoi! le faible intérêt de ce qu'on pourra croire
D'une bonne action empêchera la gloire?
Non, non; faisons toujours ce que le ciel prescrit,
Et d'aucun autre soin ne nous brouillons l'esprit.

TARTUFFE
Je vous ai déjà dit que mon cœur lui pardonne;
Et c'est faire, monsieur, ce que le ciel ordonne.
Mais, après le scandale et l'affront d'aujourd'hui,
Le ciel n'ordonne pas que je vive avec lui.

CLÉMENTE
Et vous ordonne-t-il, monsieur, d'ouvrir l'oreille
À ce qu'un pur caprice à son père conseille?
Et d'accepter le don qui vous est fait d'un bien
Où le droit vous oblige à ne prétendre rien?

TARTUFFE
Ceux qui me connaîtront n'auront pas la pensée
Que ce soit un effet d'une âme intéressée.
Tous les biens de ce monde ont pour moi peu d'appas;
De leur éclat trompeur je ne m'éblouis pas:
Et, si je me résous à recevoir du père
Cette donation qu'il a voulu me faire,
Ce n'est, à dire vrai, que parce que je crains
Que tout ce bien ne tombe en de méchantes mains;
Qu'il ne trouve des gens qui, l'ayant en partage,

Dealings between us would cause a scandal:
God knows what people would think about it at first;
They would impute it to sheer politics on my part,
And they'd say everywhere that, feeling myself guilty,
I was feigning a charitable warmth for my accuser,
That my heart feared him and wanted to deal gently with him
So that I could secretly make him keep quiet.

CLÉANTE
You're putting us off here with specious excuses,
And all your reasoning, sir, is too forced;
Why burden yourself with the interests of heaven?
Does it need us in order to punish the guilty?
Let it, let it take care of its own revenges,
Think only of the pardon it prescribes for offenses
And don't consider human judgments
When you follow the sovereign orders of heaven.
What! Will a feeble concern with what people may think
Be an obstacle to the glory of a good deed?
No, no, let us always do what heaven prescribes;
And let us not cloud our mind with any other considerations.

TARTUFFE
I've already told you that my heart forgives him,
And that, sir, is doing what heaven orders;
But, after today's scandal and affront,
Heaven doesn't order me to live with him.

CLÉANTE
And does it order you, sir, to open your ears
To what a pure caprice inspires in his father,
And to accept the gift made to you of a property
On which justice obliges you to make no claim?

TARTUFFE
Those who know me well will never think
That it's the result of a self-seeking inclination.
All the goods of this would have little attraction for me,
I am not dazzled by their deceptive brilliance;
And, if I resolve to receive from the father
This deed of gift he's been pleased to make me,
Truthfully, it's only because I'm afraid
That all that wealth might come into evil hands;
That there might be people who, if it fell to their lot,

En fassent dans le monde un criminel usage,
Et ne s'en servent pas, ainsi que j'ai dessein,
Pour la gloire du ciel et le bien du prochain.

CLÉANTE

Eh! monsieur, n'ayez point ces délicates craintes,
Qui d'un juste héritier peuvent causer les plaintes.
Souffrez, sans vous vouloir embarrasser de rien,
Qu'il soit, à ses périls, possesseur de son bien;
Et songez qu'il vaut mieux encor qu'il en mésuse,
Que si de l'en frustrer il faut qu'on vous accuse.
J'admire seulement que, sans confusion,
Vous en ayez souffert la proposition.
Car enfin le vrai zèle a-t-il quelque maxime
Qui montre à dépouiller l'héritier légitime?
Et, s'il faut que le ciel dans votre cœur ait mis
Un invincible obstacle à vivre avec Damis,
Ne vaudrait-il pas mieux qu'en personne discrète
Vous fissiez de céans une honnête retraite,
Que de souffrir ainsi, contre toute raison,
Qu'on en chasse pour vous le fils de la maison?
Croyez-moi, c'est donner de votre prudhommie,
Monsieur . . .

TARTUFFE

       Il est, monsieur, trois heures et demie:
Certain devoir pieux me demande là-haut,
Et vous m'excuserez de vous quitter sitôt.

CLÉANTE, *seul*
Ah!

SCÈNE II.—Elmire, Mariane, Cléante, Dorine.

DORINE, *à Cléante*

     De grâce, avec nous employez-vous pour elle,
Monsieur: son âme souffre une douleur mortelle:
Et l'accord que son père a conclu pour ce soir
La fait, à tous moments, entrer en désespoir.
Il va venir. Joignons nos efforts, je vous prie,
Et tâchons d'ébranler, de force ou d'industrie,
Ce malheureux dessein qui nous a tous troublés.

Might make a criminal use of it in society
And might not use it, as I intend,
For the glory of heaven and the good of my fellow man.

CLÉANTE
Oh, sir, do not have those scrupulous fears,
Which may cause complaints by the rightful heir.
Without encumbering yourself with anything,
Let him possess his property at his own risk,
And reflect that it's preferable for him to misuse it
Than to deprive him of it and have him bring charges against you.
I'm only amazed that, without embarrassment,
You allowed Orgon to propose it to you;
For, after all, does true piety have any rule
That prescribes the robbing of the lawful heir?
And, if unavoidably heaven has placed in your heart
An insurmountable obstacle to living with Damis,
Wouldn't it be better to act like a discreet person
And beat an honorable retreat from this house
Than, contrary to all reason, thus to allow
The son of the house to be driven away on your account?
Believe me, it would be giving a proof of your wisdom,
Sir . . .

TARTUFFE
　　　Sir, it is three-thirty;
A certain pious duty summons me upstairs,
And you'll excuse me for leaving you at once.

CLÉANTE (*left alone:*)
Ah!

SCENE 2.—Elmire, Mariane, Cléante, Dorine.

DORINE (*to Cléante:*)
　　Please, join us in using your good services on her behalf,
Sir: her heart is suffering a mortal grief,
And the match that her father is determined to arrange this evening
Makes her fall into despair every moment.
He's coming; let's unite our efforts, I beg of you,
And let's try, by force or by stratagem, to upset
This unfortunate plan that has disturbed us all.

SCÈNE III.—Orgon, Elmire, Mariane, Cléante, Dorine.

ORGON
Ah! je me réjouis de vous voir assemblés.
  À Mariane
Je porte en ce contrat de quoi vous faire rire,
Et vous savez déjà ce que cela veut dire.

MARIANE, *aux genoux d'Orgon*
Mon père, au nom du ciel, qui connaît ma douleur,
Et par tout ce qui peut émouvoir votre cœur,
Relâchez-vous un peu des droits de la naissance
Et dispensez mes vœux de cette obéissance.
Ne me réduisez point, par cette dure loi,
Jusqu'à me plaindre au ciel de ce que je vous doi:
Et cette vie, hélas! que vous m'avez donnée,
Ne me la rendez pas, mon père, infortunée.
Si, contre un doux espoir que j'avais pu former,
Vous me défendez d'être à ce que j'ose aimer,
Au moins, par vos bontés qu'à vos genoux j'implore,
Sauvez-moi du tourment d'être à ce que j'abhorre;
Et ne me portez point à quelque désespoir,
En vous servant sur moi de tout votre pouvoir.

ORGON, *se sentant attendrir*
Allons, ferme, mon cœur! point de faiblesse humaine!

MARIANE
Vos tendresses pour lui ne me font point de peine;
Faites-les éclater, donnez-lui votre bien,
Et, si ce n'est assez, joignez-y tout le mien:
J'y consens de bon cœur, et je vous l'abandonne;
Mais, au moins, n'allez pas jusques à ma personne;
Et souffrez qu'un couvent, dans les austérités,
Use les tristes jours que le ciel m'a comptés.

ORGON
Ah! voilà justement de mes religieuses,
Lorsqu'un père combat leurs flammes amoureuses.
Debout. Plus votre cœur répugne à l'accepter,

SCENE 3.—Orgon, Elmire, Mariane, Cléante, Dorine.

ORGON
Ah! I'm pleased to see you all here together.
   (*To Mariane:*)
In this contract I have something for you to laugh about,
And you already know what that means.

MARIANE (*kneeling at Orgon's feet:*)
Father, in the name of heaven, which knows my suffering,
And by all that which may touch your heart,
Don't clutch quite so firmly at the rights that fatherhood gives you,
And free my love for Valère from this obedience.
Do not, by this harsh law, reduce me to the point
Of complaining to heaven about my debt to you;
And this life, alas, that you have given me—
Don't make it miserable for me, father.
If, in opposition to a sweet hope that grew within me,
You forbid me to belong to the man I dare to love,
At least, in your goodness, which I implore of you on my knees,
Save me from the torture of belonging to a man I abhor,
And don't drive me to some act of desperation
By using your full power over me.

ORGON (*feeling himself moved:*)
Come, my heart, be firm! No human weakness!

MARIANE
Your affection for him gives me no pain:
Let it burst forth, give him your property,
And, if that's not enough, add all of mine;[18]
I consent gladly, and I relinquish it to you;
But at least don't make the gift extend to me myself,
And permit a convent and a life of austerities
To consume the sad days that heaven has allotted to me.

ORGON
Ah! See how religious girls become
When their father combats their amorous flames!
Get up! The more your heart loathes to accept him,

---

[18] Her late mother, Orgon's first wife, had left her money.

Plus ce sera pour vous matière à mériter.
Mortifiez vos sens avec ce mariage,
Et ne me rompez pas la tête davantage.

DORINE
Mais quoi! . . .

ORGON
　　　　　　Taisez-vous, vous! Parlez à votre écot.
Je vous défends, tout net, d'oser dire un seul mot.

CLÉANTE
Si par quelque conseil vous souffrez qu'on réponde . . .

ORGON
Mon frère, vos conseils sont les meilleurs du monde;
Ils sont bien raisonnés, et j'en fais un grand cas;
Mais vous trouverez bon que je n'en use pas.

ELMIRE, *à son mari*
À voir ce que je vois, je ne sais plus que dire;
Et votre aveuglement fait que je vous admire.
C'est être bien coiffé, bien prévenu de lui,
Que de nous démentir sur le fait d'aujourd'hui!

ORGON
Je suis votre valet, et crois les apparences.
Pour mon fripon de fils je sais vos complaisances;
Et vous avez eu peur de le désavouer
Du trait qu'à ce pauvre homme il a voulu jouer.
Vous étiez trop tranquille, enfin, pour être crue;
Et vous auriez paru d'autre manière émue.

ELMIRE
Est-ce qu'au simple aveu d'un amoureaux transport,
Il faut que notre honneur se gendarme si fort?
Et ne peut-on répondre à tout ce qui le touche,
Que le feu dans les yeux et l'injure à la bouche?
Pour moi, de tels propos je me ris simplement;
Et l'éclat, là-dessus, ne me plaît nullement.
J'aime qu'avec douceur nous nous montrions sages,
Et ne suis point du tout pour ces prudes sauvages
Dont l'honneur est armé de griffes et de dents,
Et veut au moindre mot dévisager les gens.

The more merit you'll acquire.
Mortify your senses with this marriage,
And don't talk my head off any more.

DORINE
What! . . .

ORGON
          Quiet, you. Keep your remarks for your own set;
I firmly forbid you to dare say a single word.

CLÉANTE
If you permit someone to reply with a piece of advice . . .

ORGON
Brother, your advice is the best in the world:
It's well thought out, and I respect it highly;
But, if you don't mind, I won't take it.

ELMIRE (*to her husband:*)
Seeing what I see, I don't know what to say anymore,
And your blindness makes me marvel at you.
You must be truly infatuated, truly prejudiced in his favor,
To give us the lie on what happened today.

ORGON
I'm your humble servant, and I believe what I see;
I'm aware of your indulgence for my rascally son,
And you were afraid to call his bluff
Over the dirty trick he wanted to play on that poor man.
At bottom, you were behaving too calmly for me to believe you,
And, if it were true, you'd have been much more shaken up.

ELMIRE
Must our honor flare up so strongly
At the simple confession of a surge of love?
And may we not reply to anything that threatens it
Except with fire in our eyes and an insult on our lips?
As for me, I simply laugh at such remarks,
And to cause a row on the subject greatly displeases me.
I like us to show that we can guard our honor with gentleness,
And I totally disagree with those ferocious prudes
Whose honor is armed with talons and fangs
And, at the slightest word, is ready to claw people's faces.

Me préserve le ciel d'une telle sagesse!
Je veux une vertu qui ne soit point diablesse,
Et crois que d'un refus la discrète froideur
N'en est pas moins puissante à rebuter un cœur.

ORGON
Enfin je sais l'affaire, et ne prends point le change.

ELMIRE
J'admire, encore un coup, cette faiblesse étrange:
Mais que me répondrait votre incrédulité,
Si je vous faisais voir qu'on vous dit vérité?

ORGON
Voir?

ELMIRE
    Oui.

ORGON
       Chansons!

ELMIRE
           Mais quoi! si je trouvais manière
De vous le faire voir avec pleine lumière? . . .

ORGON
Contes en l'air!

ELMIRE
         Quel homme! Au moins, répondez-moi.
Je ne vous parle pas de nous ajouter foi;
Mais supposons ici que, d'un lieu qu'on peut prendre,
On vous fît clairement tout voir et tout entendre:
Que diriez-vous alors de votre homme de bien?

ORGON
En ce cas, je dirais que . . . Je ne dirais rien,
Car cela ne se peut.

ELMIRE
           L'erreur trop longtemps dure,
Et c'est trop condamner ma bouche d'imposture.
Il faut que, par plaisir, et sans aller plus loin,
De tout ce qu'on vous dit je vous fasse témoin.

May heaven preserve me from that kind of good behavior!
I want a virtue that's not diabolical,
And I believe that the discreet coolness of a refusal
Has no less power to rebuff a heart.

ORGON
When it comes down to it, I know what's what, and I won't be fooled.

ELMIRE
Once again I'm amazed at this strange weakness.
But what would your disbelief answer me
If I made you see that we're telling you the truth?

ORGON
See?

ELMIRE
    Yes.

ORGON
        Nonsense!

ELMIRE
            What? If I found a way
To make you see it in broad daylight? . . .

ORGON
Fairy tales!

ELMIRE
            What a man! At least answer me.
I'm not asking you to trust us blindly;
But, supposing that, from a hiding place we can choose,
You were allowed to see and hear everything clearly:
What would you say then about your virtuous man?

ORGON
In that case I'd say that . . . I wouldn't say anything,
Because it's impossible.

ELMIRE
                Your delusion has lasted too long,
And I've been accused of falsehood far too grossly.
For my pleasure, and without moving a step from here,
I must make you a witness of all we've been telling you.

ORGON

Soit. Je vous prends au mot. Nous verrons votre adresse,
Et comment vous pourrez remplir cette promesse.

ELMIRE, *à Dorine*

Faites-le-moi venir.

DORINE, *à Elmire*

            Son esprit est rusé,
Et peut-être à surprendre il sera malaisé.

ELMIRE, *à Dorine*

Non; on est aisément dupé par ce qu'on aime,
Et l'amour-propre engage à se tromper soi-même.
             À Cléante et à Mariane
Faites-le-moi descendre. Et vous, retirez-vous.

SCÈNE IV.—Elmire, Orgon.

ELMIRE

Approchons cette table, et vous mettez dessous.

ORGON

Comment!

ELMIRE

        Vous bien cacher est un point nécessaire.

ORGON

Pourquoi sous cette table?

ELMIRE

            Ah! mon Dieu! laissez faire;
J'ai mon dessein en tête, et vous en jugerez.
Mettez-vous là, vous dis-je; et, quand vous y serez,
Gardez qu'on ne vous voie et qu'on ne vous entende.

ORGON

Je confesse qu'ici ma complaisance est grande:
Mais de votre entreprise il vous faut voir sortir.

ELMIRE

Vous n'aurez, que je crois, rien à me repartir.
    À son mari, qui est sous la table
Au moins, je vais toucher une étrange matière:

ORGON
All right, I'll take you up on it. We'll see how clever you are,
And how you're able to keep this promise.

ELMIRE *(to Dorine:)*
Send him in here to me.

DORINE *(to Elmire:)*
His mind is crafty,
And maybe he'll be hard to trap.

ELMIRE *(to Dorine:)*
No: a man is easily fooled by the person he loves,
And his vanity causes him to deceive himself.
(In the next line, the first half is addressed to Dorine, the second to Cléante and Mariane:)
Ask him to come down. And you, step out.

SCENE 4.—Elmire, Orgon.

ELMIRE
Let's go over to that table, and you hide under it.

ORGON
What!

ELMIRE
It's absolutely essential for you to be hidden.

ORGON
Why under this table?

ELMIRE
Oh, for God's sake, do what I say;
I have a plan in mind, and you'll give your opinion of it later.
Get under there, I tell you, and, when you're there,
Make sure no one sees or hears you.

ORGON
I must admit I'm really indulging you in this;
But I've got to see you squirm out of your predicament.

ELMIRE
I really believe you'll have nothing to reproach me for.
(To her husband under the table, [which is covered by a floor-length cloth]:)
At any rate, I'm going to broach an unusual topic;

Ne vous scandalisez en aucune manière.
Quoi que je puisse dire, il doit m'être permis;
Et c'est pour vous convaincre, ainsi que j'ai promis.
Je vais par des douceurs, puisque j'y suis réduite,
Faire poser le masque à cette âme hypocrite,
Flatter de son amour les désirs effrontés.
Et donner un champ libre à ses témérités.
Comme c'est pour vous seul, et pour mieux le confondre,
Que mon âme à ses vœux va feindre de répondre,
J'aurai lieu de cesser dès que vous vous rendrez,
Et les choses n'iront que jusqu'où vous voudrez.
C'est à vous d'arrêter son ardeur insensée,
Quand vous croirez l'affaire assez avant poussée;
D'épargner votre femme, et de ne m'exposer
Qu'à ce qu'il vous faudra pour vous désabuser.
Ce sont vos intérêts, vous en serez le maître;
Et . . . L'on vient. Tenez-vous, et gardez de paraître.

SCÈNE V.—Tartuffe, Elmire; Orgon, *sous la table.*

TARTUFFE
On m'a dit qu'en ce lieu vous me vouliez parler.

ELMIRE
Oui. L'on a des secrets à vous y révéler.
Mais tirez cette porte avant qu'on vous les dise;
Et regardez partout, de crainte de surprise.
     Tartuffe va fermer la porte, et revient.
Une affaire pareille à celle de tantôt
N'est pas assurément ici ce qu'il nous faut:
Jamais il ne s'est vu de surprise de même.
Damis m'a fait pour vous une frayeur extrême;
Et vous avez bien vu que j'ai fait mes efforts
Pour rompre son dessein et calmer ses transports.
Mon trouble, il est bien vrai, m'a si fort possédée,
Que de le démentir je n'ai point eu l'idée:
Mais par là, grâce au ciel, tout a bien mieux été,
Et les choses en sont en plus de sûreté.
L'estime où l'on vous tient a dissipé l'orage,
Et mon mari de vous ne peut prendre d'ombrage.

Don't be shocked in any way.
Whatever I may say, I must be allowed to do so,
And it's all to convince you, as I promised.
Since I'm driven to it, I must use sweetness
To make that hypocritical soul take off his mask,
I must play up to the shameless desires of his love
And give free rein to his boldness.
Since it's for your benefit alone, and it's in order to quash him totally,
That my heart will pretend to respond to his affection,
I'll consider it time to stop the moment you're convinced,
And things will go only as far as you like.
It's up to you to call a halt to his irrational ardor
When you think that things have gone far enough,
To spare your wife and not expose me further
Than the extent necessary for you to become undeceived.
That's in your interest, you'll be the master,
And . . . Somebody's coming; keep still and take care not to be seen.

SCENE 5.—Tartuffe, Elmire, Orgon (*hidden under the table*).

TARTUFFE
I'm told you wanted to speak with me here.

ELMIRE
Yes, there are secrets to be revealed to you.
But shut that door before they're told to you,
And look around everywhere in case of eavesdroppers.
    (*Tartuffe goes and shuts the door and returns.*)
Another incident like the one earlier today
Is certainly not what we need here:
There has never been a surprise like that one.
Damis thoroughly frightened me on your account,
And you clearly saw that I made every effort
To thwart his intentions and calm his fury.
To be honest about it, I was so greatly upset
That it didn't occur to me to say he was lying;
But, thank heaven, everything turned out better for that very reason,
And, because of it, things are in a safer situation.
The respect in which you're held cleared away the storm,
And my husband can't be offended by you.

Pour mieux braver l'éclat des mauvais jugements,
Il veut que nous soyons ensemble à tous moments;
Et c'est par où je puis, sans peur d'être blâmée,
Me trouver ici seule avec vous enfermée,
Et ce qui m'autorise à vous ouvrir un cœur
Un peu trop prompt peut-être à souffrir votre ardeur.

TARTUFFE
Ce langage à comprendre est assez difficile,
Madame; et vous parliez tantôt d'un autre style.

ELMIRE
Ah! si d'un tel refus vous êtes en courroux,
Que le cœur d'une femme est mal connu de vous!
Et que vous savez peu ce qu'il veut faire entendre
Lorsque si faiblement on le voit se défendre!
Toujours notre pudeur combat, dans ces moments,
Ce qu'on peut nous donner de tendres sentiments.
Quelque raison qu'on trouve à l'amour qui nous dompte,
On trouve à l'avouer toujours un peu de honte.
On s'en défend d'abord: mais de l'air qu'on s'y prend
On fait connaître assez que notre cœur se rend;
Qu'à nos vœux, par honneur, notre bouche s'oppose,
Et que de tels refus promettent toute chose.
C'est vous faire, sans doute, un assez libre aveu,
Et sur notre pudeur me ménager bien peu.
Mais, puisque la parole enfin en est lâchée,
À retenir Damis me serais-je attachée,
Aurais-je, je vous prie, avec tant de douceur
Écouté tout au long l'offre de votre cœur,
Aurais-je pris la chose ainsi qu'on m'a vu faire,
Si l'offre de ce cœur n'eût eu de quoi me plaire?
Et, lorsque j'ai voulu moi-même vous forcer
À refuser l'hymen qu'on venait d'annoncer,
Qu'est-ce que cette instance a dû vous faire entendre,
Que l'intérêt qu'en vous on s'avise de prendre,
Et l'ennui qu'on aurait que ce nœud qu'on résout
Vînt partager du moins un cœur que l'on veut tout?

TARTUFFE
C'est sans doute, madame, une douceur extrême
Que d'entendre ces mots d'une bouche qu'on aime;

To defy even more the scandal of evil tongues,
He wants us to be together all the time;
And, thanks to that, without fear of reproach,
I can be shut in here alone with you,
And that's what justifies me in opening a heart to you
That is perhaps a little too ready to accept your tender feelings.

TARTUFFE
This language is rather hard to understand,
Madame, and earlier you were talking in a different fashion.

ELMIRE
Oh, if you're angry over a refusal like that,
How little you know of women's hearts!
And how little you know what they intend to convey
When you see them defend themselves so feebly!
At such moments, our modesty always fights against
Any tender sentiments we happen to be offered.
However much we approve the love that overcomes us,
We always are a little ashamed to confess it.
We defend ourselves at first; but, by the manner in which we do so,
We make it quite clear that our heart has surrendered,
That, out of honor, our lips oppose our desires,
And that refusals of that kind promise everything.
No doubt, I'm making you a rather frank confession
And I'm not exercising much self-control in the area of modesty;
But, since I'm now speaking so freely,
Would I have insisted otherwise on restraining Damis?
I ask you, would I have listened so docilely
To the offer of your heart without interrupting you?
Would I have reacted to your words as you saw that I did
If the offer of that heart wasn't something that pleased me?
And when I myself wished to convince you
To refuse the marriage that had just been proposed,
What was that supplication meant to make you understand
Except the interest I had agreed to take in you,
And the chagrin I would have if that match which is resolved upon
Were to divide the affections of a heart that I want all to myself?

TARTUFFE
Madame, it is surely extremely pleasant
To hear these words from lips I love;

Leur miel dans tous mes sens fait couler à longs traits
Une suavité qu'on ne goûta jamais.
Le bonheur de vous plaire est ma suprême étude,
Et mon cœur de vos vœux fait sa béatitude;
Mais ce cœur vous demande ici la liberté
D'oser douter un peu de sa félicité.
Je puis croire ces mots un artifice honnête
Pour m'obliger à rompre un hymen qui s'apprête;
Et, s'il faut librement m'expliquer avec vous,
Je ne me fierai point à des propos si doux,
Qu'un peu de vos faveurs, après quoi je soupire,
Ne vienne m'assurer tout ce qu'ils m'ont pu dire,
Et planter dans mon âme une constante foi
Des charmantes bontés que vous avez pour moi.

ELMIRE, *après avoir toussé pour avertir son mari*
Quoi! vous voulez aller avec cette vitesse,
Et d'un cœur tout d'abord épuiser la tendresse?
On se tue à vous faire un aveu des plus doux,
Cependant ce n'est pas encore assez pour vous
Et l'on ne peut aller jusqu'à vous satisfaire,
Qu'aux dernières faveurs on ne pousse l'affaire?

TARTUFFE
Moins on mérite un bien, moins on l'ose espérer.
Nos vœux sur des discours ont peine à s'assurer.
On soupçonne aisément un sort tout plein de gloire,
Et l'on veut en jouir avant que de le croire.
Pour moi, qui crois si peu mériter vos bontés,
Je doute du bonheur de mes témérités;
Et je ne croirai rien, que vous n'ayez, madame,
Par des réalités su convaincre ma flamme.

ELMIRE
Mon Dieu! que votre amour en vrai tyran agit!
Et qu'en un trouble étrange il me jette l'esprit!
Que sur les cœurs il prend un furieux empire,
Et qu'avec violence il veut ce qu'il désire!
Quoi! de votre poursuite on ne peut se parer,
Et vous ne donnez pas le temps de respirer?
Sied-il bien de tenir une rigueur si grande?
De vouloir sans quartier les choses qu'on demande,

Their honey has made a never-tasted sweetness
Flow abundantly throughout my senses.
The happiness of being your choice is my supreme goal
And my heart makes your love its beatitude;
But that heart now asks you the leave
To dare to have some doubts about its felicity.
I can take your words as an honorable ruse
To make me break off the marriage that's being prepared,
And, if I may express my thoughts to you freely,
I'm not going to trust in such sweet words
Unless a taste of your favors, for which I sigh,
Assures me that all they say is true
And plants within my soul a faithful pledge
Of the captivating kindness you feel for me.

ELMIRE (*coughing to warn her husband:*)
What! You want to move with such speed
And exhaust the tenderness of my heart at the very outset?
I wear myself out making a wonderfully sweet confession to you;
And yet it still isn't enough for you,
And I can't manage to satisfy you
Except by granting you my ultimate favors?

TARTUFFE
The less a man deserves a prize, the less he dares to hope for it.
Our desires find it hard to base their contentment on words.
We easily tend to doubt a glorious fate,
And we want to enjoy it before we believe in it.
As for me, since I think I'm so undeserving of your kindness,
I have doubts in the happiness that is to reward my rashness,
And I won't believe a thing, madame, until you have
Been able to convince my ardent love through real actions.

ELMIRE
Heavens! How like a real tyrant your love behaves,
And into what strange turmoil it casts my mind!
What a furious sway it claims over hearts,
And with what violence it demands what it desires!
What! Is it impossible to ward off your pursuit,
And don't you allow any time for catching one's breath?
Is it proper to maintain such great rigidity,
To want the things you ask for without any concessions,

Et d'abuser ainsi, par vos efforts pressants,
Du faible que pour vous vous voyez qu'ont les gens?

TARTUFFE
Mais, si d'un œil bénin vous voyez mes hommages,
Pourquoi m'en refuser d'assurés témoignages?

ELMIRE
Mais comment consentir à ce que vous voulez
Sans offenser le ciel, dont toujours vous parlez?

TARTUFFE
Si ce n'est que le ciel qu'à mes vœux on oppose,
Lever un tel obstacle est à moi peu de chose;
Et cela ne doit point retenir votre cœur.

ELMIRE
Mais des arrêts du ciel on nous fait tant de peur!

TARTUFFE
Je puis vous dissiper ces craintes ridicules,
Madame, et je sais l'art de lever les scrupules.
Le ciel défend, de vrai, certains contentements;
Mais on trouve avec lui des accommodements.
Selon divers besoins, il est une science
D'étendre les liens de notre conscience,
Et de rectifier le mal de l'action
Avec la pureté de notre intention.
De ces secrets, madame, on saura vous instruire;
Vous n'avez seulement qu'à vous laisser conduire.
Contentez mon désir, et n'ayez point d'effroi;
Je vous réponds de tout et prends le mal sur moi.
    Elmire tousse plus fort.
Vous toussez fort, madame.

ELMIRE
                    Oui, je suis au supplice.

TARTUFFE
Vous plaît-il un morceau de ce jus de réglisse?

And, by your insistent urging, to abuse in this way
The inclination that you see people have for you?

TARTUFFE
But, if you look on my tributes with a benevolent eye,
Why refuse me the sure proofs of it?

ELMIRE
But how can I consent to what you want
Without offending heaven, which you're always talking about?

TARTUFFE
If it's only heaven that shields you from my desires,
It's nothing at all to me to remove that obstacle,
And that shouldn't restrain your heart.

ELMIRE
But we're put in such fear of the decrees of heaven!

TARTUFFE
I can dispel those ridiculous fears of yours,
Madame, and I know the art of removing scruples.
It is true that heaven forbids certain satisfactions;
But we can make accommodations with it.[19]
Depending on various needs, there is a science
Of extending the boundaries of our conscience,
And of rectifying the evil of the deed
With the purity of our intention.
Madame, I shall instruct you in these mysteries:
You have only to be guided by me.
Satisfy my desire, and have no fear;
I take all the responsibility and assume all the guilt.
     (*Elmire coughs more loudly.*)
You're coughing hard, madame.

ELMIRE

                              Yes, I'm in torture.

TARTUFFE
Would you like a piece of this licorice?

---

[19] Molière originally put an indication here to help defend himself against charges of blasphemy: "This is a scoundrel speaking."

ELMIRE
C'est un rhume obstiné, sans doute; et je vois bien
Que tous les jus du monde ici ne feront rien.

TARTUFFE
Cela, certe, est fâcheux.

ELMIRE
                            Oui, plus qu'on ne peut dire.

TARTUFFE
Enfin votre scrupule est facile à détruire.
Vous êtes assurée ici d'un plein secret,
Et le mal n'est jamais que dans l'éclat qu'on fait.
Le scandale du monde est ce qui fait l'offense,
Et ce n'est pas pécher que pécher en silence.

ELMIRE, *après avoir encore toussé et frappé sur la table*
Enfin je vois qu'il faut se résoudre à céder;
Qu'il faut que je consente à vous tout accorder;
Et qu'à moins de cela je ne dois point prétendre
Qu'on puisse être content et qu'on veuille se rendre.
Sans doute il est fâcheux d'en venir jusque-là,
Et c'est bien malgré moi que je franchis cela;
Mais, puisque l'on s'obstine à m'y vouloir réduire,
Puisqu'on ne veut point croire à tout ce qu'on peut dire,
Et qu'on veut des témoins qui soient plus convaincants,
Il faut bien s'y résoudre, et contenter les gens.
Si ce consentement porte en soi quelque offense,
Tant pis pour qui me force à cette violence;
La faute assurément n'en doit point être à moi.

TARTUFFE
Oui, madame, on s'en charge; et la chose de soi . . .

ELMIRE
Ouvrez un peu la porte, et voyez, je vous prie,
Si mon mari n'est point dans cette galerie.

TARTUFFE
Qu'est-il besoin pour lui du soin que vous prenez?
C'est un homme, entre nous, à mener par le nez.
De tous nos entretiens il est pour faire gloire,
Et je l'ai mis au point de voir tout sans rien croire.

ELMIRE
It's a cold I can't shake off, no doubt, and it's clear to me
That all the drops in the world won't help in this case.

TARTUFFE
That's really a shame.

ELMIRE
                  Yes, more than I can tell you.

TARTUFFE
To conclude: your scruples are easy to destroy;
In this matter you can be assured of total secrecy,
And there's never any evil unless it becomes public.
People's gossip is what constitutes the harm,
And sinning in silence is no sin at all.

ELMIRE (*after coughing again and knocking on the table:*)
I see finally that I must decide to give in,
That I must consent to grant you everything,
And that, outside of that, I have no right to believe
That I can satisfy anyone and get anyone to be convinced.
No doubt it's troublesome to go so far,
And it's despite myself that I cross that line;
But, since there's such insistence on pushing me that far,
Because no one wants to believe anything I say,
And they want proofs that will be more convincing,
I guess I must make up my mind to it and satisfy everyone.
If this consent has any harm in it,
Too bad about the man who forces me into this drastic step:
The fault surely ought not to be mine.

TARTUFFE
Yes, madame, I take it on myself, and the matter in itself . . .

ELMIRE
Open the door a little, please, and see
Whether my husband isn't in that gallery.

TARTUFFE
What need is there to be so careful on his account?
Between us, he's a man that can be led around by the nose.
He takes a vain pride in all our conversations,
And I've brought him to the point of seeing anything and not believing it.

ELMIRE

Il n'importe; sortez, je vous prie, un moment;
Et partout là dehors voyez exactement.

SCÈNE VI.—Orgon, Elmire.

ORGON, *sortant de dessous la table*

Voilà, je vous l'avoue, un abominable homme!
Je n'en puis revenir, et tout ceci m'assomme.

ELMIRE

Quoi! vous sortez sitôt? Vous vous moquez des gens.
Rentrez sous le tapis, il n'est pas encor temps;
Attendez jusqu'au bout, pour voir les choses sûres,
Et ne vous fiez point aux simples conjectures.

ORGON

Non, rien de plus méchant n'est sorti de l'enfer!

ELMIRE

Mon Dieu! l'on ne doit point croire trop de léger:
Laissez-vous bien convaincre avant que de vous rendre
Et ne vous hâtez pas, de peur de vous méprendre.
     Elmire fait mettre Orgon derrière elle.

SCÈNE VII.—Tartuffe, Elmire, Orgon.

TARTUFFE, *sans voir Orgon*

Tout conspire, madame, à mon contentement.
J'ai visité de l'œil tout cet appartement.
Personne ne s'y trouve; et mon âme ravie . . .
     Dans le temps que Tartuffe s'avance, les bras ouverts, pour embrasser Elmire, elle
     se retire, et Tartuffe aperçoit Orgon.

ORGON, *arrêtant Tartuffe*

Tout doux! vous suivez trop votre amoureuse envie,
Et vous ne devez pas vous tant passionner.
Ah! ah! l'homme de bien, vous m'en voulez donner!
Comme aux tentations s'abandonne votre âme!
Vous épousiez ma fille, et convoitiez ma femme!
J'ai douté fort longtemps que ce fût tout de bon,

ELMIRE
No matter. I beg you, go out for a moment,
And look around carefully everywhere outside.

SCENE 6.—Orgon, Elmire.

ORGON (*coming out from under the table:*)
I admit it, that's one hateful man!
I can't get over it, and all this knocks me out.

ELMIRE
What? You're coming out so soon? You're surely joking!
Get back under the cloth, it isn't time yet;
Wait until the bitter end so you can be sure of things,
And don't put your trust in mere conjectures.

ORGON
No, nothing more evil ever came out of hell.

ELMIRE
Heavens, you shouldn't believe things too lightly;
Get good and convinced before you change your mind,
And don't be hasty for fear of making a mistake.
    (*She makes Orgon hide behind her.*)

SCENE 7.—Tartuffe, Elmire, Orgon.

TARTUFFE (*not seeing Orgon:*)
Madame, all things concur to gratify me:
I cast my eye all over that apartment;
No one is there, and my delighted heart . . .
    (*As Tartuffe advances with open arms to embrace Elmire, she steps aside and
    Tartuffe catches sight of Orgon.*)

ORGON (*stopping Tartuffe:*)
Calm down! You're pursuing your amorous desires too far,
And you shouldn't get yourself that worked up.
Ha! ha! You virtuous man, you're trying to deceive me!
How your soul gives in to temptations!
You were going to marry my daughter and you coveted my wife!
For a long time I doubted that the conversation was serious,

Et je croyais toujours qu'on changerait de ton;
Mais c'est assez avant pousser le témoignage:
Je m'y tiens, et n'en veux, pour moi, pas davantage.

ELMIRE, *à Tartuffe*
C'est contre mon humeur que j'ai fait tout ceci;
Mais on m'a mise au point de vous traiter ainsi.

TARTUFFE, *à Orgon*
Quoi! vous croyez . . .

ORGON
                    Allons, point de bruit, je vous prie.
Dénichons de céans, et sans cérémonie.

TARTUFFE
Mon dessein . . .

ORGON
                    Ces discours ne sont plus de saison.
Il faut, tout sur-le-champ, sortir de la maison.

TARTUFFE
C'est à vous d'en sortir, vous qui parlez en maître:
La maison m'appartient, je le ferai connaître,
Et vous montrerai bien qu'en vain on a recours,
Pour me chercher querelle, à ces lâches détours;
Qu'on n'est pas où l'on pense en me faisant injure;
Que j'ai de quoi confondre et punir l'imposture,
Venger le ciel qu'on blesse, et faire repentir
Ceux qui parlent ici de me faire sortir!

SCÈNE VIII.—Elmire, Orgon.

ELMIRE
Quel est donc ce langage? et qu'est-ce qu'il veut dire?

ORGON
Ma foi, je suis confus, et n'ai pas lieu de rire.

ELMIRE
Comment?

And I kept on thinking that its tone would change;
But the proofs have been carried far enough:
I'm convinced and, as for me, I don't demand anything further.

ELMIRE (*to Tartuffe:*)
I went against my nature in doing all this;
But I was reduced to treating you this way.

TARTUFFE (*to Orgon:*)
What? You think . . .

ORGON
               Come now, no uproar, please,
Beat it out of here, and don't stand on ceremony.

TARTUFFE
My plan . . .

ORGON
               These remarks are untimely now;
You've got to leave the house right away.

TARTUFFE
You're the one who must leave, you who're talking like the master.
The house belongs to me, I'll let people know about it,
And I'll show you that, to pick a quarrel with me,
There's no use in resorting to such cowardly, roundabout methods,
That you're standing on unsure ground when you insult me,
That I have ways to quash and punish impostors,
To avenge heaven when it's offended, and make people regret
That they spoke here about making me leave.

SCENE 8.—Elmire, Orgon.

ELMIRE
What's this all about, and what does he mean?

ORGON
Really, I'm embarrassed, and I have no cause to laugh.

ELMIRE
How so?

ORGON

            Je vois ma faute aux choses qu'il me dit;
Et la donation m'embarrasse l'esprit.

ELMIRE

La donation . . .

ORGON

               Oui. C'est une affaire faite.
Mais j'ai quelque autre chose encor qui m'inquiète.

ELMIRE

Et quoi?

ORGON

            Vous saurez tout. Mais voyons au plus tôt
Si certaine cassette est encore là-haut.

ORGON

      I see from the things he says to me how I'm to blame,
And the deed of gift confuses my mind.

ELMIRE
The deed of gift? . . .

ORGON

          Yes, it's a settled arrangement.
But there's yet another thing that worries me.

ELMIRE
Yes? What?

ORGON

      You'll learn everything; but as soon as we can let's see
Whether a certain box is still upstairs.

ACTE CINQUIÈME

SCÈNE I.—Orgon, Cléante.

CLÉANTE
Où voulez-vous courir?

ORGON
Las! que sais-je?

CLÉANTE
Il me semble
Que l'on doit commencer par consulter ensemble
Les choses qu'on peut faire en cet événement.

ORGON
Cette cassette-là me trouble entièrement.
Plus que le reste encore elle me désespère.

CLÈANTE
Cette cassette est donc un important mystère?

ORGON
C'est un dépôt qu'Argas, cet ami que je plains,
Lui-même en grand secret m'a mis entre les mains.
Pour cela dans sa fuite il me voulut élire;
Et ce sont des papiers, à ce qu'il m'a pu dire,
Où sa vie et ses biens se trouvent attachés.

CLÈANTE
Pourquoi donc les avoir en d'autres mains lâchés?

ORGON
Ce fut par un motif de cas de conscience.
J'allai droit à mon traître en faire confidence;

ACT V

SCENE 1.—Orgon, Cléante.

CLÉANTE
Where are you running to?

ORGON

                    Alas, how should I know?

CLÉANTE

                                It seems to me
That we should begin by discussing together
The steps we can take under the circumstances.

ORGON
That box has me completely upset;
Even more than all the rest it makes me despair.

CLÉANTE
And so that box is an important secret?

ORGON
It was left in safekeeping by Argas, that friend whom I miss;
He himself placed it in my hands clandestinely.
While he was escaping he chose me for that purpose;
And, from the little he could tell me, it contains papers
That involve his life and his property.

CLÉANTE
Why, then, would he leave them in someone else's hands?

ORGON
It was a matter of conscience.
I went straight to that villain and confided in him,

143

Et son raisonnement me vint persuader
De lui donner plutôt la cassette à garder,
Afin que pour nier, en cas de quelque enquête,
J'eusse d'un faux-fuyant la faveur toute prête,
Par où ma conscience eût pleine sûreté
À faire des serments contre la vérité.

CLÉANTE
Vous voilà mal, au moins, si j'en crois l'apparence;
Et la donation, et cette confidence,
Sont, à vous en parler selon mon sentiment,
Des démarches par vous faites légèrement.
On peut vous mener loin avec de pareils gages;
Et cet homme sur vous ayant ces avantages,
Le pousser est encor grande imprudence à vous;
Et vous deviez chercher quelque biais plus doux.

ORGON
Quoi! sous un beau semblant de ferveur si touchante
Cacher un cœur si double, une âme si méchante!
Et moi, qui l'ai reçu gueusant et n'ayant rien . . .
C'en est fait, je renonce à tous les gens de bien;
J'en aurai désormais une horreur effroyable,
Et m'en vais devenir pour eux pire qu'un diable.

CLÉANTE
Eh bien, ne voilà pas de vos emportements!
Vous ne gardez en rien les doux tempéraments.
Dans la droite raison jamais n'entre la vôtre;
Et toujours d'un excès vous vous jetez dans l'autre.
Vous voyez votre erreur, et vous avez connu
Que par un zèle feint vous étiez prévenu;
Mais pour vous corriger quelle raison demande
Que vous alliez passer dans une erreur plus grande,
Et qu'avecque le cœur d'un perfide vaurien
Vous confondiez les cœurs de tous les gens de bien?
Quoi! parce qu'un fripon vous dupe avec audace,
Sous le pompeux éclat d'une austère grimace,
Vous voulez que partout on soit fait comme lui,
Et qu'aucun vrai dévot ne se trouve aujourd'hui?
Laissez aux libertins ces sottes conséquences:
Démêlez la vertu d'avec ses apparences,

And his arguments persuaded me
To give him the box to keep instead,
So that, in case of an inquiry, if I wanted to deny possessing it,
I would have the advantage of a subterfuge at my fingertips,
By means of which my conscience would feel perfectly justified
In swearing oaths contrary to the truth.

CLÉANTE
You're in a fix, at least on the face of it;
Both the deed of gift and that confidence,
To tell you just how I feel,
Were measures that you took unthinkingly.
With securities like those he can lead you a hard chase;
And now that this man has these advantages over you,
To press hard on him is another great imprudence on your part,
And you ought to look for some gentler expedient.

ORGON
What! To hide a heart so false, a soul so wicked
Beneath a fine appearance of such touching piety!
And I, who took him in as a beggar without a penny to his name . . .
No more! I give up on all virtuous people.
From now on I'm going to fear them like the plague
And I'll become worse than a devil to them.

CLÉANTE
So! There you are getting carried away again!
You don't stick to the golden mean in any situation;
Your reasoning never matches with reason itself
And you're always dashing from one extreme to another.
You see your mistake, and you've realized
That you were prejudiced by sham piety;
But, to correct your ways, what need is there
To fall into an even greater error,
And confuse the heart of every virtuous person
With the heart of a treacherous good-for-nothing?
What! Because a crook boldly dupes you
With the pompous show of an austere grimace,
You now believe that everyone is of the same sort,
And that no truly religious person exists today?
Leave those foolish inferences to the free-thinkers,
Disentangle virtue from its false imitations,

Ne hasardez jamais votre estime trop tôt,
Et soyez pour cela dans le milieu qu'il faut.
Gardez-vous, s'il se peut, d'honorer l'imposture,
Mais au vrai zèle aussi n'allez pas faire injure,
Et, s'il vous faut tomber dans une extrémité,
Péchez plutôt encor de cet autre côté.

SCÈNE II.—Orgon, Cléante, Damis.

DAMIS

Quoi! mon père, est-il vrai qu'un coquin vous menace?
Qu'il n'est point de bienfait qu'en son âme il n'efface,
Et que son lâche orgueil, trop digne de courroux,
Se fait de vos bontés des armes contre vous?

ORGON

Oui, mon fils; et j'en sens des douleurs nonpareilles.

DAMIS

Laissez-moi, je lui veux couper les deux oreilles.
Contre son insolence on ne doit point gauchir:
C'est à moi tout d'un coup de vous en affranchir;
Et, pour sortir d'affaire, il faut que je l'assomme.

CLÉANTE

Voilà tout justement parler en vrai jeune homme.
Modérez, s'il vous plaît, ces transports éclatants.
Nous vivons sous un règne et sommes dans un temps
Où par la violence on fait mal ses affaires.

SCÈNE III.—Madame Pernelle, Orgon, Elmire, Cléante, Mariane, Damis, Dorine.

MADAME PERNELLE

Qu'est-ce? J'apprends ici de terribles mystères.

ORGON

Ce sont des nouveautés dont mes yeux sont témoins,
Et vous voyez le prix dont sont payés mes soins.
Je recueille avec zèle un homme en sa misère,
Je le loge, et le tiens comme mon propre frère;

Never risk giving your esteem too soon,
And, to do all this, steer a middle course as you should.
If you can, beware honoring an impostor;
But, at the same time, don't insult true piety,
And, if you can't avoid carrying things too far,
It's on the latter side that you should err.

SCENE 2.—Orgon, Cléante, Damis.

DAMIS
What, father, is it true that a scoundrel is threatening you,
That there's no benefaction he doesn't cancel out in his heart,
And that his cowardly pride, all too worthy of anger,
Is turning your acts of kindness into weapons against you?

ORGON
Yes, son, and it makes me feel sorrow as never before.

DAMIS
Leave it to me, I'll cut off both his ears.
In the face of his insolence there should be no flagging;
It's up to me to rid you of him all at once;
And, to settle the matter, I've got to lay him low.

CLÉANTE
You're talking exactly like a real youngster;
Please control this outburst of emotion;
We're living under a king and at a time
When it's improper to conduct business by violence.

SCENE 3.—Madame Pernelle, Orgon, Elmire, Cléante, Mariane, Damis, Dorine.

MADAME PERNELLE
What's this? I'm hearing about awful mysteries here.

ORGON
They're novel events that my eyes have witnessed,
And you see how my attentions have been repaid.
I piously take in a man who is destitute;
I shelter him and treat him like my own brother;

De bienfaits chaque jour il est par moi chargé;
Je lui donne ma fille, et tout le bien que j'ai:
Et, dans le même temps, le perfide, l'infâme,
Tente le noir dessein de suborner ma femme;
Et, non content encore de ces lâches essais,
Il m'ose menacer de mes propres bienfaits,
Et veut, à ma ruine, user des avantages
Dont le viennent d'armer mes bontés trop peu sages,
Me chasser de mes biens où je l'ai transféré,
Et me réduire au point d'où je l'ai retiré.

DORINE
Le pauvre homme!

MADAME PERNELLE
                Mon fils, je ne puis du tout croire
Qu'il ait voulu commettre une action si noire.

ORGON
Comment?

MADAME PERNELLE
           Les gens de bien sont enviés toujours.

ORGON
Que voulez-vous donc dire avec votre discours,
Ma mère?

MADAME PERNELLE
          Que chez vous on vit d'étrange sorte,
Et qu'on ne sait que trop la haine qu'on lui porte.

ORGON
Qu'a cette haine à faire avec ce qu'on vous dit?

MADAME PERNELLE
Je vous l'ai dit cent fois quand vous étiez petit:
La vertu dans le monde est toujours poursuivie;
Les envieux mourront, mais non jamais l'envie.

ORGON
Mais que fait ce discours aux choses d'aujourd'hui?

MADAME PERNELLE
On vous aura forgé cent sots contes de lui.

Every day I load him down with gifts;
I give him my daughter and all my property;
And, all that time, the treacherous beast
Is hatching the vile plot of corrupting my wife;
And still not satisfied with those cowardly plans,
He dares to threaten me with my own gifts
And, aiming to ruin me, uses advantages
That my unwise kindness has just armed him with
To drive me off my property, which I made over to him,
And reduce me to the state from which I rescued him.

DORINE
The poor man!

MADAME PERNELLE
        Son, I just can't believe
That he could commit such an evil deed.

ORGON
What?

MADAME PERNELLE
      Virtuous people are always envied.

ORGON
What do those words of yours mean,
Mother?

MADAME PERNELLE
      That the bunch of you lead a strange life here,
And I know all too well how much you hate him.

ORGON
What has that hatred to do with what we're telling you?

MADAME PERNELLE
I told you a hundred times when you were small:
In this world virtue is always persecuted;
Envious people will die off, but envy never.

ORGON
But what does that remark have to do with what's happening today?

MADAME PERNELLE
They've probably told you a hundred made-up stories about him.

ORGON
Je vous ai dit déjà que j'ai vu tout moi-même.

MADAME PERNELLE
Des esprits médisants la malice est extrême.

ORGON
Vous me feriez damner, ma mère! Je vous dis
Que j'ai vu de mes yeux un crime si hardi.

MADAME PERNELLE
Les langues ont toujours du venin à répandre,
Et rien n'est ici-bas qui s'en puisse défendre.

ORGON
C'est tenir un propos de sens bien dépourvu.
Je l'ai vu, dis-je, vu, de mes propres yeux vu,
Ce qu'on appelle vu. Faut-il vous le rebattre
Aux oreilles cent fois, et crier comme quatre?

MADAME PERNELLE
Mon Dieu! le plus souvent l'apparence déçoit:
Il ne faut pas toujours juger sur ce qu'on voit.

ORGON
J'enrage!

MADAME PERNELLE
          Aux faux soupçons la nature est sujette,
Et c'est souvent à mal que le bien s'interprète.

ORGON
Je dois interpréter à charitable soin
Le désir d'embrasser ma femme!

MADAME PERNELLE
               Il est besoin,
Pour accuser les gens, d'avoir de justes causes;
Et vous deviez attendre à vous voir sûr des choses.

ORGON
Eh! diantre! le moyen de m'en assurer mieux?
Je devois donc, ma mère, attendre qu'à mes yeux
Il eût . . . Vous me feriez dire quelque sottise.

ORGON
I've already told you I saw it all myself.

MADAME PERNELLE
The malice of slanderous minds is extreme.

ORGON
You want to drive me crazy, mother. I tell you
That I saw such a bold crime with my own eyes.

MADAME PERNELLE
Tongues always have venom to spread around,
And there's nothing here on earth that can defend itself from it.

ORGON
You're saying things that make no sense at all.
I saw it, I tell you, saw it, saw it with my own eyes—
To coin an expression: I saw it. Must I repeat it
In your ears a hundred times and yell as loud as four men?

MADAME PERNELLE
Goodness! Most of the time appearances are deceiving:
You mustn't always judge by what you see.

ORGON
I'm going mad.

MADAME PERNELLE
                    Nature is subject to false suspicions,
And goodness is often interpreted as evil.

ORGON
Must I interpret as an act of charity
The desire to embrace my wife?

MADAME PERNELLE
                              It's necessary,
If you're accusing people, to have a just cause,
And you ought to wait until you feel sure about the matter.

ORGON
Hey! What the devil! How was I to get more sure?
Mother, was I supposed to wait until, before my very eyes,
He had . . . You'll make me say something improper.

MADAME PERNELLE

Enfin d'un trop pur zèle on voit son âme éprise;
Et je ne puis du tout me mettre dans l'esprit
Qu'il ait voulu tenter les choses que l'on dit.

ORGON

Allez, je ne sais pas, si vous n'étiez ma mère,
Ce que je vous dirais, tant je suis en colère!

DORINE, *à Orgon*

Juste retour, monsieur, des choses d'ici-bas:
Vous ne vouliez point croire, et l'on ne vous croit pas.

CLÉANTE

Nous perdons des moments en bagatelles pures,
Qu'il faudrait employer à prendre des mesures.
Aux menaces du fourbe on doit ne dormir point.

DAMIS

Quoi! son effronterie irait jusqu'à ce point?

ELMIRE

Pour moi, je ne crois pas cette instance possible,
Et son ingratitude est ici trop visible.

CLÉANTE, *à Orgon*

Ne vous y fiez pas; il aura des ressorts
Pour donner contre vous raison à ses efforts,
Et sur moins que cela le poids d'une cabale
Embarrasse les gens dans un fâcheux dédale.
Je vous le dis encore: armé de ce qu'il a,
Vous ne deviez jamais le pousser jusque-là.

ORGON

Il est vrai; mais qu'y faire? A l'orgueil de ce traître,
De mes ressentiments je n'ai pas été maître.

CLÉANTE

Je voudrais de bon cœur qu'on pût entre vous deux
De quelque ombre de paix raccommoder les nœuds.

ELMIRE

Si j'avais su qu'en main il a de telles armes,
Je n'aurais pas donné matière à tant d'alarmes;
Et mes . . .

MADAME PERNELLE
Lastly, we can see that his soul is enamored of too pure a piety,
And I just can't get it into my head
That he actually attempted the things you say.

ORGON
Come now, if you weren't my mother, I don't know
What I'd say to you, that's how angry I am.

DORINE
Sir, that's how things turn about in this world, and it serves you right;
You didn't want to believe, and now *you're* not believed.

CLÉANTE
We're wasting precious moments in idle chatter
When we should use them to take constructive steps.
Confronted by that trickster's threats, we mustn't shut an eye.

DAMIS
What? His effrontery goes as far as that?

ELMIRE
As for me, I don't think he can take us to court,
And his ingratitude is all too glaring in this instance.

CLÉANTE (*to Orgon:*)
Don't be so sure; he probably has hidden ways
To gain his cause against you,
And, on an even slimmer basis, the weight of a cabal
Entangles people in a troublesome labyrinth.
I tell you once more: with the weapons he possesses,
You never should have pushed him that far.

ORGON
That's true; but what's to be done? Seeing that villain's pride,
I wasn't able to control my feelings.

CLÉANTE
I sincerely wish we could renew good relations
Between the two of you with some semblance of peace.

ELMIRE
If I had known he had such weapons in his hands,
I wouldn't have given cause for all this alarm,
And my . . .

ORGON, *à Dorine, voyant entrer monsieur Loyal*
> Que veut cet homme? Allez tôt le savoir.
Je suis bien en état que l'on me vienne voir!

SCÈNE IV.—Orgon, madame Pernelle, Elmire, Mariane, Cléante, Damis, Dorine, monsieur Loyal.

MONSIEUR LOYAL, *à Dorine, dans le fond du théâtre*
Bonjour, ma chère sœur; faites, je vous supplie,
Que je parle à monsieur.

DORINE
> Il est en compagnie;
Et je doute qu'il puisse à présent voir quelqu'un.

MONSIEUR LOYAL
Je ne suis pas pour être en ces lieux importun.
Mon abord n'aura rien, je crois, qui lui déplaise;
Et je viens pour un fait dont il sera bien aise.

DORINE
Votre nom?

MONSIEUR LOYAL
> Dites-lui seulement que je vien
De la part de monsieur Tartuffe, pour son bien.

DORINE, *à Orgon*
C'est un homme qui vient, avec douce manière,
De la part de monsieur Tartuffe, pour affaire
Dont vous serez, dit-il, bien aise.

CLÉANTE, *à Orgon*
> Il vous faut voir
Ce que c'est que cet homme et ce qu'il peut vouloir.

ORGON, *à Cléante*
Pour nous raccommoder il vient ici peut-être:
Quels sentiments aurai-je à lui faire paraître?

CLÉANTE
Votre ressentiment ne doit point éclater;
Et, s'il parle d'accord, il le faut écouter.

ORGON (*to Dorine, as he sees Monsieur Loyal entering:*)
  What does that man want? Go find out right away,
I'm in no condition to receive visitors!

SCENE 4.—Orgon, Madame Pernelle, Elmire, Mariane, Cléante, Damis, Dorine, Monsieur Loyal.

MONSIEUR LOYAL (*to Dorine, upstage:*)
Good day, dear sister. I beg you, let me
Speak to the man of the house.

DORINE
                              He has company
And I doubt if he can see anyone right now.

MONSIEUR LOYAL
I have no intention of intruding here.
I don't think my arrival will displease him in any way,
And I come on a matter that he'll be very glad about.

DORINE
Your name?

MONSIEUR LOYAL
            Just tell him that I've come
On behalf of Monsieur Tartuffe, for his good.

DORINE (*to Orgon:*)
It's a man coming, with agreeable manners,
On behalf of Monsieur Tartuffe, on a matter
That he says you'll be very glad about.

CLÉANTE (*to Orgon:*)
                              You must see
Who this man can be and what he can possibly want.

ORGON (*to Cléante:*)
Maybe he's coming here to bring us together again.
What feelings should I show in his presence?

CLÉANTE
Your anger mustn't be apparent;
And if he speaks of an amicable agreement, you must listen to him.

MONSIEUR LOYAL, *à Orgon*
Salut, monsieur! Le ciel perde qui vous veut nuire,
Et vous soit favorable autant que je désire!

ORGON, *bas, à Cléante*
Ce doux début s'accorde avec mon jugement
Et présage déjà quelque accommodement.

MONSIEUR LOYAL
Toute votre maison m'a toujours été chère,
Et j'étais serviteur de monsieur votre père.

ORGON
Monsieur, j'ai grande honte et demande pardon
D'être sans vous connaître ou savoir votre nom.

MONSIEUR LOYAL
Je m'appelle Loyal, natif de Normandie,
Et suis huissier à verge, en dépit de l'envie.
J'ai, depuis quarante ans, grâce au ciel, le bonheur
D'en exercer la charge avec beaucoup d'honneur,
Et je vous viens, monsieur, avec votre licence,
Signifier l'exploit de certaine ordonnance . . .

ORGON
Quoi! vous êtes ici . . .

MONSIEUR LOYAL
                    Monsieur, sans passion.
Ce n'est rien seulement qu'une sommation,
Un ordre de vider d'ici, vous et les vôtres,
Mettre vos meubles hors, et faire place à d'autres,
Sans délai ni remise, ainsi que besoin est.

ORGON
Moi! sortir de céans?

MONSIEUR LOYAL
                    Oui, monsieur, s'il vous plaît.
La maison à présent, comme savez de reste,
Au bon monsieur Tartuffe appartient sans conteste.

MONSIEUR LOYAL (*to Orgon:*)
Greetings, sir. May heaven destroy those who wish to harm you
And may it favor you as much as I desire!

ORGON (*quietly, to Cléante:*)
This gentle beginning ties in with my guess
And already foretokens some favorable arrangement.

MONSIEUR LOYAL
Your entire household has always been dear to me,
And I was the humble servant of your father.

ORGON
Sir, I'm greatly ashamed and I ask your forgiveness
For not being acquainted with you or knowing your name.

MONSIEUR LOYAL
My name is Loyal, I was born in Normandy,
And I'm a court bailiff, despite all envy.[20]
For forty years now, thank heaven, I've had the pleasure
Of filling the office with a great deal of honor,
And, by your leave, sir, I have come
To notify you of a writ resulting from a certain legal decision.

ORGON
What! You're here . . .

MONSIEUR LOYAL
                        Sir, no show of emotions:
It's merely a legal notice,
An order to clear these premises, you and your family,
To move out your furniture and make room for others,
Without delay or postponement, as necessary.

ORGON
I? Leave this house?

MONSIEUR LOYAL
                        Yes, sir, if you don't mind.
As you know anyway, the house at present
Belongs to that good Monsieur Tartuffe incontestably.

---

[20] *Loyal* means "honest, fair"; Normandy was proverbially the homeland of sharp operators; *huissier à verge* means "tipstaff, bailiff carrying a staff as a sign of office."

De vos biens désormais il est maître et seigneur,
En vertu d'un contrat duquel je suis porteur.
Il est en bonne forme, et l'on n'y peut rien dire.

DAMIS, *à M. Loyal*
Certes, cette impudence est grande, et je l'admire!

MONSIEUR LOYAL, *à Damis*
Monsieur, je ne dois point avoir affaire à vous;
    Montrant Orgon
C'est à monsieur: il est et raisonnable et doux,
Et d'un homme de bien il sait trop bien l'office,
Pour se vouloir du tout opposer à justice.

ORGON
Mais . . .

MONSIEUR LOYAL
       Oui, Monsieur, je sais que pour un million
Vous ne voudriez pas faire rébellion,
Et que vous souffrirez en honnête personne
Que j'exécute ici les ordres qu'on me donne.

DAMIS
Vous pourriez bien ici sur votre noir jupon,
Monsieur l'huissier à verge, attirer le bâton.

MONSIEUR LOYAL, *à Orgon*
Faites que votre fils se taise ou se retire,
Monsieur. J'aurais regret d'être obligé d'écrire,
Et de vous voir couché dans mon procès-verbal.

DORINE, *à part*
Ce monsieur Loyal porte un air bien déloyal.

MONSIEUR LOYAL
Pour tous les gens de bien j'ai de grandes tendresses,
Et ne me suis voulu, monsieur, charger des pièces
Que pour vous obliger et vous faire plaisir;
Que pour ôter par là le moyen d'en choisir
Qui, n'ayant pas pour vous le zèle qui me pousse,
Auraient pu procéder d'une façon moins douce.

ORGON
Et que peut-on de pis que d'ordonner aux gens
De sortir de chez eux?

From now on he is lord and master of your property,
By virtue of a contract of which I am the bearer.
It's duly drawn up, and there's nothing to be said about it.

DAMIS (*to Monsieur Loyal:*)
Certainly this is real impudence, and I'm amazed at it!

MONSIEUR LOYAL (*to Damis:*)
Sir, my business isn't meant to be with you;
          (*Indicating Orgon:*)
It's with the man of the house: he's both reasonable and good-tempered,
And he knows too well the duty of a respectable man
To want to oppose justice in any way.

ORGON
But . . .

MONSIEUR LOYAL
          Yes, sir, I know that even for a million
You wouldn't want to act rebelliously,
And that, as an honorable person, you'll allow me
To carry out here the orders I've been given.

DAMIS
Monsieur Tipstaff, you're very liable here
To have some staff rain blows on your long black coat.

MONSIEUR LOYAL (*to Orgon:*)
Sir, make your son be quiet or step out;
I'd be sorry to have to start writing
And see you set down in my official report.

DORINE (*aside:*)
This Monsieur Loyal has no loyalty or honesty in him.

MONSIEUR LOYAL
I have the warmest feelings for all honorable men,
And I agreed to take charge of the documents
Merely to oblige you and give you pleasure,
Merely to avoid thereby the selection of other people
Who, not having the same eagerness to please you that I have,
Might have proceeded in a less gentle manner.

ORGON
And what worse can anyone do than to order people
To leave their home?

MONSIEUR LOYAL
On vous donne du temps;

Et jusques à demain je ferai surséance
À l'exécution, monsieur, de l'ordonnance.
Je viendrai seulement passer ici la nuit
Avec dix de mes gens, sans scandale et sans bruit.
Pour la forme il faudra, s'il vous plaît, qu'on m'apporte,
Avant que se coucher, les clefs de votre porte.
J'aurai soin de ne pas troubler votre repos,
Et de ne rien souffrir qui ne soit à propos.
Mais demain, du matin, il vous faut être habile
À vider de céans jusqu'au moindre ustensile;
Mes gens vous aideront, et je les ai pris forts
Pour vous faire service à tout mettre dehors.
On n'en peut pas user mieux que je fais, je pense;
Et, comme je vous traite avec grande indulgence,
Je vous conjure aussi, monsieur, d'en user bien,
Et qu'au dû de ma charge on ne me trouble en rien.

ORGON, *à part*
Du meilleur de mon cœur je donnerais, sur l'heure,
Les cent plus beaux louis de ce qui me demeure,
Et pouvoir, à plaisir, sur ce mufle asséner
Le plus grand coup de poing qui se puisse donner.

CLÉANTE, *bas, à Orgon*
Laissez, ne gâtons rien.

DAMIS
A cette audace étrange

J'ai peine à me tenir, et la main me démange.

DORINE
Avec un si bon dos, ma foi, monsieur Loyal,
Quelques coups de bâton ne vous siéraient pas mal.

MONSIEUR LOYAL
On pourrait bien punir ces paroles infâmes,
Ma mie; et l'on décrète aussi contre les femmes.

MONSIEUR LOYAL
               We're giving you time,
And until tomorrow I'll make a stay
Of execution of the decree, sir.
I will merely come to spend the night here
With ten of my people, without a public uproar and without any hubbub.
As a matter of form, if you don't mind, I must be given
The keys to your door before I go to bed.
I will make sure not to disturb your rest
And to allow no actions that aren't proper.
But tomorrow, early in the morning, you must step smartly
And clear even the smallest utensil out of here.
My people will help you, and I chose strong ones
To assist you in putting everything outside.
I don't believe anyone could treat you better than I'm doing;
And, since I'm behaving toward you with great indulgence,
I adjure you too, sir, to act correctly,
So that I'm not hindered in any way in carrying out my duty.

ORGON (*aside:*)
From the bottom of my heart, I'd immediately give
The hundred most beautiful *louis*[21] left to me,
If I could just give this rat
The world's biggest punch in the nose.

CLÉANTE (*quietly, to Orgon:*)
Forget that, don't make things worse.

DAMIS
                  Hearing this unusual audacity,
I can hardly contain myself, and my hand itches.

DORINE
My goodness, with such a broad back, Monsieur Loyal,
A few blows with a stick wouldn't suit you badly.

MONSIEUR LOYAL
Those vicious words might well be punished,
My friend, and writs are issued against women, too.

---

[21] Gold coins worth eleven francs each at the time.

CLÉANTE, *à monsieur Loyal*
Finissons tout cela, monsieur; c'en est assez.
Donnez tôt ce papier, de grâce, et nous laissez.

MONSIEUR LOYAL
Jusqu'au revoir. Le ciel vous tienne tous en joie!

ORGON
Puisse-t-il te confondre, et celui qui t'envoie!

SCÈNE V.—Orgon, madame Pernelle, Elmire, Cléante, Mariane, Damis, Dorine.

ORGON
Eh bien, vous le voyez, ma mère, si j'ai droit;
Et vous pouvez juger du reste par l'exploit.
Ses trahisons enfin vous sont-elles connues?

MADAME PERNELLE
Je suis tout ébaubie, et je tombe des nues!

DORINE, *à Orgon*
Vous vous plaignez à tort, à tort vous le blâmez,
Et ses pieux desseins par là sont confirmés.
Dans l'amour du prochain sa vertu se consomme:
Il sait que très-souvent les biens corrompent l'homme,
Et, par charité pure, il veut vous enlever
Tout ce qui vous peut faire obstacle à vous sauver.

ORGON
Taisez-vous. C'est le mot qu'il vous faut toujours dire.

CLÉANTE, *à Orgon*
Allons voir quel conseil on doit vous faire élire.

ELMIRE
Allez faire éclater l'audace de l'ingrat.
Ce procédé détruit la vertu du contrat;
Et sa déloyauté va paraître trop noire,
Pour souffrir qu'il en ait le succès qu'on veut croire.

CLÉANTE (*to Monsieur Loyal:*)
Let's call a halt to all of this, sir; we've had enough.
Please give me that paper at once, and leave us.

MONSIEUR LOYAL
See you later. May heaven give all of you joy!

ORGON
May it confound you, and the one who sent you!

SCENE 5.—Orgon, Madame Pernelle, Elmire, Cléante, Mariane, Damis, Dorine.

ORGON
Well, mother, you can see whether I was right,
And from this writ you can judge of the rest.
Do you finally take cognizance of his treachery?

MADAME PERNELLE
I'm flabbergasted, and struck all of a heap.

DORINE (*to Orgon:*)
It's wrong of you to complain, it's wrong of you to reproach him,
And this merely confirms his pious attentions.
His virtue reaches its peak in the love of his fellow creatures;
He knows that very often worldly goods corrupt a man,
And, out of pure charity, he wants to remove from you
Everything that might be an impediment to your salvation.

ORGON
Be still: that's what you must always be told.

CLÉANTE (*to Orgon:*)
Let's see what advice you should choose.

ELMIRE
Go and make public the ingrate's audacity.
This procedure invalidates the contract;
And his dishonesty will appear too dastardly
For him to be allowed to have the success he expects.

SCÈNE VI.—Valère, Orgon, madame Pernelle, Elmire, Cléante, Mariane, Damis, Dorine.

VALÈRE

Avec regret, monsieur, je viens vous affliger;
Mais je m'y vois contraint par le pressant danger.
Un ami, qui m'est joint d'une amitié fort tendre,
Et qui sait l'intérêt qu'en vous j'ai lieu de prendre,
A violé pour moi, par un pas délicat,
Le secret que l'on doit aux affaires d'État,
Et me vient d'envoyer un avis dont la suite
Vous réduit au parti d'une soudaine fuite.
Le fourbe qui longtemps a pu vous imposer
Depuis une heure au prince a su vous accuser,
Et remettre en ses mains, dans les traits qu'il vous jette,
D'un criminel d'État l'importante cassette,
Dont, au mépris, dit-il, du devoir d'un sujet,
Vous avez conservé le coupable secret.
J'ignore le détail du crime qu'on vous donne;
Mais un ordre est donné contre votre personne;
Et lui-même est chargé, pour mieux l'exécuter,
D'accompagner celui qui vous doit arrêter.

CLÉANTE

Voilà ses droits armés; et c'est par où le traître
De vos biens qu'il prétend cherche à se rendre maître.

ORGON

L'homme est, je vous l'avoue, un méchant animal!

VALÈRE

Le moindre amusement vous peut être fatal.
J'ai, pour vous emmener, mon carrosse à la porte,
Avec mille louis qu'ici je vous apporte.
Ne perdons point de temps: le trait est foudroyant;
Et ce sont de ces coups que l'on pare en fuyant.
À vous mettre en lieu sûr je m'offre pour conduite,
Et veux accompagner, jusqu'au bout, votre fuite.

ORGON

Las! que ne dois-je point à vos soins obligeants!
Pour vous en rendre grâce, il faut un autre temps;
Et je demande au ciel de m'être assez propice

SCENE 6.—Valère, Orgon, Madame Pernelle, Elmire, Cléante, Mariane, Damis, Dorine.

VALÈRE

I regret, sir, that I must come and give you pain,
But I feel obliged to do so by the pressing danger.
A friend who is linked to me in a most loving friendship,
And who knows the interest it behooves me to take in your affairs,
Taking a ticklish step, has broken for my sake
The secrecy that is due to affairs of state,
And has just sent me a warning, the consequence of which
Forces you to decide on a precipitous escape.
The swindler who was able to impose upon you for so long
Has managed to accuse you before the king an hour ago
And to place in his hands, among the barbs he hurls at you,
The important box belonging to a state criminal,
The guilty secret of which, he says, you have kept,
In contempt of a subject's duty.
I don't know the details of the crime you're charged with,
But an order has been issued against you,
And, so as to execute it more efficiently, he himself is instructed
To accompany the person who is to arrest you.

CLÉANTE

That's how he's armed his claims, and that's how the villain
Seeks to become master of your property, which he's demanding.

ORGON

I admit it to you, the man is a wild animal.

VALÈRE

The least delay can be fatal to you.
To take you away, I have my carriage at the door,
Along with a thousand *louis* that I bring you here.
Let's waste no time, the blow is like a lightning bolt,
And it's the kind of blow that one wards off by running away.
To bring you to a safe place I offer myself as guide
And I mean to accompany you in your escape to the very end.

ORGON

Alas! What don't I owe to your obliging attentions!
To thank you properly I need another occasion,
And I ask heaven to be sufficiently propitious to me

Pour reconnaître un jour ce généreux service.
Adieu: prenez le soin, vous autres.

CLÉANTE

                 Allez tôt;
Nous songerons, mon frère, à faire ce qu'il faut.

SCÈNE VII.—Tartuffe, un exempt, madame Pernelle, Orgon, Elmire, Cléante, Mariane, Valère, Damis, Dorine.

TARTUFFE, *arrêtant Orgon*

Tout beau, monsieur, tout beau, ne courez point si vite:
Vous n'irez pas fort loin pour trouver votre gîte;
Et, de la part du prince, on vous fait prisonnier.

ORGON

Traître! tu me gardais ce trait pour le dernier:
C'est le coup, scélérat, par où tu m'expédies;
Et voilà couronner toutes tes perfidies!

TARTUFFE

Vos injures n'ont rien à me pouvoir aigrir;
Et je suis, pour le ciel, appris à tout souffrir.

CLÉANTE

La modération est grande, je l'avoue.

DAMIS

Comme du ciel l'infâme impudemment se joue!

TARTUFFE

Tous vos emportements ne sauraient m'émouvoir;
Et je ne songe à rien qu'à faire mon devoir.

MARIANE

Vous avez de ceci grande gloire à prétendre;
Et cet emploi pour vous est fort honnête à prendre.

TARTUFFE

Un emploi ne saurait être que glorieux
Quand il part du pouvoir qui m'envoie en ces lieux.

So that one day I can show my gratitude for this noble-minded service.
Farewell, be careful, the rest of you . . .

CLÉANTE

Go at once;
We'll think about doing all that's necessary, brother.

SCENE 7.—Tartuffe, Constable,[22] Madame Pernelle, Orgon, Elmire, Cléante, Mariane, Valère, Damis, Dorine.

TARTUFFE (*stopping Orgon:*)
Just a minute, sir, just a minute, don't run so fast;
You don't have very far to go to arrive at your lodgings,
And on behalf of the king you are a prisoner.

ORGON
Villain, you were saving up this blow for me for the last!
This, scoundrel, is the stroke by which you finish me off,
And now all your treacheries are crowned.

TARTUFFE
Your insults are powerless to embitter me,
And for the sake of heaven I am instructed to put up with anything.

CLÉANTE
This is great moderation, I must confess!

DAMIS
How impudently the monster makes sport of heaven!

TARTUFFE
None of your rage can move me,
And I think of nothing but doing my duty.

MARIANE
You have a great claim to glory for this,
And this role is a very honorable one for you to assume.

TARTUFFE
A role can be nothing but glorious
When assigned by the power that sends me to this place.

---

[22] The *exempt* is an arresting officer in the king's direct service. The term goes back to an earlier historical situation, when a noncommissioned cavalry officer, doing temporary duty as a commissioned officer, was exempt from his regular duties.

ORGON
Mais t'es-tu souvenu que ma main charitable,
Ingrat, t'a retiré d'un état misérable?

TARTUFFE
Oui, je sais quels secours j'en ai pu recevoir;
Mais l'intérêt du prince est mon premier devoir.
De ce devoir sacré la juste violence
Étouffe dans mon cœur toute reconnaissance,
Et je sacrifierais à de si puissants nœuds
Ami, femme, parents, et moi-même avec eux.

ELMIRE
L'imposteur!

DORINE
          Comme il sait, de traîtresse manière,
Se faire un beau manteau de tout ce qu'on révère.

CLÉANTE
Mais, s'il est si parfait que vous le déclarez,
Ce zèle qui vous pousse et dont vous vous parez,
D'où vient que pour paraître il s'avise d'attendre
Qu'à poursuivre sa femme il ait su vous surprendre,
Et que vous ne songez à l'aller dénoncer
Que lorsque son honneur l'oblige à vous chasser?
Je ne vous parle point, pour devoir en distraire,
Du don de tout son bien qu'il venait de vous faire;
Mais, le voulant traiter en coupable aujourd'hui,
Pourquoi consentiez-vous à rien prendre de lui?

TARTUFFE, *à l'exempt*
Délivrez-moi, monsieur, de la criaillerie;
Et daignez accomplir votre ordre, je vous prie.

L'EXEMPT
Oui, c'est trop demeurer, sans doute, à l'accomplir;
Votre bouche à propos m'invite à le remplir:
Et, pour l'exécuter, suivez-moi tout à l'heure
Dans la prison qu'on doit vous donner pour demeure.

TARTUFFE
Qui? moi, monsieur?

L'EXEMPT
          Oui, vous.

ORGON
But have you ever recalled that my charitable hand,
Ingrate, saved you from a state of destitution?

TARTUFFE
Yes, I know what assistance I was able to receive from it;
But the interests of the king are my first duty;
The righteous violence of this sacred duty
Stifles all gratitude in my heart,
And to such powerful bonds I would sacrifice
Friends, wife, parents, and myself along with them.

ELMIRE
The impostor!

DORINE
        In what a villainous way he's able
To make himself a fine cloak out of everything people hold sacred!

CLÉANTE
But, if that piety which inspires you and on which you pride yourself
Is as perfect as you proclaim,
How is it that it decided to wait, before showing up,
Until he managed to catch you pursuing his wife,
And that you didn't think of going and turning him in
Until his honor obliged him to throw you out?
I'm not even mentioning, as something that might have deterred you,
The gift of all his property that he had just made you;
But, if you wanted to treat him like a guilty man today,
Why did you consent to take anything from him?

TARTUFFE (*to the Constable:*)
Sir, free me from this scolding,
And condescend to carry out your orders, I beg you.

CONSTABLE
Yes, I've certainly been delaying too long in carrying them out.
Your own lips invite me opportunely to do my duty;
And, to execute it, follow me at once
To the prison that is to be given to you as a dwelling.

TARTUFFE
Who? I, sir?

CONSTABLE
        Yes, you.

TARTUFFE
                    Pourquoi donc la prison?

L'EXEMPT
Ce n'est pas vous à qui j'en veux rendre raison.
    À Orgon
Remettez-vous, monsieur, d'une alarme si chaude.
Nous vivons sous un prince ennemi de la fraude,
Un prince dont les yeux se font jour dans les cœurs,
Et que ne peut tromper tout l'art des imposteurs.
D'un fin discernement sa grande âme pourvue
Sur les choses toujours jette une droite vue;
Chez elle jamais rien ne surprend trop d'accès,
Et sa ferme raison ne tombe en nul excès.
Il donne aux gens de bien une gloire immortelle;
Mais sans aveuglement il fait briller ce zèle,
Et l'amour pour les vrais ne ferme point son cœur
À tout ce que les faux doivent donner d'horreur.
Celui-ci n'était pas pour le pouvoir surprendre,
Et de pièges plus fins on le voit se défendre.
D'abord il a percé, par ses vives clartés,
Des replis de son cœur toutes les lâchetés.
Venant vous accuser, il s'est trahi lui-même,
Et, par un juste trait de l'équité suprême,
S'est découvert au prince un fourbe renommé,
Dont sous un autre nom il était informé;
Et c'est un long détail d'actions toutes noires
Dont on pourrait former des volumes d'histoires.
Ce monarque, en un mot, a vers vous détesté
Sa lâche ingratitude et sa déloyauté;
À ses autres horreurs il a joint cette suite,
Et ne m'a jusqu'ici soumis à sa conduite
Que pour voir l'impudence aller jusques au bout,
Et vous faire, par lui, faire raison de tout.
Oui, de tous vos papiers, dont il se dit le maître,
Il veut qu'entre vos mains je dépouille le traître.
D'un souverain pouvoir, il brise les liens
Du contrat qui lui fait un don de tous vos biens,
Et vous pardonne enfin cette offense secrète
Où vous a d'un ami fait tomber la retraite:
Et c'est le prix qu'il donne au zèle qu'autrefois
On vous vit témoigner en appuyant ses droits,

TARTUFFE
                    But why prison?

CONSTABLE
It isn't to you I'll make my explanation.
    (*To Orgon:*)
Sir, recover from this terrible alarm.
We are governed by a monarch who is an enemy to fraud,
A monarch whose eyes can read in men's hearts,
And whom all the art of impostors cannot deceive.
His great soul, possessed of subtle discernment,
Always looks at things accurately;
It never lends a ready ear just because it has been taken by surprise,
And its solid good sense never leads it to extremes.
He grants worthy men immortal glory,
But he lets this fervor shine forth without himself being blinded,
And his love for honest men does not shut his heart
To all the horror that dishonest men must inspire.
This one here was unable to catch him off guard,
And we see him defend himself against even cleverer traps.
Immediately, through his lively intelligence, he saw through
All the meanness hidden in his heart.
By coming to accuse you, he betrayed himself
And, by a righteous stroke of supreme justice,
Revealed himself to the king as a notorious confidence man
That he had been informed of under a different name;
And there's a detailed list of unspeakable deeds
From which you could write stories that would fill volumes.
In a word, this ruler hated his cowardly ingratitude
And his dishonesty toward you;
He added this sequel to all those other horrors
And only had me submit to his guidance up to now
In order to see his impudence go as far as it could
And have everything explained to you by him.
Yes, he wants me to strip the villain of all your papers,
Of which he says he's the master, and return them to you.
With his sovereign power, he breaks the chains
Of the contract that deeds all your property to him,
And, lastly, he pardons you for that secret offense
Into which you fell through the exile of a friend;
And that is the payment he gives to the zeal that in the past
You were seen to display in support of his rights,

Pour montrer que son cœur sait, quand moins on y pense,
D'une bonne action verser la récompense;
Que jamais le mérite avec lui ne perd rien;
Et que, mieux que du mal, il se souvient du bien.

DORINE
Que le ciel soit loué!

MADAME PERNELLE
            Maintenant je respire.

ELMIRE
Favorable succès!

MARIANE
          Qui l'aurait osé dire?

ORGON, *à Tartuffe, que l'exempt emmène*
Eh bien, te voilà, traître! . . .

SCÈNE VIII.—Madame Pernelle, Orgon, Elmire, Mariane, Cléante, Valère, Damis, Dorine.

CLÉANTE
            Ah! mon frère, arrêtez,
Et ne descendez point à des indignités.
À son mauvais destin laissez un misérable,
Et ne vous joignez point au remords qui l'accable.
Souhaitez bien plutôt que son cœur, en ce jour,
Au sein de la vertu fasse un heureux retour;
Qu'il corrige sa vie en détestant son vice,
Et puisse du grand prince adoucir la justice;
Tandis qu'à sa bonté vous irez, à genoux,
Rendre ce que demande un traitement si doux.

ORGON
Oui, c'est bien dit. Allons à ses pieds avec joie
Nous louer des bontés que son cœur nous déploie;
Puis, acquittés un peu de ce premier devoir,
Aux justes soins d'un autre il nous faudra pourvoir,
Et par un doux hymen couronner en Valère
La flamme d'un amant généreux et sincère.

In order to show that his heart, when least expected,
Knows how to bestow the reward for a good deed,
That merit never sustains any loss in his eyes,
And that he remembers the good that men do him more than the bad.

DORINE
Heaven be praised!

MADAME PERNELLE
            Now I'm relieved.

ELMIRE
A favorable outcome!

MARIANE
           Who'd have dared to predict it?

ORGON (*to Tartuffe, whom the Constable is taking away:*)
Well, there you are, villain . . .

SCENE 8.—Madame Pernelle, Orgon, Elmire, Mariane, Cléante, Valère, Damis, Dorine.[23]

CLÉANTE
            Oh, brother, stop,
And don't stoop to indignities;
Leave a wretch to his evil fate,
And don't add to the remorse weighing him down.
Instead, make a wish that his heart today
May make a happy return to the bosom of virtue,
That he may correct his life by hating his vice,
And be able to mollify the justice of the great prince;
Meanwhile, go to him and fall on your knees in thanks
For such gentle treatment from his kindness.

ORGON
Yes, you've spoken well. Let us throw ourselves joyfully at his feet
In praise of the kindness that his heart shows us;
Then, having acquitted ourselves to some extent of this first duty,
We must rightfully turn all our attention to another one,
And by a sweet marriage reward Valère,
Whose love was that of a noble and sincere suitor.

---

[23] Other editions do not begin a new scene here.

Le bourgeois gentilhomme
Comédie-ballet en cinq actes

The Bourgeois Gentleman
Ballet Comedy in Five Acts

[PERSONNAGES]

PERSONNAGES DE LA COMÉDIE

MONSIEUR JOURDAIN, bourgeois.
MADAME JOURDAIN, sa femme.
LUCILE, fille de monsieur Jourdain.
CLÉONTE, amoureux de Lucile.
DORIMÈNE, marquise.
DORANTE, comte, amant de Dorimène.
NICOLE, servante de monsieur Jourdain.
COVIELLE, valet de Cléonte.
UN MAÎTRE DE MUSIQUE.
UN ÉLÈVE du maître de musique.
UN MAÎTRE À DANSER.
UN MAÎTRE D'ARMES.
UN MAÎTRE DE PHILOSOPHIE.
UN MAÎTRE TAILLEUR.
UN GARÇON TAILLEUR.
DEUX LAQUAIS.

DANS LE PREMIER ACTE.

UNE MUSICIENNE.
DEUX MUSICIENS.
DANSEURS.

DANS LE SECOND ACTE.

GARÇONS TAILLEURS dansants.

[CHARACTERS]

SPEAKING CHARACTERS

MONSIEUR JOURDAIN, a man of the middle class.
MADAME JOURDAIN, his wife.
LUCILE, daughter of Monsieur Jourdain.
CLÉONTE, in love with Lucile.
DORIMÈNE, a marchioness.
DORANTE, a count, Dorimène's suitor.
NICOLE, maidservant to Monsieur Jourdain.
COVIELLE, valet to Cléonte.
A MUSIC MASTER.
A PUPIL of the Music Master.
A DANCING MASTER.
A FENCING MASTER.
A MASTER OF PHILOSOPHY.
A MASTER TAILOR.
A JOURNEYMAN TAILOR.
TWO LACKEYS.

[MUSICAL PERFORMERS] IN ACT I.

A FEMALE SINGER.
TWO MALE SINGERS.
DANCERS.

IN ACT II.

[FOUR] JOURNEYMAN TAILORS (dancers).

177

DANS LE TROISIÈME ACTE.

CUISINIERS dansants.

DANS LE QUATRIÈME ACTE.   CÉRÉMONIE TURQUE.

LE MUFTI.
TURCS assistants du mufti, chantants.
DERVIS chantants.
TURCS dansants.

DANS LE CINQUIÈME ACTE.   BALLET DES NATIONS.

UN DONNEUR DE LIVRES dansant.
IMPORTUNS dansants.
TROUPE DE SPECTATEURS chantants.
PREMIER HOMME du bel air.
SECOND HOMME du bel air.
PREMIÈRE FEMME du bel air.
SECONDE FEMME du bel air.
PREMIER GASCON.
SECOND GASCON.
UN SUISSE.
UN VIEUX BOURGEOIS babillard.
UNE VIEILLE BOURGEOISE babillarde.
ESPAGNOLS chantants.
ESPAGNOLS dansants.
UNE ITALIENNE.
UN ITALIEN.
DEUX SCARAMOUCHES.
DEUX TRIVELINS.
ARLEQUINS.
DEUX POITEVINS chantants et dansants.
POITEVINS et POITEVINES dansants.

La scène est à Paris, dans la maison de monsieur Jourdain.

IN ACT III.

COOKS (dancers).

IN ACT IV. TURKISH CEREMONY.

THE MUFTI.
TURKS (assistants to the Mufti, singers).
DERVISHES (singers).
TURKS (dancers).

IN ACT V. BALLET OF THE NATIONS.

A DISTRIBUTOR OF LIBRETTOS (dancer).
[THREE] NUISANCES (dancers).
GROUP OF SPECTATORS (singers).
FIRST FASHIONABLE MAN.
SECOND FASHIONABLE MAN.
FIRST FASHIONABLE WOMAN.
SECOND FASHIONABLE WOMAN.
FIRST GASCON.
SECOND GASCON.
A SWISS.
A GARRULOUS OLD MIDDLE-CLASS MAN.
A GARRULOUS OLD MIDDLE-CLASS WOMAN.
[THREE] SPANISH MEN (singers).
SPANISH MEN (dancers).
AN ITALIAN WOMAN.
AN ITALIAN MAN.
TWO SCARAMOUCHES.
TWO TRIVELLINOS.
A HARLEQUIN.
TWO MEN FROM POITOU (singing and dancing).
MEN AND WOMEN OF POITOU (dancers).

The scene is in Paris, in Monsieur Jourdain's home.

ACTE PREMIER

L'ouverture se fait par un grand assemblage d'instruments; et, dans le milieu du théâtre, on voit un élève du maître de musique qui compose sur une table un air que le bourgeois a demandé pour une sérénade.

SCÈNE I.—Un maître de musique, un maître à danser, trois musiciens, deux violons, quatre danseurs.

LE MAÎTRE DE MUSIQUE, *aux musiciens.*
Venez, entrez dans cette salle, et vous reposez là, en attendant qu'il vienne.

LE MAÎTRE À DANSER, *aux danseurs.*
Et vous aussi, de ce côté.

LE MAÎTRE DE MUSIQUE, *à son élève.*
Est-ce fait?

L'ÉLÈVE
Oui.

LE MAÎTRE DE MUSIQUE
Voyons . . . Voilà qui est bien.

LE MAÎTRE À DANSER
Est-ce quelque chose de nouveau?

LE MAÎTRE DE MUSIQUE
Oui, c'est un air pour une sérénade, que je lui ai fait composer ici, en attendant que notre homme fût éveillé.

ACT I

(The overture is played by a large number of instruments; then, at center stage, is discovered a pupil of the music master, who is at a table, composing a song that the master of the house has commissioned for a serenade.)[1]

SCENE 1.—Music Master, Dancing Master, Three Singers, Two Violinists, Four Dancers.

MUSIC MASTER *(to the singers and instrumentalists:)*
Come, come into this parlor and rest over there until he comes.

DANCING MASTER *(to the dancers:)*
And you do the same, on this side.

MUSIC MASTER *(to his pupil:)*
Is it finished?

PUPIL
Yes.

MUSIC MASTER
Let me see it . . . That's a good piece.

DANCING MASTER
Is it something new?

MUSIC MASTER
Yes, it's a song for a serenade that I asked him to compose here while waiting for our man to wake up.

---

[1] Although editions of the play give no text here, Lully supplied a vocal number for the pupil, to the words sung by the female singer in the next scene—except that some of the words are replaced by meaningless syllables, as if the pupil were in the throes of composition.

LE MAÎTRE À DANSER

Peut-on voir ce que c'est?

LE MAÎTRE DE MUSIQUE

Vous l'allez entendre avec le dialogue, quand il viendra. Il ne tardera guère.

LE MAÎTRE À DANSER

Nos occupations, à vous et à moi, ne sont pas petites maintenant.

LE MAÎTRE DE MUSIQUE

Il est vrai. Nous avons trouvé ici un homme comme il nous le faut à tous deux. Ce nous est une douce rente que ce monsieur Jourdain, avec les visions de noblesse et de galanterie qu'il est allé se mettre en tête, et votre danse et ma musique auraient à souhaiter que tout le monde lui ressemblât.

LE MAÎTRE À DANSER

Non pas entièrement; et je voudrais, pour lui, qu'il se connût mieux qu'il ne fait aux choses que nous lui donnons.

LE MAÎTRE DE MUSIQUE

Il est vrai qu'il les connaît mal, mais il les paye bien; et c'est de quoi maintenant nos arts ont plus besoin que de toute autre chose.

LE MAÎTRE À DANSER

Pour moi, je vous l'avoue, je me repais un peu de gloire. Les applaudissements me touchent, et je tiens que, dans tous les beaux-arts, c'est un supplice assez fâcheux que de se produire à des sots, que d'essuyer, sur des compositions, la barbarie d'un stupide. Il y a plaisir, ne m'en parlez point, à travailler pour des personnes qui soient capables de sentir les délicatesses d'un art, qui sachent faire un doux accueil aux beautés d'un ouvrage, et, par de chatouillantes approbations, vous régaler de votre travail. Oui, la récompense la plus agréable qu'on puisse recevoir des choses que l'on fait, c'est de les voir connues, de les voir caressées d'un applaudissement qui vous honore. Il n'y a rien, à mon avis, qui nous paye mieux que cela de toutes nos fatigues; et ce sont des douceurs exquises que des louanges éclairées.

LE MAÎTRE DE MUSIQUE

J'en demeure d'accord, et je les goûte comme vous. Il n'y a rien assurément qui chatouille davantage que les applaudissements que vous dites; mais cet encens ne fait pas vivre. Des louanges toutes pures ne mettent point un homme à son aise: il y faut mêler du solide; et la meilleure façon de louer, c'est de louer avec les mains. C'est un

DANCING MASTER

May I take a look at it?

MUSIC MASTER

You'll hear it along with the musical dialogue when he comes. He won't be long.

DANCING MASTER

You and I have plenty to occupy ourselves with now.

MUSIC MASTER

True. Here we've found the kind of man we both need. This Monsieur Jourdain is a welcome source of income, with that mania for nobility and elegance he's gotten into his head; and your dancing and my music should only wish that everybody was like him.

DANCING MASTER

Not entirely; and, as for him, I'd prefer it if he understood the things we provide for him better than he does.

MUSIC MASTER

It's true he doesn't understand them, but he pays a good price for them; and that's what our arts need now more than anything else.

DANCING MASTER

As for me, I admit it to you, I'm a little fond of fame. I enjoy applause; and I maintain that, in all the fine arts, it's a nerve-racking torture to perform for fools, to endure the grossness of an ignoramus when you compose for him. There's a pleasure, let me tell you, in working for people who are capable of feeling the subtleties of an art; who can appreciate the beauties of a piece and can repay you for your labors by heartwarming approval. Yes, the most pleasant reward you can receive for the things you create is to see that they're understood, to see them flattered by applause that does you honor. In my opinion, nothing else reimburses us better than that for all our work; and intelligent praise is an exquisite delight.

MUSIC MASTER

I agree, and I enjoy it as much as you. Surely there's nothing more gratifying than the applause you mention; but that praise doesn't earn you a living. Just plain compliments don't supply a man with comforts; you've got to mix in something tangible; and the best way to praise is with the purse. It's true, he's a man of little learning, who talks with-

homme, à la vérité, dont les lumières sont petites, qui parle à tort et à travers de toutes choses et n'applaudit qu'à contre-sens; mais son argent redresse les jugements de son esprit; il a du discernement dans sa bourse; ses louanges sont monnayées; et ce bourgeois ignorant nous vaut mieux, comme vous voyez, que le grand seigneur éclairé qui nous a introduits ici.

LE MAÎTRE À DANSER
Il y a quelque chose de vrai dans ce que vous dites; mais je trouve que vous appuyez un peu trop sur l'argent; et l'intérêt est quelque chose de si bas, qu'il ne faut jamais qu'un honnête homme montre pour lui de l'attachement.

LE MAÎTRE DE MUSIQUE
Vous recevez fort bien pourtant l'argent que notre homme vous donne.

LE MAÎTRE À DANSER
Assurément; mais je n'en fais pas tout mon bonheur; et je voudrais qu'avec son bien il eût encore quelque bon goût des choses.

LE MAÎTRE DE MUSIQUE
Je le voudrais aussi; et c'est à quoi nous travaillons tous deux autant que nous pouvons. Mais, en tout cas, il nous donne moyen de nous faire connaître dans le monde; et il payera pour les autres ce que les autres loueront pour lui.

LE MAÎTRE À DANSER
Le voilà qui vient.

SCENE II.—Monsieur Jourdain, *en robe de chambre et en bonnet de nuit;* **le maître de musique, le maître à danser, l'élève** *du maître de musique,* **une musicienne, deux musiciens, danseurs, deux laquais.**

MONSIEUR JOURDAIN
Eh bien, messieurs? Qu'est-ce? Me ferez-vous voir votre petite drôlerie?

LE MAÎTRE À DANSER
Comment? Quelle petite drôlerie?

MONSIEUR JOURDAIN
Eh! la . . . Comment appelez-vous cela? Votre prologue ou dialogue de chansons et de danse?

out rhyme or reason about everything, and only applauds at the wrong moment; but his money corrects his judgment; there's discernment in his pocketbook; his compliments are coins of the realm; and, as you see, this ignorant bourgeois is worth more to us than the enlightened lord who introduced us here.

DANCING MASTER

There's something true in what you say; but I find that you emphasize money too much; and self-interest is something so base that no honorable man should ever show an inclination for it.

MUSIC MASTER

And yet you don't hesitate to take the money our man gives you.

DANCING MASTER

Of course, but I don't base all my happiness on it; and I wish that, with all his wealth, he also had some good taste in things.

MUSIC MASTER

I'd like that, too; and that's what we're both working on as hard as we can. But, in any case, he's giving us the opportunity of making a name for ourselves, and, with his payments and other people's compliments, things will balance out.

DANCING MASTER

Here he comes.

SCENE 2.—Monsieur Jourdain (*in a dressing gown and nightcap*), **Music Master, Dancing Master, Pupil of the Music Master, Three Singers** (*one woman and two men*), **Dancers, Two Lackeys.**

MONSIEUR JOURDAIN

Well, sirs! How is it coming? Will you show me your little trifle?

DANCING MASTER

How's that? What little trifle?

MONSIEUR JOURDAIN

Oh, the . . . What do you call it? Your prologue or dialogue with singing and dancing.

LE MAÎTRE À DANSER
Ah! ah!

LE MAÎTRE DE MUSIQUE
Vous nous y voyez préparés.

MONSIEUR JOURDAIN
Je vous ai fait un peu attendre; mais c'est que je me fais habiller aujourd'hui comme les gens de qualité; et mon tailleur m'a envoyé des bas de soie que j'ai pensé ne mettre jamais.

LE MAÎTRE DE MUSIQUE
Nous ne sommes ici que pour attendre votre loisir.

MONSIEUR JOURDAIN
Je vous prie tous deux de ne vous point en aller qu'on ne m'ait apporté mon habit, afin que vous me puissiez voir.

LE MAÎTRE À DANSER
Tout ce qu'il vous plaira.

MONSIEUR JOURDAIN
Vous me verrez équipé comme il faut, depuis les pieds jusqu'à la tête.

LE MAÎTRE DE MUSIQUE
Nous n'en doutons point.

MONSIEUR JOURDAIN
Je me suis fait faire cette indienne-ci.

LE MAÎTRE À DANSER
Elle est fort belle.

MONSIEUR JOURDAIN
Mon tailleur m'a dit que les gens de qualité étaient comme cela le matin.

LE MAÎTRE DE MUSIQUE
Cela vous sied à merveille.

MONSIEUR JOURDAIN
Laquais! holà! mes deux laquais!

PREMIER LAQUAIS
Que voulez-vous, monsieur?

DANCING MASTER
Ah!

MUSIC MASTER
You find us prepared.

MONSIEUR JOURDAIN
I made you wait a little; but it's because today I'm having myself dressed like people of quality; and my tailor sent me silk hose, which I thought I'd never get on.

MUSIC MASTER
We're here only to await your good time.

MONSIEUR JOURDAIN
I ask you both not to leave till they bring my outfit, so you can see me.

DANCING MASTER
Anything you wish.

MONSIEUR JOURDAIN
You'll see me decked out properly, from head to foot.

MUSIC MASTER
We don't doubt it.

MONSIEUR JOURDAIN
I had this printed calico made for me.

DANCING MASTER
It's very fine.

MONSIEUR JOURDAIN
My tailor told me that people of quality dress like this in the morning.

MUSIC MASTER
It suits you perfectly.

MONSIEUR JOURDAIN
Lackeys! Hey there! My two lackeys!

FIRST LACKEY
You desire?

MONSIEUR JOURDAIN

Rien. C'est pour voir si vous m'entendez bien. (*Au maître de musique et au maître de danse.*) Que dites-vous de mes livrées?

LE MAÎTRE À DANSER

Elles sont magnifiques.

MONSIEUR JOURDAIN, *entr'ouvrant sa robe, et faisant voir son haut-de-chausses étroit de velours rouge, et sa camisole de velours vert*

Voici encore un petit déshabillé pour faire le matin mes exercices.

LE MAÎTRE DE MUSIQUE

Il est galant.

MONSIEUR JOURDAIN

Laquais!

PREMIER LAQUAIS

Monsieur?

MONSIEUR JOURDAIN

L'autre laquais!

SECOND LAQUAIS

Monsieur?

MONSIEUR JOURDAIN, *ôtant sa robe de chambre*

Tenez ma robe. (*Au maître de musique et au maître à danser.*) Me trouvez-vous bien comme cela?

LE MAÎTRE À DANSER

Fort bien; on ne peut pas mieux.

MONSIEUR JOURDAIN

Voyons un peu votre affaire.

LE MAÎTRE DE MUSIQUE

Je voudrais bien auparavant vous faire entendre un air (*Montrant son élève*) qu'il vient de composer pour la sérénade que vous m'avez demandée. C'est un de mes écoliers, qui a pour ces sortes de choses un talent admirable.

MONSIEUR JOURDAIN

Oui, mais il ne fallait pas faire faire cela par un écolier; et vous n'étiez pas trop bon vous-même pour cette besogne-là.

LE MAÎTRE DE MUSIQUE

Il ne faut pas, monsieur, que le nom d'écolier vous abuse. Ces

MONSIEUR JOURDAIN
Nothing. It was to see if you were paying attention. (*To the Music Master and Dancing Master:*) What do you think about their livery?

DANCING MASTER
It's magnificent.

MONSIEUR JOURDAIN (*opening his gown and showing his tight red velvet knee breeches and his green velvet vest:*)
This is a little casual outfit for doing my exercises in the morning.

MUSIC MASTER
It's elegant.

MONSIEUR JOURDAIN
Lackey!

FIRST LACKEY
Sir?

MONSIEUR JOURDAIN
The other lackey!

SECOND LACKEY
Sir?

MONSIEUR JOURDAIN (*taking off his dressing gown:*)
Hold my gown. (*To the Music Master and Dancing Master:*) Do I look good this way?

DANCING MASTER
Excellent. Couldn't be better.

MONSIEUR JOURDAIN
Now show me what you're up to.

MUSIC MASTER
First I'd like you to hear a song that he (*indicating the Pupil*) has just composed for the serenade you requested of me. He's one of my pupils who has a wonderful talent for this sort of thing.

MONSIEUR JOURDAIN
All right, but you shouldn't have had that done by a pupil; that job called for someone at least as good as you.

MUSIC MASTER
Sir, you shouldn't be misled by the word pupil. Pupils like this one

sortes d'écoliers en savent autant que les plus grands maîtres; et l'air est aussi beau qu'il s'en puisse faire. Écoutez seulement.

MONSIEUR JOURDAIN, *à ses laquais*
Donnez-moi ma robe, pour mieux entendre . . . Attendez, je crois que je serai mieux sans robe. Non, redonnez-la-moi; cela ira mieux.

LA MUSICIENNE
Je languis nuit et jour et mon mal est extrême
Depuis qu'à vos rigueurs vos beaux yeux m'ont soumis.
Si vous traitez ainsi, belle Iris, qui vous aime,
Hélas! que pourriez-vous faire à vos ennemis?

MONSIEUR JOURDAIN
Cette chanson me semble un peu lugubre; elle endort, et je voudrais que vous la pussiez un peu ragaillardir par-ci par-là.

LE MAÎTRE DE MUSIQUE
Il faut, monsieur, que l'air soit accommodé aux paroles.

MONSIEUR JOURDAIN
On m'en apprit un tout à fait joli, il y a quelque temps. Attendez . . . la . . . Comment est-ce qu'il dit?

LE MAÎTRE À DANSER
Par ma foi, je ne sais.

MONSIEUR JOURDAIN
Il y a du mouton dedans.

LE MAÎTRE À DANSER
Du mouton?

MONSIEUR JOURDAIN
Oui. Ah! (*Il chante.*)
    Je croyais Jeanneton
    Aussi douce que belle;
    Je croyais Jeanneton
    Plus douce qu'un mouton.
      Hélas! hélas!
Elle est cent fois, mille fois plus cruelle
    Que n'est le tigre aux bois.

N'est-il pas joli?

know as much as the greatest masters; and the song is as beautiful as can be. Just listen to it.

MONSIEUR JOURDAIN (*to his lackeys:*)
Give me my gown so I can hear it better . . . Wait, I think it'll be better without the gown. No, give it back to me; that way will be better.

WOMAN SINGER
I languish night and day, and my suffering is intense
Ever since your lovely eyes have subjected me to your inflexible cruelty.
Beautiful Iris, if this is how you treat a man who loves you,
Alas! what would you do to your enemies?

MONSIEUR JOURDAIN
This tune seems a little gloomy to me; it puts you to sleep, and I wish you could liven it up a little here and there.

MUSIC MASTER
Sir, the melody has to suit the words.

MONSIEUR JOURDAIN
A while back, someone taught me a real pretty one. Wait . . . now . . . How does it go?

DANCING MASTER
I'm sure *I* don't know.

MONSIEUR JOURDAIN
There's a sheep in it.

DANCING MASTER
A sheep?

MONSIEUR JOURDAIN
Yes. Ah! (*Singing:*)
        I thought that Jeanie
        Was as gentle as she was beautiful;
        I thought that Jeanie
        Was gentler than a sheep.
           Alas! Alas!
    She's a hundred, a thousand times more cruel
        Than the tiger in the forest.[2]

Isn't it pretty?

---

[2] From a pastoral by the composer Robert Cambert (*c.* 1628–1677) and the librettist Pierre Perrin (1620–1675), contemporaries of Molière and Lully, and credited with the creation of French opera.

LE MAÎTRE DE MUSIQUE
  Le plus joli du monde.

LE MAÎTRE À DANSER
  Et vous le chantez bien.

MONSIEUR JOURDAIN
  C'est sans avoir appris la musique.

LE MAÎTRE DE MUSIQUE
  Vous devriez l'apprendre, monsieur, comme vous faites la danse. Ce sont deux arts qui ont une étroite liaison ensemble.

LE MAÎTRE À DANSER
  Et qui ouvrent l'esprit d'un homme aux belles choses.

MONSIEUR JOURDAIN
  Est-ce que les gens de qualité apprennent aussi la musique?

LE MAÎTRE DE MUSIQUE
  Oui, monsieur.

MONSIEUR JOURDAIN
  Je l'apprendrai donc. Mais je ne sais quel temps je pourrai prendre; car, outre le maître d'armes qui me montre, j'ai arrêté encore un maître de philosophie qui doit commencer ce matin.

LE MAÎTRE DE MUSIQUE
  La philosophie est quelque chose; mais la musique, monsieur, la musique . . .

LE MAÎTRE À DANSER
  La musique et la danse . . . La musique et la danse, c'est là tout ce qu'il faut.

LE MAÎTRE DE MUSIQUE
  Il n'y a rien qui soit si utile dans un État que la musique.

LE MAÎTRE À DANSER
  Il n'y a rien qui soit si nécessaire aux hommes que la danse.

LE MAÎTRE DE MUSIQUE
  Sans la musique, un État ne peut subsister.

LE MAÎTRE À DANSER
  Sans la danse, un homme ne saurait rien faire.

MUSIC MASTER
Nothing could be prettier.

DANCING MASTER
And you sing it well.

MONSIEUR JOURDAIN
And I never learned music!

MUSIC MASTER
You ought to learn it, sir, just as you're studying dance. They are two closely linked arts.

DANCING MASTER
Arts that open a man's mind to the finer things.

MONSIEUR JOURDAIN
Do people of quality learn music too?

MUSIC MASTER
Yes, sir.

MONSIEUR JOURDAIN
Then I'll learn it. But I don't know where I'll find the time for it; because, besides the fencing master who's teaching me, I've also hired a master of philosophy who's supposed to start this morning.

MUSIC MASTER
Philosophy is all very well; but music, sir, music . . .

DANCING MASTER
Music and dance . . . Music and dance, that's all anyone needs.

MUSIC MASTER
Nothing is as useful to the nation as music.

DANCING MASTER
Nothing is as necessary to mankind as dance.

MUSIC MASTER
Without music, a nation can't survive.

DANCING MASTER
Without dance, a man can't do anything.

LE MAÎTRE DE MUSIQUE

Tous les désordres, toutes les guerres qu'on voit dans le monde, n'arrivent que pour n'apprendre pas la musique.

LE MAÎTRE À DANSER

Tous les malheurs des hommes, tous les revers funestes dont les histoires sont remplies, les bévues des politiques, et les manquements des grands capitaines, tout cela n'est venu que faute de savoir danser.

MONSIEUR JOURDAIN

Comment cela?

LE MAÎTRE DE MUSIQUE

La guerre ne vient-elle pas d'un manque d'union entre les hommes?

MONSIEUR JOURDAIN

Cela est vrai.

LE MAÎTRE DE MUSIQUE

Et si tous les hommes apprenaient la musique, ne serait-ce pas le moyen de s'accorder ensemble, et de voir dans le monde la paix universelle?

MONSIEUR JOURDAIN

Vous avez raison.

LE MAÎTRE À DANSER

Lorsqu'un homme a commis un manquement dans sa conduite, soit aux affaires de sa famille, ou au gouvernement d'un État, ou au commandement d'une armée, ne dit-on pas toujours: Un tel a fait un mauvais pas dans telle affaire?

MONSIEUR JOURDAIN

Oui, on dit cela.

LE MAÎTRE À DANSER

Et faire un mauvais pas peut-il procéder d'autre chose que de ne savoir pas danser?

MONSIEUR JOURDAIN

Cela est vrai, et vous avez raison tous deux.

LE MAÎTRE À DANSER

C'est pour vous faire voir l'excellence et l'utilité de la danse et de la musique.

MUSIC MASTER

All the chaos, all the wars you see in the world come about only because people haven't learned music.

DANCING MASTER

All the misfortunes of mankind, all the disastrous mishaps that fill the history books, the blunders of statesmen and the failures of great generals, all that has happened just because they didn't know how to dance.

MONSIEUR JOURDAIN

How so?

MUSIC MASTER

Doesn't war arise from a lack of union among men?

MONSIEUR JOURDAIN

True.

MUSIC MASTER

And if everybody learned music, wouldn't that be the way to achieve harmony and see universal peace in the world?

MONSIEUR JOURDAIN

You're right.

DANCING MASTER

When a man has erred in his behavior, either in family matters, or toward the government of his country, or toward the leaders of his army, don't people always say: "So-and-so made a false step in that matter?"

MONSIEUR JOURDAIN

Yes, they say that.

DANCING MASTER

And can making a false step come from anything else except not knowing how to dance?

MONSIEUR JOURDAIN

It's true, and you're both right.

DANCING MASTER

It's to let you see the excellence and usefulness of dancing and music.

MONSIEUR JOURDAIN
Je comprends cela à cette heure.

LE MAÎTRE DE MUSIQUE
Voulez-vous voir nos deux affaires?

MONSIEUR JOURDAIN
Oui.

LE MAÎTRE DE MUSIQUE
Je vous l'ai déjà dit, c'est un petit essai que j'ai fait autrefois des diverses passions que peut exprimer la musique.

MONSIEUR JOURDAIN
Fort bien.

LE MAÎTRE DE MUSIQUE, *aux musiciens*
Allons, avancez. (*À monsieur Jourdain*) Il faut vous figurer qu'ils sont habillés en bergers.

MONSIEUR JOURDAIN
Pourquoi toujours des bergers? On ne voit que cela partout.

LE MAÎTRE À DANSER
Lorsqu'on a des personnes à faire parler en musique, il faut bien que, pour la vraisemblance, on donne dans la bergerie. Le chant a été de tout temps affecté aux bergers; et il n'est guère naturel, en dialogue, que des princes ou des bourgeois chantent leurs passions.

MONSIEUR JOURDAIN
Passe, passe. Voyons.

DIALOGUE EN MUSIQUE.—
Une musicienne et deux musiciens.

LA MUSICIENNE
     Un cœur, dans l'amoureux empire
     De mille soins est toujours agité.
On dit qu'avec plaisir on languit, on soupire;
         Mais, quoi qu'on puisse dire,
Il n'est rien de si doux que notre liberté.

MONSIEUR JOURDAIN
  Now I understand.

MUSIC MASTER
  Do you want to see our two productions?

MONSIEUR JOURDAIN
  Yes.

MUSIC MASTER
  As I've already told you, it's a little sampling I once composed of the different emotions that music can express.

MONSIEUR JOURDAIN
  Very good.

MUSIC MASTER (*to the singers and musicians:*)
  Come forward now. (*To Monsieur Jourdain:*) You must envision them dressed as shepherds.

MONSIEUR JOURDAIN
  Why always shepherds? That's all you see all over.[3]

DANCING MASTER
  When you have to make people speak in music, to be true to life you have to use a pastoral setting. Song has always been an attribute of shepherds; and it's hardly natural, in a musical dialogue, for royalty or tradesmen to sing their emotions.

MONSIEUR JOURDAIN
  Let it go, let it go. Let's see it.

MUSICAL DIALOGUE—
Female Singer and Two Male Singers.

WOMAN
    A heart that is under the sway of love
    Is always disturbed by a thousand cares.
People say that it gives them pleasure to languish and sigh;
        But, whatever they may say,
Nothing is as sweet as our freedom.

---

[3] There was an exaggerated vogue for prettified shepherd settings in all European literature and visual arts at the time.

PREMIER MUSICIEN
Il n'est rien de si doux que les tendres ardeurs
          Qui font vivre deux cœurs
          Dans une même envie;
On ne peut être heureux sans amoureux désirs.
        Ôtez l'amour de la vie,
         Vous en ôtez les plaisirs.

SECOND MUSICIEN
Il serait doux d'entrer sous l'amoureuse loi,
     Si l'on trouvait en amour de la foi;
       Mais, hélas! ô rigueur cruelle!
    On ne voit point de bergère fidèle;
Et ce sexe inconstant, trop indigne du jour,
Doit faire pour jamais renoncer à l'amour.

PREMIER MUSICIEN
       Aimable ardeur!

LA MUSICIENNE
       Franchise heureuse!

SECOND MUSICIEN
       Sexe trompeur!

PREMIER MUSICIEN
       Que tu m'es précieuse!

LA MUSICIENNE
       Que tu plais à mon cœur!

SECOND MUSICIEN
       Que tu me fais d'horreur!

PREMIER MUSICIEN
Ah! quitte, pour aimer, cette haine mortelle!

LA MUSICIENNE
       On peut, on peut te montrer
       Une bergère fidèle.

SECOND MUSICIEN
       Hélas! où la rencontrer?

LA MUSICIENNE
       Pour défendre notre gloire,
       Je te veux offrir mon cœur.

FIRST MAN

Nothing is as sweet as the tender ardors
>> That make two hearts live
>> In the same desire;
No one can be happy without amorous longings.
>> Take away love from life,
>> And you take away its pleasures.

SECOND MAN

It would be sweet to enter into love's bondage
> If you could find fidelity in love;
>> But, alas! cruel hardship!
> You never find a faithful shepherdess,
And that inconstant sex, most unfit to live,
Must make you give up love forever.

FIRST MAN

>> Pleasing emotion!

WOMAN

>> Blissful sincerity!

SECOND MAN

>> Deceitful sex!

FIRST MAN

>> How precious you are to me!

WOMAN

>> How you please my heart!

SECOND MAN

>> How you disgust me!

FIRST MAN

Ah, drop that mortal hatred, and fall in love.

WOMAN

>> We can, we can show you
>> A faithful shepherdess.

SECOND MAN

>> Alas! Where is she to be found?

WOMAN

>> To defend our reputation,
>> I shall offer you my heart.

SECOND MUSICIEN

  Mais, bergère, puis-je croire
  Qu'il ne sera point trompeur?

LA MUSICIENNE

  Voyons, par expérience,
  Qui des deux aimera mieux.

SECOND MUSICIEN

  Qui manquera de constance,
  Le puissent perdre les dieux!

TOUS TROIS ENSEMBLE

  À des ardeurs si belles
  Laissons-nous enflammer;
  Ah! qu'il est doux d'aimer
  Quand deux cœurs sont fidèles!

MONSIEUR JOURDAIN

 Est-ce tout?

LE MAÎTRE DU MUSIQUE

 Oui.

MONSIEUR JOURDAIN

 Je trouve cela bien troussé, et il y a là dedans de petits dictons assez jolis.

LE MAÎTRE À DANSER

 Voici, pour mon affaire, un petit essai des plus beaux mouvements et des plus belles attitudes dont une danse puisse être variée.

MONSIEUR JOURDAIN

 Sont-ce encore des bergers?

LE MAÎTRE À DANSER

 C'est ce qu'il vous plaira. (*Aux danseurs*) Allons.

ENTRÉE DE BALLET.

Quatre danseurs exécutent tous les mouvements différents et toutes les sortes de pas que le maître à danser leur commande.

SECOND MAN
> But, shepherdess, can I believe
> That it won't deceive me?

WOMAN
> Let's make the test and see
> Which of us two will love more truly.

SECOND MAN
> Whoever fails in constancy,
> May the gods destroy him!

ALL THREE
> Let us be ignited
> By such beautiful passion:
> Ah, how sweet it is to love
> When two hearts are faithful!

MONSIEUR JOURDAIN
Is that the whole thing?

MUSIC MASTER
Yes.

MONSIEUR JOURDAIN
I find it well turned out; and there are some cute little sayings in it.

DANCING MASTER
Now, for my contribution, here's a small sampling of the most beautiful movements and attitudes with which a dance can be varied.

MONSIEUR JOURDAIN
Are they going to be shepherds, too?

DANCING MASTER
They're whatever you like. *(To the Dancers:)* Let's go.

BALLET EPISODE.

Four Dancers execute all the different movements and all the kinds of steps that the Dancing Master orders them to perform.

ACTE SECOND

SCÈNE I.—Monsieur Jourdain, le maître de musique, le maître à danser.

MONSIEUR JOURDAIN

Voilà qui n'est point sot, et ces gens-là se trémoussent bien.

LE MAÎTRE DE MUSIQUE

Lorsque la danse sera mêlée avec la musique, cela fera plus d'effet encore; et vous verrez quelque chose de galant dans le petit ballet que nous avons ajusté pour vous.

MONSIEUR JOURDAIN

C'est pour tantôt, au moins; et la personne pour qui j'ai fait faire tout cela me doit faire l'honneur de venir dîner céans.

LE MAÎTRE À DANSER

Tout est prêt.

LE MAÎTRE DE MUSIQUE

Au reste, monsieur, ce n'est pas assez; il faut qu'une personne comme vous, qui êtes magnifique et qui avez de l'inclination pour les belles choses, ait un concert de musique chez soi tous les mercredis ou tous les jeudis.

MONSIEUR JOURDAIN

Est-ce que les gens de qualité en ont?

LE MAÎTRE DE MUSIQUE

Oui, monsieur.

ACT II

SCENE 1.—Monsieur Jourdain, Music Master, Dancing Master.

MONSIEUR JOURDAIN
   That's not half bad, and those fellows shake a mean leg.

MUSIC MASTER
   When the dance is performed to the music, it will be even more effective; and you'll see something elegant in the little ballet we've
arranged for you.

MONSIEUR JOURDAIN
   That's for later on, anyhow; and the lady for whom I've had all this
done is due to honor me by dining here.[4]

DANCING MASTER
   Everything is ready.

MUSIC MASTER
   Incidentally, sir, this isn't enough; a person like you, a lavish host
with a leaning toward the finer things, should give a concert at home
every Wednesday or Thursday.

MONSIEUR JOURDAIN
   Do the people of quality have them?

MUSIC MASTER
   Yes, sir.

---

[4] Dinner was at midday.

MONSIEUR JOURDAIN

J'en aurai donc. Cela sera-t-il beau?

LE MAÎTRE DE MUSIQUE

Sans doute. Il vous faudra trois voix, un dessus, une haute-contre, et une basse, qui seront accompagnées d'une basse de viole, d'un téorbe, et d'un clavecin pour les basses continues, avec deux dessus de violon pour jouer les ritournelles.

MONSIEUR JOURDAIN

Il y faudra mettre aussi une trompette marine. La trompette marine est un instrument qui me plaît, et qui est harmonieux.

LE MAÎTRE DE MUSIQUE

Laissez-nous gouverner les choses.

MONSIEUR JOURDAIN

Au moins, n'oubliez pas tantôt de m'envoyer des musiciens pour chanter à table.

LE MAÎTRE DE MUSIQUE

Vous aurez tout ce qu'il vous faut.

MONSIEUR JOURDAIN

Mais, surtout, que le ballet soit beau.

LE MAÎTRE DE MUSIQUE

Vous en serez content, et, entre autres choses, de certains menuets que vous y verrez.

MONSIEUR JOURDAIN

Ah! les menuets sont ma danse, et je veux que vous me les voyiez danser. Allons, mon maître.

LE MAÎTRE À DANSER

Un chapeau, monsieur, s'il vous plaît. (*Monsieur Jourdain va prendre le chapeau de son laquais, et le met par-dessus son bonnet de nuit. Son maître lui prend les mains, et le fait danser sur un air de menuet qu'il chante.*) La, la, la, la, la, la; la, la, la, la, la, la, la; la, la, la, la, la, la; la, la, la, la, la, la; la, la, la, la, la. En cadence, s'il vous plaît. La, la, la, la, la. La jambe droite, la, la, la. Ne remuez point tant les épaules. La, la, la, la, la, la, la, la, la, la. Vos

MONSIEUR JOURDAIN

Then I'll have them. Will it be nice?

MUSIC MASTER

Of course. You'll need three singers, a soprano, a high tenor, and a bass, who'll be accompanied by a bass viol, a theorbo, and a harpsichord for the basso continuo, with two violins to play the ritornellos.

MONSIEUR JOURDAIN

You've got to add a trumpet marine.[5] The trumpet marine is an instrument I like, it's harmonious.

MUSIC MASTER

Let us look after the matter.

MONSIEUR JOURDAIN

Anyway, don't forget to send me some vocalists later on to sing at the table.

MUSIC MASTER

You'll have everything you need.

MONSIEUR JOURDAIN

But, above all, make the ballet beautiful.

MUSIC MASTER

You'll be satisfied with it; and, along with other things, with certain minuets you'll see in it.

MONSIEUR JOURDAIN

Ah! The minuet is my dance, and I want you to watch me dancing it. Come on, master.

DANCING MASTER

A hat, sir, please. (*Monsieur Jourdain takes his lackey's hat and puts it on over his nightcap. The Dancing Master takes his hands and hums a minuet melody that he makes him dance to:*) La, la, la, la, la, la; la, la, la, la, la, la, la; la, la, la, la, la, la; la, la, la, la, la, la; la, la, la, la, la. Keep to the beat, please. La, la, la, la, la. Your right leg, la, la, la. Don't move your shoulders so much. La, la, la, la, la, la, la, la, la, la. Your two arms are paralyzed.

---

[5] This very tall and narrow single-stringed bowed instrument was very popular but often decried as being lowbrow.

deux bras sont estropiés. La, la, la, la, la. Haussez la tête. Tournez la pointe du pied en dehors. La, la, la. Dressez votre corps.

MONSIEUR JOURDAIN

Hé!

LE MAÎTRE DE MUSIQUE

Voilà qui est le mieux du monde.

MONSIEUR JOURDAIN

A propos! apprenez-moi comme il faut faire une révérence pour saluer une marquise; j'en aurai besoin tantôt.

LE MAÎTRE À DANSER

Une révérence pour saluer une marquise?

MONSIEUR JOURDAIN

Oui. Une marquise qui s'appelle Dorimène.

LE MAÎTRE À DANSER

Donnez-moi la main.

MONSIEUR JOURDAIN

Non. Vous n'avez qu'à faire; je le retiendrai bien.

LE MAÎTRE À DANSER

Si vous voulez la saluer avec beaucoup de respect, il faut faire d'abord une révérence en arrière, puis marcher vers elle avec trois révérences en avant, et à la dernière vous baisser jusqu'à ses genoux.

MONSIEUR JOURDAIN

Faites un peu. (*Après que le maître à danser a fait trois révérences*) Bon.

SCÈNE II.—Monsieur Jourdain, le maître de musique, le maître à danser, un laquais.

LE LAQUAIS

Monsieur, voilà votre maître d'armes qui est là.

MONSIEUR JOURDAIN

Dis-lui qu'il entre ici pour me donner leçon. (*Au maître de musique et au maître à danser*) Je veux que vous me voyiez faire.

La, la, la, la, la. Raise your head. Turn your toes out. La, la, la. Straighten up.

MONSIEUR JOURDAIN
Ho!

MUSIC MASTER
Nothing could be better.

MONSIEUR JOURDAIN
That reminds me! Teach me how to make a bow to greet a marchioness; I'll need to know that later on.

DANCING MASTER
A bow to greet a marchioness?

MONSIEUR JOURDAIN
Yes. A marchioness named Dorimène.

DANCING MASTER
Give me your hand.

MONSIEUR JOURDAIN
No. Just do it: I'll remember it.

DANCING MASTER
If you wish to greet her with a great deal of respect, you must first make a bow stepping to the rear, then walk toward her with three bows as you go, and at the last one stoop down to her knees.

MONSIEUR JOURDAIN
Show me. (*After the Dancing Master has made three bows:*) Good.

SCENE 2.—Monsieur Jourdain, Music Master, Dancing Master, a Lackey.

LACKEY
Sir, your fencing master has arrived.

MONSIEUR JOURDAIN
Tell him to come in here and give me my lesson. (*To the Music Master and Dancing Master:*) I want you to watch me at it.

SCÈNE III.—Monsieur Jourdain, un maître d'armes, le maître de musique, le maître à danser; un laquais, *tenant deux fleurets.*

LE MAÎTRE D'ARMES, *après avoir pris les deux fleurets de la main du laquais, et en avoir présenté un à monsieur Jourdain*

Allons, monsieur, la révérence. Votre corps droit. Un peu penché sur la cuisse gauche. Les jambes point tant écartées. Vos pieds sur une même ligne. Votre poignet à l'opposite de votre hanche. La pointe de votre épée vis-à-vis de votre épaule. Le bras pas tout à fait si tendu. La main gauche à la hauteur de l'œil. L'épaule gauche plus quartée. La tête droite. Le regard assuré. Avancez. Le corps ferme. Touchez-moi l'épée de quarte, et achevez de même. Une, deux. Remettez-vous. Redoublez de pied ferme. Un saut en arrière. Quand vous portez la botte, monsieur, il faut que l'épée parte la première, et que le corps soit bien effacé. Une, deux. Allons, touchez-moi l'épée de tierce, et achevez de même. Avancez. Le corps ferme. Avancez. Partez de là. Une, deux. Remettez-vous. Redoublez. Une, deux. Un saut en arrière. En garde, monsieur, en garde. (*Le maître d'armes lui pousse deux ou trois bottes, en lui disant:*) En garde!

MONSIEUR JOURDAIN

Hé!

LE MAÎTRE DE MUSIQUE

Vous faites des merveilles.

LE MAÎTRE D'ARMES

Je vous l'ai déjà dit, tout le secret des armes ne consiste qu'en deux choses, à donner et à ne point recevoir; et, comme je vous fis voir l'autre jour par raison démonstrative, il est impossible que vous receviez si vous savez détourner l'épée de votre ennemi de la ligne de votre corps; ce qui ne dépend seulement que d'un petit mouvement du poignet, ou en dedans, ou en dehors.

MONSIEUR JOURDAIN

De cette façon, donc, un homme, sans avoir du cœur, est sûr de tuer son homme et de n'être point tué?

LE MAÎTRE D'ARMES

Sans doute; n'en vîtes-vous pas la démonstration?

MONSIEUR JOURDAIN

Oui.

SCENE 3.—Monsieur Jourdain, Fencing Master, Music Master, Dancing Master; a Lackey (*holding two foils*).

FENCING MASTER (*taking the two foils from the lackey's hand and presenting one to Monsieur Jourdain:*)

Come, sir, salute the swords. Body straight. Shift your weight to the left thigh. Legs not so far apart. Feet lined up. Wrist at hip level. Tip of your sword at shoulder level. Arm not quite so extended. Left hand at eye level. Left shoulder more in carte position. Head straight. Firm gaze. Move forward. Body steady. Touch my sword in carte position and follow through the same way. One, two. Back in position. Lunge several times in succession, but don't move your feet. A hop backward. When you thrust, sir, you've got to lead off with the sword, and turn your body all the way to the side. One, two. Come now, touch my sword in tierce position and follow through the same way. Forward. Body steady. Forward. Start from there. One, two. Back in position. Make several lunges. One, two. A hop backward. On guard, sir, on guard. (*The Fencing Master thrusts at him two or three times, saying:*) On guard!

MONSIEUR JOURDAIN
Ho!

MUSIC MASTER
You're wonderful at it.

FENCING MASTER
As I've already told you, the whole secret in fencing consists of only two things, to give and not to receive; and, as I showed you the other day with a demonstrative proof, it's impossible for you to be hit if you can deflect your enemy's sword from the line of your body; which depends merely on a slight motion of the wrist, either in or out.

MONSIEUR JOURDAIN
And so, in that way, a man, even if not courageous, is sure of killing his opponent and not getting killed himself?

FENCING MASTER
Of course. Didn't you see me demonstrate it?

MONSIEUR JOURDAIN
Yes.

LE MAÎTRE D'ARMES

Et c'est en quoi l'on voit de quelle considération nous autres nous devons être dans un État, et combien la science des armes l'emporte hautement sur toutes les autres sciences inutiles, comme la danse, la musique, la . . .

LE MAÎTRE À DANSER

Tout beau, monsieur le tireur d'armes; ne parlez de la danse qu'avec respect.

LE MAÎTRE DE MUSIQUE

Apprenez, je vous prie, à mieux traiter l'excellence de la musique.

LE MAÎTRE D'ARMES

Vous êtes de plaisantes gens, de vouloir comparer vos sciences à la mienne!

LE MAÎTRE DE MUSIQUE

Voyez un peu l'homme d'importance!

LE MAÎTRE À DANSER

Voilà un plaisant animal, avec son plastron!

LE MAÎTRE D'ARMES

Mon petit maître à danser, je vous ferais danser comme il faut. Et vous, mon petit musicien, je vous ferais chanter de la belle manière.

LE MAÎTRE À DANSER

Monsieur le batteur de fer, je vous apprendrai votre métier.

MONSIEUR JOURDAIN, *au maître à danser*

Êtes-vous fou de l'aller quereller, lui qui entend la tierce et la quarte, et qui sait tuer un homme par raison démonstrative?

LE MAÎTRE À DANSER

Je me moque de sa raison démonstrative, et de sa tierce et de sa quarte.

MONSIEUR JOURDAIN, *au maître à danser*

Tout doux, vous dis-je.

LE MAÎTRE D'ARMES, *au maître à danser*

Comment! petit impertinent! . . .

MONSIEUR JOURDAIN

Eh! mon maître d'armes! . . .

FENCING MASTER

And that's what shows you how highly regarded my colleagues and I ought to be in the nation; and how far superior the science of arms is to all the other useless sciences, such as dancing, music, . . .

DANCING MASTER

Hold on, Monsieur Swordsman; when you talk about dancing, some respect!

MUSIC MASTER

Please learn to speak better of the excellence of music.

FENCING MASTER

You're really funny, wanting to compare your sciences to mine!

MUSIC MASTER

There's a man with a swelled head!

DANCING MASTER

What a funny-looking creature, with his padded jacket!

FENCING MASTER

Little dancing master, I could really teach you to dance. And you, little musician, I could make you sing a different tune.

DANCING MASTER

Monsieur Swashbuckler, I'll teach you your business.

MONSIEUR JOURDAIN (*to the Dancing Master:*)

Are you crazy, to pick a quarrel with him, a man who understands tierce and carte, and can kill a man with a demonstrative proof?

DANCING MASTER

I don't give a hoot for his demonstrative proof, or for his tierce and carte.

MONSIEUR JOURDAIN (*to the Dancing Master:*)

Calm down, I say.

FENCING MASTER (*to the Dancing Master:*)

What! You impertinent runt! . . .

MONSIEUR JOURDAIN

Hey, fencing master! . . .

LE MAÎTRE À DANSER, *au maître d'armes*
Comment! grand cheval de carrosse! . . .

MONSIEUR JOURDAIN
Eh! mon maître à danser!

LE MAÎTRE D'ARMES
Si je me jette sur vous . . .

MONSIEUR JOURDAIN, *au maître d'armes*
Doucement.

LE MAÎTRE À DANSER
Si je mets sur vous la main . . .

MONSIEUR JOURDAIN, *au maître à danser*
Tout beau!

LE MAÎTRE D'ARMES
Je vous étrillerai d'un air . . .

MONSIEUR JOURDAIN, *au maître d'armes*
De grâce!

LE MAÎTRE À DANSER
Je vous rosserai d'une manière . . .

MONSIEUR JOURDAIN, *au maître à danser*
Je vous prie . . .

LE MAÎTRE DE MUSIQUE
Laissez-nous un peu lui apprendre à parler.

MONSIEUR JOURDAIN, *au maître de musique*
Mon Dieu! arrêtez-vous!

SCÈNE IV.—Un maître de philosophie, monsieur Jourdain, le maître de musique, le maître à danser, le maître d'armes, un laquais.

MONSIEUR JOURDAIN
Holà! monsieur le philosophe, vous arrivez tout à propos avec votre philosophie. Venez un peu mettre la paix entre ces personnes-ci.

LE MAÎTRE DE PHILOSOPHIE
Qu'est-ce donc? qu'y a-t-il, messieurs?

DANCING MASTER (*to the Fencing Master:*)
  What! You big carthorse! . . .

MONSIEUR JOURDAIN
  Hey, dancing master!

FENCING MASTER
  If I get hold of you . . .

MONSIEUR JOURDAIN (*to the Fencing Master:*)
  Take it easy!

DANCING MASTER
  If I lay hands on you . . .

MONSIEUR JOURDAIN (*to the Dancing Master:*)
  Relax!

FENCING MASTER
  I'll trounce you so that . . .

MONSIEUR JOURDAIN (*to the Fencing Master:*)
  Please!

DANCING MASTER
  I'll thrash you so hard . . .

MONSIEUR JOURDAIN (*to the Dancing Master:*)
  I beg of you!

MUSIC MASTER
  Let's teach him the right way to talk!

MONSIEUR JOURDAIN (*to the Music Master:*)
  My God! Stop!

**SCENE 4.—Master of Philosophy, Monsieur Jourdain,
Music Master, Dancing Master, Fencing Master,
a Lackey.**

MONSIEUR JOURDAIN
  Hey, philosopher, you got here just in time with your philosophy. Come over and pacify these people.

MASTER OF PHILOSOPHY
  What's going on? What's wrong, my friends?

MONSIEUR JOURDAIN

Ils se sont mis en colère pour la préférence de leurs professions, jusqu'à se dire des injures et en vouloir venir aux mains.

LE MAÎTRE DE PHILOSOPHIE

Eh quoi, messieurs! faut-il s'emporter de la sorte? et n'avez-vous point lu le docte traité que Sénèque a composé de la colère? Y a-t-il rien de plus bas et de plus honteux que cette passion, qui fait d'un homme une bête féroce? et la raison ne doit-elle pas être maîtresse de tous nos mouvements?

LE MAÎTRE À DANSER

Comment, monsieur! il vient nous dire des injures à tous deux, en méprisant la danse, que j'exerce, et la musique, dont il fait profession.

LE MAÎTRE DE PHILOSOPHIE

Un homme sage est au-dessus de toutes les injures qu'on lui peut dire; et la grande réponse qu'on doit faire aux outrages, c'est la modération et la patience.

LE MAÎTRE D'ARMES

Ils ont tous deux l'audace de vouloir comparer leurs professions à la mienne!

LE MAÎTRE DE PHILOSOPHIE

Faut-il que cela vous émeuve? Ce n'est pas de vaine gloire et de condition que les hommes doivent disputer entre eux; et ce qui nous distingue parfaitement les uns des autres, c'est la sagesse et la vertu.

LE MAÎTRE À DANSER

Je lui soutiens que la danse est une science à laquelle on ne peut faire assez d'honneur.

LE MAÎTRE DE MUSIQUE

Et moi, que la musique en est une que tous les siècles ont révérée.

LE MAÎTRE D'ARMES

Et moi, je leur soutiens à tous deux que la science de tirer des armes est la plus belle et la plus nécessaire de toutes les sciences.

LE MAÎTRE DE PHILOSOPHIE

Et que sera donc la philosophie? Je vous trouve tous trois bien impertinents de parler devant moi avec cette arrogance, et de donner

MONSIEUR JOURDAIN

They've gotten angry over the relative standing of their professions, to the point of calling each other names and wanting to come to blows.

MASTER OF PHILOSOPHY

What's this, my friends? Is it proper to get carried away like this? Haven't you read the learned treatise that Seneca wrote about anger?[6] Is there anything more base and more shameful than that emotion, which turns a man into a savage beast? And shouldn't reason be the guide of all our actions?

DANCING MASTER

What, sir? He's just insulted us both, showing contempt for the dance, which I practice, and for music, which is his profession!

MASTER OF PHILOSOPHY

A wise man is above any insult that may be given him; and the great response to be made to offenses is moderation and patience.

FENCING MASTER

Both of them have the nerve to compare their professions to mine!

MASTER OF PHILOSOPHY

Should that stir you up? Vainglory and rank aren't what men should wrangle over; what distinguishes us clearly one from another is wisdom and virtue.

DANCING MASTER

I say to him, and I stand by it, that dancing is a science that cannot be sufficiently honored.

MUSIC MASTER

And *I* say that music is a science that all eras have revered.

FENCING MASTER

And I maintain, and tell them both, that the science of fencing is the most beautiful and most necessary of all sciences.

MASTER OF PHILOSOPHY

Then what about philosophy? I find all three of you quite impertinent to speak to me with such arrogance, and to impudently give the

---

[6] *De ira,* by the philosopher Lucius Annaeus Seneca (the younger; *c.* 4 B.C.–65 A.D.).

impudemment le nom de science à des choses que l'on ne doit pas même honorer du nom d'art, et qui ne peuvent être comprises que sous le nom de métier misérable de gladiateur, de chanteur, et de baladin!

LE MAÎTRE D'ARMES
Allez, philosophe de chien!

LE MAÎTRE DE MUSIQUE
Allez, bélître de pédant!

LE MAÎTRE À DANSER
Allez, cuistre fieffé!

LE MAÎTRE DE PHILOSOPHIE
Comment! marauds que vous êtes . . . (*Le philosophe se jette sur eux, et tous trois le chargent de coups.*)

MONSIEUR JOURDAIN
Monsieur le philosophe!

LE MAÎTRE DE PHILOSOPHIE
Infâmes, coquins, insolents!

MONSIEUR JOURDAIN
Monsieur le philosophe!

LE MAÎTRE D'ARMES
La peste de l'animal!

MONSIEUR JOURDAIN
Messieurs!

LE MAÎTRE DE PHILOSOPHIE
Impudents!

MONSIEUR JOURDAIN
Monsieur le philosophe!

LE MAÎTRE À DANSER
Diantre soit de l'âne bâté!

MONSIEUR JOURDAIN
Messieurs!

LE MAÎTRE DE PHILOSOPHIE
Scélérats!

name of science to things that shouldn't even be honored with the
name of profession, and which can only be classified as the wretched
trades of gladiator, streetsinger, and mountebank!

FENCING MASTER
Get out of here, you rotten philosopher!

MUSIC MASTER
Get out of here, you pedantic good-for-nothing!

DANCING MASTER
Get out of here, you dried-up bookworm!

MASTER OF PHILOSOPHY
What! You bunch of rogues . . . (*The philosopher assaults them, and all three
rain blows on him.*)

MONSIEUR JOURDAIN
Philosopher!

MASTER OF PHILOSOPHY
Beasts, rascals, insolent creatures!

MONSIEUR JOURDAIN
Philosopher!

FENCING MASTER
The nuisance! The lowlife!

MONSIEUR JOURDAIN
Good people!

MASTER OF PHILOSOPHY
Impudent louts!

MONSIEUR JOURDAIN
Philosopher!

DANCING MASTER
The devil take the stupid donkey!

MONSIEUR JOURDAIN
Good people!

MASTER OF PHILOSOPHY
Criminals!

MONSIEUR JOURDAIN
Monsieur le philosophe!

LE MAÎTRE DE MUSIQUE
Au diable l'impertinent!

MONSIEUR JOURDAIN
Messieurs!

LE MAÎTRE DE PHILOSOPHIE
Fripons, gueux, traîtres, imposteurs!

MONSIEUR JOURDAIN
Monsieur le philosophe! Messieurs! Monsieur le philosophe! Messieurs! Monsieur le philosophe! (*Ils sortent en se battant.*)

SCÈNE V.—Monsieur Jourdain, un laquais.

MONSIEUR JOURDAIN
Oh! battez-vous tant qu'il vous plaira: je n'y saurais que faire, et je n'irai pas gâter ma robe pour vous séparer. Je serais bien fou de m'aller fourrer parmi eux, pour recevoir quelque coup qui me ferait mal.

SCÈNE VI.—Le maître de philosophie, monsieur Jourdain, un laquais.

LE MAÎTRE DE PHILOSOPHIE, *raccommodant son collet*
Venons à notre leçon.

MONSIEUR JOURDAIN
Ah! monsieur, je suis fâché des coups qu'ils vous ont donnés.

LE MAÎTRE DE PHILOSOPHIE
Cela n'est rien. Un philosophe sait recevoir comme il faut les choses; et je vais composer contre eux une satire du style de Juvénal, qui les déchirera de la belle façon. Laissons cela. Que voulez-vous apprendre?

MONSIEUR JOURDAIN
Tout ce que je pourrai; car j'ai toutes les envies du monde d'être sa-

MONSIEUR JOURDAIN
Philosopher!

MUSIC MASTER
To the devil with the impertinent fellow!

MONSIEUR JOURDAIN
Good people!

MASTER OF PHILOSOPHY
Rascals, beggars, villains, impostors!

MONSIEUR JOURDAIN
Philosopher! People! Philosopher! People! Philosopher! (*They exit fighting.*)

SCENE 5.—Monsieur Jourdain, a Lackey.

MONSIEUR JOURDAIN
Oh, fight as much as you want: I wouldn't know how to stop you, and I'm not going to ruin my gown trying to separate you. I'd be good and crazy to get in among them and receive some blow that would hurt me.

SCENE 6.—Master of Philosophy, Monsieur Jourdain, a Lackey.

MASTER OF PHILOSOPHY (*straightening his turndown collar:*)
Let's get on with our lesson.

MONSIEUR JOURDAIN
Oh, sir, I'm so sorry for the blows they gave you!

MASTER OF PHILOSOPHY
It's nothing. A philosopher knows how to take things properly; and I'm going to write a satire against them in the style of Juvenal[7] that will tear them to pieces. Let's forget about that. What do you want to learn?

MONSIEUR JOURDAIN
Everything I can; because I want like anything to be a scholar, and

---

[7] Roman satirical poet, very acerbic (died c. A.D. 138).

vant; et j'enrage que mon père et ma mère ne m'aient pas fait bien étudier dans toutes les sciences, quand j'étais jeune.

LE MAÎTRE DE PHILOSOPHIE

Ce sentiment est raisonnable; *nam, sine doctrina, vita est quasi mortis imago.* Vous entendez cela, et vous savez le latin, sans doute?

MONSIEUR JOURDAIN

Oui; mais faites comme si je ne le savais pas. Expliquez-moi ce que cela veut dire.

LE MAÎTRE DE PHILOSOPHIE

Cela veut dire que, *sans la science, la vie est presque une image de la mort.*

MONSIEUR JOURDAIN

Ce latin-là a raison.

LE MAÎTRE DE PHILOSOPHIE

N'avez-vous point quelques principes, quelques commencements des sciences?

MONSIEUR JOURDAIN

Oh! oui, je sais lire et écrire.

LE MAÎTRE DE PHILOSOPHIE

Par où vous plaît-il que nous commencions? Voulez-vous que je vous apprenne la logique?

MONSIEUR JOURDAIN

Qu'est-ce que c'est que cette logique?

LE MAÎTRE DE PHILOSOPHIE

C'est elle qui enseigne les trois opérations de l'esprit.

MONSIEUR JOURDAIN

Qui sont-elles, ces trois opérations de l'esprit?

LE MAÎTRE DE PHILOSOPHIE

La première, la seconde, et la troisième. La première est de bien concevoir, par le moyen des universaux; la seconde, de bien juger, par le moyen des catégories; et la troisième, de bien tirer une conséquence, par le moyen des figures: *Barbara, Celarent, Darii, Ferio, Baralipton.*

I'm furious because my father and mother didn't have me study all the sciences thoroughly when I was young.

MASTER OF PHILOSOPHY
That's a very sane idea; *nam, sine doctrina, vita est quasi mortis imago.* You understand that, and you know Latin, of course.

MONSIEUR JOURDAIN
Yes, but pretend I don't know it. Explain to me what that means.

MASTER OF PHILOSOPHY
It means: "Without learning, life is practically an image of death."

MONSIEUR JOURDAIN
That Latin knows what it's talking about.

MASTER OF PHILOSOPHY
Haven't you any rudiments, any basics in the sciences?

MONSIEUR JOURDAIN
Oh, yes! I can read and write.

MASTER OF PHILOSOPHY
Where would you like us to begin? Would you like me to teach you logic?

MONSIEUR JOURDAIN
What's this logic thing?

MASTER OF PHILOSOPHY
It's logic that treats of the three operations of the mind.

MONSIEUR JOURDAIN
What are these three operations of the mind?

MASTER OF PHILOSOPHY
The first, the second, and the third. The first is to form proper notions by means of the universals; the second is to form proper judgments by means of the categories; and the third is to draw proper conclusions by means of the syllogisms: *Barbara, Celarent, Darii, Ferio, Baralipton,*[8] etc.

---

[8] Mnemonic words in scholastic philosophy for the various kinds of syllogisms. The "operations of the mind" also hark back to medieval concepts.

MONSIEUR JOURDAIN

Voilà des mots qui sont trop rébarbatifs. Cette logique-là ne me revient point. Apprenons autre chose qui soit plus joli.

LE MAÎTRE DE PHILOSOPHIE

Voulez-vous apprendre la morale?

MONSIEUR JOURDAIN

La morale?

LE MAÎTRE DE PHILOSOPHIE

Oui.

MONSIEUR JOURDAIN

Qu'est-ce qu'elle dit, cette morale?

LE MAÎTRE DE PHILOSOPHIE

Elle traite de la félicité, enseigne aux hommes à modérer leurs passions, et . . .

MONSIEUR JOURDAIN

Non; laissons cela. Je suis bilieux comme tous les diables, et il n'y a morale qui tienne: je me veux mettre en colère tout mon soûl, quand il m'en prend envie.

LE MAÎTRE DE PHILOSOPHIE

Est-ce la physique que vous voulez apprendre?

MONSIEUR JOURDAIN

Qu'est-ce qu'elle chante, cette physique?

LE MAÎTRE DE PHILOSOPHIE

La physique est celle qui explique les principes des choses naturelles et les propriétés des corps; qui discourt de la nature des éléments, des métaux, des minéraux, des pierres, des plantes et des animaux, et nous enseigne les causes de tous les météores, l'arc-en-ciel, les feux volants, les comètes, les éclairs, le tonnerre, la foudre, la pluie, la neige, la grêle, les vents et les tourbillons.

MONSIEUR JOURDAIN

Il y a trop de tintamarre là dedans, trop de brouillamini.

LE MAÎTRE DE PHILOSOPHIE

Que voulez-vous donc que je vous apprenne?

MONSIEUR JOURDAIN

Apprenez-moi l'orthographe.

MONSIEUR JOURDAIN
Those are words that are too forbidding. I don't like that logic thing at all. Let's learn something else that's nicer.

MASTER OF PHILOSOPHY
Would you like to learn ethics?

MONSIEUR JOURDAIN
Ethics?

MASTER OF PHILOSOPHY
Yes.

MONSIEUR JOURDAIN
What does this ethics talk about?

MASTER OF PHILOSOPHY
It treats of happiness, teaches men to moderate their emotions, and . . .

MONSIEUR JOURDAIN
No: let that be. I'm irascible as a devil, and no ethics will work: I want to get as angry as I please whenever the spirit moves me.

MASTER OF PHILOSOPHY
Is it the physical sciences you want to learn?

MONSIEUR JOURDAIN
What's the deal with these physical sciences?

MASTER OF PHILOSOPHY
Physical sciences explain the principles of nature and the characteristics of the body; they discourse on the nature of elements, metals, minerals, stones, plants, and animals, and they teach us the causes of all atmospheric phenomena, the rainbow, the will-o'-the-wisp, comets, storms, thunder, lightning, rain, snow, hail, winds, and whirlwinds.

MONSIEUR JOURDAIN
That makes too much of a racket, too much confusion.

MASTER OF PHILOSOPHY
So what do you want me to teach you?

MONSIEUR JOURDAIN
Teach me spelling.

LE MAÎTRE DE PHILOSOPHIE
Très-volontiers.

MONSIEUR JOURDAIN
Après, vous m'apprendrez l'almanach, pour savoir quand il y a de la lune et quand il n'y en a point.

LE MAÎTRE DE PHILOSOPHIE
Soit. Pour bien suivre votre pensée, et traiter cette matière en philosophe, il faut commencer, selon l'ordre des choses, par une exacte connaissance de la nature des lettres et de la différente manière de les prononcer toutes. Et là-dessus j'ai à vous dire que les lettres sont divisées en voyelles, ainsi dites voyelles, parce qu'elles expriment les voix; et en consonnes, ainsi appelées consonnes, parce qu'elles sonnent avec les voyelles, et ne font que marquer les diverses articulations des voix. Il y a cinq voyelles, ou voix: A, E, I, O, U.

MONSIEUR JOURDAIN
J'entends tout cela.

LE MAÎTRE DE PHILOSOPHIE
La voix A se forme en ouvrant fort la bouche: A.

MONSIEUR JOURDAIN
A, A. Oui.

LE MAÎTRE DE PHILOSOPHIE
La voix E se forme en rapprochant la mâchoire d'en bas de celle d'en haut: A, E.

MONSIEUR JOURDAIN
A, E; A, E. Ma foi, oui. Ah! que cela est beau!

LE MAÎTRE DE PHILOSOPHIE
Et la voix I, en rapprochant encore davantage les mâchoires l'une de l'autre, et écartant les deux coins de la bouche vers les oreilles: A, E, I.

MONSIEUR JOURDAIN
A, E, I, I, I, I. Cela est vrai. Vive la science!

MASTER OF PHILOSOPHY
Most gladly.

MONSIEUR JOURDAIN
After that, you'll teach me the almanac, so I'll know when there's a moon and when not.

MASTER OF PHILOSOPHY
Fine. To pursue your idea correctly, and to treat this subject like a philosopher, we must begin, in the order of things, with an exact knowledge of the nature of the letters, and of the different way of pronouncing them all. And, on that subject, I must tell you that the letters are divided into vowels, so called because they are emitted with the voice, and consonants, so called because they sound together with the vowels, and merely add various articulations to the vowels. There are five vowels: A, E, I, O, U.[9]

MONSIEUR JOURDAIN
I understand all that.

MASTER OF PHILOSOPHY
The vowel A is formed by opening your mouth wide: A.

MONSIEUR JOURDAIN
A, A. Yes.

MASTER OF PHILOSOPHY
The vowel E is formed by bringing the lower jaw close to the upper: A, E.

MONSIEUR JOURDAIN
A, E; A, E. Goodness, yes! Oh, how pretty that is!

MASTER OF PHILOSOPHY
And the vowel I, by bringing the jaws even closer together, and by moving the two corners of the mouth up toward the ears: A, E, I.

MONSIEUR JOURDAIN
A, E, I, I, I, I. It's true. Hooray for science!

---

[9] None of the following would make sense without reference to the French sounding of these vowels: *ah, uh* ("mute" *e*), *ee, aw, ü* (like the German umlauted sound). If a play producer wishes to use the English sounds, he must rewrite the entire scene—which is contrary to the purpose of the present volume (primarily a language aid). Analogous remarks apply to the consonants.

LE MAÎTRE DE PHILOSOPHIE

La voix O se forme en rouvrant les mâchoires, et rapprochant les lèvres par les deux coins, le haut et le bas: O.

MONSIEUR JOURDAIN

O, O. Il n'y a rien de plus juste: A, E, I, O, I, O. Cela est admirable! I, O; I, O.

LE MAÎTRE DE PHILOSOPHIE

L'ouverture de la bouche fait justement comme un petit rond qui représente un O.

MONSIEUR JOURDAIN

O, O, O. Vous avez raison: O. Ah! la belle chose que de savoir quelque chose!

LE MAÎTRE DE PHILOSOPHIE

La voix U se forme en rapprochant les dents sans les joindre entièrement, et allongeant les deux lèvres en dehors, les approchant aussi l'une de l'autre, sans les joindre tout à fait: U.

MONSIEUR JOURDAIN

U, U. Il n'y a rien de plus véritable: U.

LE MAÎTRE DE PHILOSOPHIE

Vos deux lèvres s'allongent comme si vous faisiez la moue: d'où vient que si vous la voulez faire à quelqu'un et vous moquer de lui, vous ne sauriez lui dire que U.

MONSIEUR JOURDAIN

U, U. Cela est vrai. Ah! que n'ai-je étudié plus tôt, pour savoir tout cela!

LE MAÎTRE DE PHILOSOPHIE

Demain, nous verrons les autres lettres, qui sont les consonnes.

MONSIEUR JOURDAIN

Est-ce qu'il y a des choses aussi curieuses qu'à celles-ci?

LE MAÎTRE DE PHILOSOPHIE

Sans doute. La consonne D, par exemple, se prononce en donnant du bout de la langue au-dessus des dents d'en haut: DA.

MASTER OF PHILOSOPHY

The vowel O is formed by opening the jaws again and bringing the lips together at both sides, above and below: O.

MONSIEUR JOURDAIN

O, O. There's nothing more correct: A, E, I, O, I, O. That's amazing! I, O; I, O.[10]

MASTER OF PHILOSOPHY

The opening of the mouth is precisely like a little circle representing an O.

MONSIEUR JOURDAIN

O, O, O. You're right. O. Ah, how wonderful it is to know something!

MASTER OF PHILOSOPHY

The vowel U is formed by bringing the teeth together without entirely closing them, and by extending the two lips outward, also bringing them close to each other, without altogether closing them: U.

MONSIEUR JOURDAIN

U, U. There's nothing truer: U.

MASTER OF PHILOSOPHY

Your two lips protrude as if you were pouting; so that, if you want to pout at someone in order to make fun of him, all you need to say to him is "U."

MONSIEUR JOURDAIN

U, U. It's true. Ah, why didn't I study sooner, so I could know all that?

MASTER OF PHILOSOPHY

Tomorrow we'll go over the other letters, which are the consonants.

MONSIEUR JOURDAIN

Are they as interesting as these?

MASTER OF PHILOSOPHY

Of course. The consonant D, for example, is pronounced by placing the tip of the tongue above the upper teeth: DA.

---

[10] In French, this is like the braying of a donkey.

MONSIEUR JOURDAIN

DA, DA. Oui! Ah! les belles choses! les belles choses!

LE MAÎTRE DE PHILOSOPHIE

L'F, en appuyant les dents d'en haut sur la lèvre de dessous: FA.

MONSIEUR JOURDAIN

FA, FA. C'est la vérité. Ah! mon père et ma mère, que je vous veux de mal!

LE MAÎTRE DE PHILOSOPHIE

Et l'R, en portant le bout de la langue jusqu'au haut du palais; de sorte qu'étant frôlée par l'air qui sort avec force, elle lui cède, et revient toujours au même endroit, faisant une manière de tremblement: R, RA.

MONSIEUR JOURDAIN

R, R, RA; R, R, R, R, R, RA. Cela est vrai. Ah! l'habile homme que vous êtes, et que j'ai perdu de temps! R, R, R, RA.

LE MAÎTRE DE PHILOSOPHIE

Je vous expliquerai à fond toutes ces curiosités.

MONSIEUR JOURDAIN

Je vous en prie. Au reste, il faut que je vous fasse une confidence. Je suis amoureux d'une personne de grande qualité, et je souhaiterais que vous m'aidassiez à lui écrire quelque chose dans un petit billet que je veux laisser tomber à ses pieds.

LE MAÎTRE DE PHILOSOPHIE

Fort bien!

MONSIEUR JOURDAIN

Cela sera galant, oui.

LE MAÎTRE DE PHILOSOPHIE

Sans doute. Sont-ce des vers que vous lui voulez écrire?

MONSIEUR JOURDAIN

Non, non; point de vers.

LE MAÎTRE DE PHILOSOPHIE

Vous ne voulez que de la prose?

MONSIEUR JOURDAIN

Non, je ne veux ni prose ni vers.

MONSIEUR JOURDAIN
DA, DA. Yes. Oh, how wonderful, how wonderful!

MASTER OF PHILOSOPHY
F is formed by resting the upper teeth on the lower lip: FA.

MONSIEUR JOURDAIN
FA, FA. It's true. Oh, father and mother, what a grudge I have against you!

MASTER OF PHILOSOPHY
And R by bringing the tip of the tongue to the top of the palate; so that, being brushed by the air that is emitted with force, it yields to it and always returns to the same spot, making a sort of shake: R, RA.

MONSIEUR JOURDAIN
R, R, RA; R, R, R, R, R, RA. It's true. Oh, what a clever man you are, and what time I've wasted! R, R, R, RA.

MASTER OF PHILOSOPHY
I'll explain all these curiosities to you thoroughly.

MONSIEUR JOURDAIN
Please do. Incidentally, I must confide in you about something. I'm in love with a lady of high station, and I'd like you to help me write something to her in a little note that I intend to drop at her feet.

MASTER OF PHILOSOPHY
Very good!

MONSIEUR JOURDAIN
It'll be elegant, yes.

MASTER OF PHILOSOPHY
Of course. Is it verses you want to write to her?

MONSIEUR JOURDAIN
No, no; not verses.

MASTER OF PHILOSOPHY
You only want prose?

MONSIEUR JOURDAIN
No, I don't want either prose or verses.

LE MAÎTRE DE PHILOSOPHIE
   Il faut bien que ce soit l'un ou l'autre.

MONSIEUR JOURDAIN
   Pourquoi?

LE MAÎTRE DE PHILOSOPHIE
   Par la raison, monsieur, qu'il n'y a, pour s'exprimer, que la prose ou les vers.

MONSIEUR JOURDAIN
   Il n'y a que la prose ou les vers?

LE MAÎTRE DE PHILOSOPHIE
   Non, monsieur. Tout ce qui n'est point prose est vers, et tout ce qui n'est point vers est prose.

MONSIEUR JOURDAIN
   Et comme l'on parle, qu'est-ce que c'est donc que cela?

LE MAÎTRE DE PHILOSOPHIE
   De la prose.

MONSIEUR JOURDAIN
   Quoi! quand je dis: Nicole, apportez-moi mes pantoufles, et me donnez mon bonnet de nuit, c'est de la prose?

LE MAÎTRE DE PHILOSOPHIE
   Oui, monsieur.

MONSIEUR JOURDAIN
   Par ma foi, il y a plus de quarante ans que je dis de la prose, sans que j'en susse rien; et je vous suis le plus obligé du monde de m'avoir appris cela. Je voudrais donc lui mettre dans un billet: *Belle marquise, vos beaux yeux me font mourir d'amour;* mais je voudrais que cela fût mis d'une manière galante, que cela fût tourné gentiment.

LE MAÎTRE DE PHILOSOPHIE
   Mettre que les feux de ses yeux réduisent votre cœur en cendres; que vous souffrez nuit et jour pour elle les violences d'un . . .

MONSIEUR JOURDAIN
   Non, non, non, je ne veux point tout cela. Je ne veux que ce que je vous ai dit: *Belle marquise, vos beaux yeux me font mourir d'amour.*

LE MAÎTRE DE PHILOSOPHIE
   Il faut bien étendre un peu la chose.

MASTER OF PHILOSOPHY
It's got to be one or the other.

MONSIEUR JOURDAIN
Why?

MASTER OF PHILOSOPHY
For the reason, sir, that we can only express ourselves in prose or verse.

MONSIEUR JOURDAIN
There's only prose or verse?

MASTER OF PHILOSOPHY
Nothing else, sir. Whatever isn't prose is verse, and whatever isn't verse is prose.

MONSIEUR JOURDAIN
And when we speak, what's that?

MASTER OF PHILOSOPHY
Prose.

MONSIEUR JOURDAIN
What? When I say, "Nicole, bring me my slippers and give me my nightcap," that's prose?

MASTER OF PHILOSOPHY
Yes, sir.

MONSIEUR JOURDAIN
My goodness, for over forty years I've been talking prose and didn't even know it; and I'm as grateful to you as can be for teaching me that. Well, then, I'd like to say to her in a note: "Beautiful marchioness, your beautiful eyes make me die of love"; but I'd like that to be stated in an elegant fashion; I'd like it to be worked up nicely.

MASTER OF PHILOSOPHY
You can say that the flames from her eyes burn your heart to ashes; that, night and day, for her sake you endure the violence of a . . .

MONSIEUR JOURDAIN
No, no, no. I don't want all that. I only want what I told you: "Beautiful marchioness, your beautiful eyes make me die of love."

MASTER OF PHILOSOPHY
You have to make it a little longer than that.

MONSIEUR JOURDAIN

Non, vous dis-je. Je ne veux que ces seules paroles-là dans le billet, mais tournées à la mode, bien arrangées comme il faut. Je vous prie de me dire un peu, pour voir, les diverses manières dont on les peut mettre.

LE MAÎTRE DE PHILOSOPHIE

On les peut mettre premièrement comme vous avez dit: *Belle marquise, vos beaux yeux me font mourir d'amour.* Ou bien: *D'amour mourir me font, belle marquise, vos beaux yeux.* Ou bien: *Vos yeux beaux d'amour me font, belle marquise, mourir.* Ou bien: *Mourir vos beaux yeux, belle marquise, d'amour me font.* Ou bien: *Me font vos yeux beaux mourir, belle marquise, d'amour.*

MONSIEUR JOURDAIN

Mais, de toutes ces façons-là, laquelle est la meilleure?

LE MAÎTRE DE PHILOSOPHIE

Celle que vous avez dite: *Belle marquise, vos beaux yeux me font mourir d'amour.*

MONSIEUR JOURDAIN

Cependant je n'ai point étudié, et j'ai fait cela tout du premier coup. Je vous remercie de tout mon cœur, et vous prie de venir demain de bonne heure.

LE MAÎTRE DE PHILOSOPHIE

Je n'y manquerai pas.

SCÈNE VII.—Monsieur Jourdain, un laquais.

MONSIEUR JOURDAIN, *à son laquais*

Comment! mon habit n'est point encore arrivé?

LE LAQUAIS

Non, monsieur.

MONSIEUR JOURDAIN

Ce maudit tailleur me fait bien attendre pour un jour où j'ai tant d'affaires! J'enrage! Que la fièvre quartaine puisse serrer bien fort le bourreau de tailleur! au diable le tailleur! la peste étouffe le tailleur! Si je le tenais maintenant, ce tailleur détestable, ce chien de tailleur-là, ce traître de tailleur, je . . .

MONSIEUR JOURDAIN

No, I tell you. I want only those words in the note, but arranged fashionably, well put together in the proper way. Please tell me, so I can decide, the different ways they can be ordered.

MASTER OF PHILOSOPHY

They can be ordered, first of all, the way you said: "Beautiful marchioness, your beautiful eyes make me die of love." Or else: "Of love they make me die, beautiful marchioness, your beautiful eyes." Or else: "Your beautiful eyes, of love, beautiful marchioness, they make me die." Or else: "Die of love, your beautiful eyes, beautiful marchioness—that's what they make me." Or else: "They make me die—your beautiful eyes, beautiful marchioness—of love."

MONSIEUR JOURDAIN

But of all those versions, which is the best?

MASTER OF PHILOSOPHY

The one you said: "Beautiful marchioness, your beautiful eyes make me die of love."

MONSIEUR JOURDAIN

I've never studied, and I came up with that right off! I thank you with all my heart, and I ask you to come tomorrow early.

MASTER OF PHILOSOPHY

I won't fail.

SCENE 7.—Monsieur Jourdain, a Lackey.

MONSIEUR JOURDAIN (*to his lackey:*)

What! My outfit hasn't come yet?

LACKEY

No, sir.

MONSIEUR JOURDAIN

That cursed tailor is making me wait a long time on a day when I have so much to do. I'm furious. May chills and fever seize that hangman of a tailor! To the devil with the tailor! May the plague choke the tailor! If I had him here now, that hateful tailor, that dog of a tailor, that villain of a tailor, I . . .

SCÈNE VIII.—Monsieur Jourdain, un maître tailleur;
un garçon tailleur, *portant l'habit de monsieur Jourdain;* **un laquais.**

MONSIEUR JOURDAIN

Ah! vous voilà! je m'allais mettre en colère contre vous.

LE MAÎTRE TAILLEUR

Je n'ai pas pu venir plus tôt, et j'ai mis vingt garçons après votre habit.

MONSIEUR JOURDAIN

Vous m'avez envoyé des bas de soie si étroits, que j'ai eu toutes les peines du monde à les mettre, et il y a déjà deux mailles de rompues.

LE MAÎTRE TAILLEUR

Ils ne s'élargiront que trop.

MONSIEUR JOURDAIN

Oui, si je romps toujours des mailles. Vous m'avez aussi fait faire des souliers qui me blessent furieusement.

LE MAÎTRE TAILLEUR

Point du tout, monsieur.

MONSIEUR JOURDAIN

Comment! point du tout?

LE MAÎTRE TAILLEUR

Non, ils ne vous blessent point.

MONSIEUR JOURDAIN

Je vous dis qu'ils me blessent, moi.

LE MAÎTRE TAILLEUR

Vous vous imaginez cela.

MONSIEUR JOURDAIN

Je me l'imagine parce que je le sens. Voyez la belle raison!

LE MAÎTRE TAILLEUR

Tenez, voilà le plus bel habit de la cour, et le mieux assorti. C'est un chef-d'œuvre que d'avoir inventé un habit sérieux qui ne fût pas noir; et je le donne en six coups aux tailleurs les plus éclairés.

MONSIEUR JOURDAIN

Qu'est-ce que c'est que ceci? vous avez mis les fleurs en en bas.

SCENE 8.—Monsieur Jourdain, Master Tailor;
an Assistant Tailor (*carrying Monsieur Jourdain's outfit*); a Lackey.

MONSIEUR JOURDAIN

Oh, there you are! I was almost getting angry with you.

MASTER TAILOR

I couldn't get here any sooner, and I put twenty assistants to work on your outfit.

MONSIEUR JOURDAIN

You sent me silk hose that were so tight I had all the trouble in the world getting them on; and there are already two meshes ripped.

MASTER TAILOR

They'll get only too wide.

MONSIEUR JOURDAIN

Yes, if I keep ripping meshes. You've also had shoes made for me that hurt me like the devil.

MASTER TAILOR

Not at all, sir.

MONSIEUR JOURDAIN

What do you mean, not at all?

MASTER TAILOR

No, they don't hurt you.

MONSIEUR JOURDAIN

And *I* tell you they hurt me.

MASTER TAILOR

You just imagine that.

MONSIEUR JOURDAIN

I imagine it because I feel it—what a great explanation!

MASTER TAILOR

Now, here you have the most beautiful outfit in the royal court, and the one with the best color match. It's a stroke of genius to have invented a serious outfit that wasn't black; and I give the most intelligent tailors six tries to do it.

MONSIEUR JOURDAIN

What's this? You've put on the flowers upside down.

LE MAÎTRE TAILLEUR

Vous ne m'avez pas dit que vous les vouliez en en haut.

MONSIEUR JOURDAIN

Est-ce qu'il faut dire cela?

LE MAÎTRE TAILLEUR

Oui, vraiment. Toutes les personnes de qualité les portent de la sorte.

MONSIEUR JOURDAIN

Les personnes de qualité portent les fleurs en en bas?

LE MAÎTRE TAILLEUR

Oui, monsieur.

MONSIEUR JOURDAIN

Oh! voilà qui est donc bien.

LE MAÎTRE TAILLEUR

Si vous voulez, je les mettrai en en haut.

MONSIEUR JOURDAIN

Non, non.

LE MAÎTRE TAILLEUR

Vous n'avez qu'à dire.

MONSIEUR JOURDAIN

Non, vous dis-je; vous avez bien fait. Croyez-vous que mon habit m'aille bien?

LE MAÎTRE TAILLEUR

Belle demande! Je défie un peintre, avec son pinceau, de vous faire rien de plus juste. J'ai chez moi un garçon qui, pour monter une ringrave, est le plus grand gars du monde; et un autre qui, pour assembler un pourpoint, est le héros de notre temps.

MONSIEUR JOURDAIN

La perruque et les plumes sont-elles comme il faut?

LE MAÎTRE TAILLEUR

Tout est bien.

MONSIEUR JOURDAIN, *regardant le maître tailleur*

Ah! ah! monsieur le tailleur, voilà de mon étoffe du dernier habit que vous m'avez fait. Je la reconnais bien.

MASTER TAILOR
You didn't tell me you wanted them right side up.

MONSIEUR JOURDAIN
Is it necessary to say that?

MASTER TAILOR
Yes, of course. All the people of quality wear them this way.

MONSIEUR JOURDAIN
The people of quality wear the flowers upside down?

MASTER TAILOR
Yes, sir.

MONSIEUR JOURDAIN
Well, in that case it's fine.

MASTER TAILOR
If you like, I'll turn them right side up.

MONSIEUR JOURDAIN
No, no.

MASTER TAILOR
You have only to say so.

MONSIEUR JOURDAIN
No, I tell you; you did the right thing. Do you think the outfit becomes me?

MASTER TAILOR
What a question! I defy a painter, with his brush, to make anything for you more just so. I have a journeyman in my shop who is the greatest genius in the world at cutting wide trunk hose; and another one who, when it comes to putting together a doublet, is the hero of the age.

MONSIEUR JOURDAIN
Are the wig and plumes in the proper fashion?

MASTER TAILOR
Everything is right.

MONSIEUR JOURDAIN (*looking at the Master Tailor:*)
Ah! Ah! Tailor, that's some of my material from the last outfit you made for me. I recognize it perfectly.

LE MAÎTRE TAILLEUR

C'est que l'étoffe me sembla si belle, que j'en ai voulu lever un habit pour moi.

MONSIEUR JOURDAIN

Oui: mais il ne fallait pas le lever avec le mien.

LE MAÎTRE TAILLEUR

Voulez-vous mettre votre habit?

MONSIEUR JOURDAIN

Oui; donnez-le-moi.

LE MAÎTRE TAILLEUR

Attendez. Cela ne va pas comme cela. J'ai amené des gens pour vous habiller en cadence, et ces sortes d'habits se mettent avec cérémonie. Holà! entrez, vous autres.

SCÈNE IX.—Monsieur Jourdain, le maître tailleur, le garçon tailleur, garçons tailleurs *dansants,* un laquais.

LE MAÎTRE TAILLEUR, *à ses garçons*

Mettez cet habit à monsieur, de la manière que vous faites aux personnes de qualité.

PREMIÈRE ENTRÉE DE BALLET.

Les quatre garçons tailleurs dansants s'approchent de monsieur Jourdain. Deux lui arrachent le haut-de-chausses de ses exercices; les deux autres lui ôtent la camisole; après quoi, toujours en cadence, ils lui mettent son habit neuf. Monsieur Jourdain se promène au milieu d'eux, et leur montre son habit pour voir s'il est bien.

GARÇON TAILLEUR

Mon gentilhomme, donnez, s'il vous plaît, aux garçons quelque chose pour boire.

MONSIEUR JOURDAIN

Comment m'appelez-vous?

GARÇON TAILLEUR

Mon gentilhomme.

MASTER TAILOR

It's because the material seemed so fine to me that I wanted to use some for an outfit for myself.

MONSIEUR JOURDAIN

Yes; but you shouldn't have made it out of mine.

MASTER TAILOR

Do you want to put on your outfit?

MONSIEUR JOURDAIN

Yes: give it to me.

MASTER TAILOR

Wait. That's not the right way. I've brought along people to dress you to music, and this kind of outfit is put on ceremoniously. Hey there! Come in, the rest of you!

SCENE 9.—Monsieur Jourdain, Master Tailor, Journeyman Tailor, Journeymen Tailors (*dancers*), a Lackey.

MASTER TAILOR (*to his Journeymen:*)

Put this outfit on the gentleman, the way you do it with people of quality.

FIRST BALLET EPISODE.

The four dancing Journeyman Tailors approach Monsieur Jourdain. Two of them pull off his exercising breeches; the other two remove his vest; then, always in time to the music, they put on his new outfit. Monsieur Jourdain walks among them and shows them his outfit to see if it is all right.

JOURNEYMAN TAILOR

My dear gentleman, please give the assistants a tip.

MONSIEUR JOURDAIN

What did you call me?

JOURNEYMAN TAILOR

My dear gentleman.

MONSIEUR JOURDAIN

Mon gentilhomme! Voilà ce que c'est que de se mettre en personne de qualité! Allez-vous-en demeurer toujours habillé en bourgeois, on ne vous dira point: Mon gentilhomme. (*Donnant de l'argent*) Tenez, voilà pour Mon gentilhomme.

GARÇON TAILLEUR

Monseigneur, nous vous sommes bien obligés.

MONSIEUR JOURDAIN

Monseigneur! oh! oh! Monseigneur! Attendez, mon ami; Monseigneur mérite quelque chose, et ce n'est pas une petite parole que Monseigneur! Tenez, voilà ce que Monseigneur vous donne.

GARÇON TAILLEUR

Monseigneur, nous allons boire tous à la santé de Votre Grandeur.

MONSIEUR JOURDAIN

Votre Grandeur! Oh! oh! oh! Attendez; ne vous en allez pas. A moi, Votre Grandeur! (*Bas, à part*) Ma foi, s'il va jusqu'à l'Altesse, il aura toute la bourse. (*Haut*) Tenez, voilà pour ma Grandeur.

GARÇON TAILLEUR

Monseigneur, nous la remercions très-humblement de ses libéralités.

MONSIEUR JOURDAIN

Il a bien fait, je lui allais tout donner.

SECONDE ENTRÉE DE BALLET.

Les quatre garçons tailleurs se réjouissent, en dansant, de la libéralité de monsieur Jourdain.

MONSIEUR JOURDAIN

"My dear gentleman!" That's what comes of dressing like people of quality! Keep dressing like a tradesman all the time, and they'll never say "My dear gentleman" to you. (*Giving money:*) Here you are, that's for "My dear gentleman."

JOURNEYMAN TAILOR

Your Lordship, we're most grateful to you.

MONSIEUR JOURDAIN

"Your Lordship!" Oh! Oh! "Your Lordship!" Wait, my friend; "Your Lordship" deserves something, and "Your Lordship" is no small word! Here, this is what My Lordship is giving you.

JOURNEYMAN TAILOR

Your Lordship, we're all going to drink to Your Grace's health.

MONSIEUR JOURDAIN

"Your Grace!" Oh! Oh! Oh! Wait, don't go away. "Your Grace"—to me! (*Aside:*) Damn me, if he carries it up to "Your Highness," he'll have the whole purse. (*Aloud:*) Here, that's for My Grace.

JOURNEYMAN TAILOR

Your Lordship, we thank you very humbly for your munificence.

MONSIEUR JOURDAIN

I'm glad he did that: I was about to give him everything.

SECOND BALLET EPISODE.[11]

The four Journeyman Tailors, dancing, celebrate Monsieur Jourdain's generous tip.

---

[11] Other editions indicate a new scene here.

ACTE TROISIÈME

SCÈNE I.—Monsieur Jourdain, deux laquais.

MONSIEUR JOURDAIN

Suivez-moi, que j'aille un peu montrer mon habit par la ville; et surtout ayez soin tous deux de marcher immédiatement sur mes pas, afin qu'on voie bien que vous êtes à moi.

LAQUAIS

Oui, monsieur.

MONSIEUR JOURDAIN

Appelez-moi Nicole, que je lui donne quelques ordres. Ne bougez: la voilà.

SCÈNE II.—Monsieur Jourdain, Nicole, deux laquais.

MONSIEUR JOURDAIN

Nicole!

NICOLE

Plaît-il?

MONSIEUR JOURDAIN

Écoutez.

NICOLE, *riant.*

Hi, hi, hi, hi, hi.

MONSIEUR JOURDAIN

Qu'as-tu à rire?

ACT III

SCENE 1.—Monsieur Jourdain, Two Lackeys.

MONSIEUR JOURDAIN
Follow me, I want to show off my outfit in town; and, above all, both of you make sure to walk right behind me, so people realize you belong to me.

LACKEY
Yes, sir.

MONSIEUR JOURDAIN
Call Nicole for me, so I can give her some orders. Never mind, here she comes.

SCENE 2.—Monsieur Jourdain, Nicole, Two Lackeys.

MONSIEUR JOURDAIN
Nicole!

NICOLE
Sir?

MONSIEUR JOURDAIN
Listen.

NICOLE (*laughing:*)
Hee, hee [*a hysterical giggle*].

MONSIEUR JOURDAIN
What are you laughing about?

NICOLE

Hi, hi, hi, hi, hi, hi.

MONSIEUR JOURDAIN

Que veut dire cette coquine-là?

NICOLE

Hi, hi, hi. Comme vous voilà bâti! Hi, hi, hi.

MONSIEUR JOURDAIN

Comment donc?

NICOLE

Ah! ah! mon Dieu! Hi, hi, hi, hi, hi.

MONSIEUR JOURDAIN

Quelle friponne est-ce là? Te moques-tu de moi?

NICOLE

Nenni, monsieur; j'en serais bien fâchée. Hi, hi, hi, hi, hi, hi.

MONSIEUR JOURDAIN

Je te baillerai sur le nez, si tu ris davantage.

NICOLE

Monsieur, je ne puis pas m'en empêcher. Hi, hi, hi, hi, hi, hi.

MONSIEUR JOURDAIN

Tu ne t'arrêteras pas?

NICOLE

Monsieur, je vous demande pardon; mais vous êtes si plaisant, que je ne saurais me tenir de rire. Hi, hi, hi.

MONSIEUR JOURDAIN

Mais voyez quelle insolence!

NICOLE

Vous êtes tout à fait drôle comme cela. Hi, hi.

MONSIEUR JOURDAIN

Je te . . .

NICOLE

Je vous prie de m'excuser. Hi, hi, hi, hi.

MONSIEUR JOURDAIN

Tiens, si tu ris encore le moins du monde, je te jure que je t'appliquerai sur la joue le plus grand soufflet qui se soit jamais donné.

NICOLE
 [*Giggles.*]

MONSIEUR JOURDAIN
 What does that wench mean?

NICOLE
 [*Giggles.*] The way you're decked out! [*Giggles.*]

MONSIEUR JOURDAIN
 What's that?

NICOLE
 Ha! ha! My goodness! [*Giggles.*]

MONSIEUR JOURDAIN
 Saucy baggage! Are you making fun of me?

NICOLE
 Oh, no, sir; I wouldn't think of it. [*Giggles.*]

MONSIEUR JOURDAIN
 You'll get a slap in the face if you laugh any more.

NICOLE
 Sir, I can't help it. [*Giggles.*]

MONSIEUR JOURDAIN
 So you won't stop?

NICOLE
 Sir, I beg your pardon; but you're so funny, I can't keep from laughing. [*Giggles.*]

MONSIEUR JOURDAIN
 Has there ever been such insolence?

NICOLE
 You're hilarious dressed like that. [*Giggles.*]

MONSIEUR JOURDAIN
 Why, I'll . . .

NICOLE
 Please excuse me. [*Giggles.*]

MONSIEUR JOURDAIN
 Listen, if you come out with the least little laugh, I swear I'll land the world's biggest slap on your cheek.

NICOLE

Eh bien, monsieur, voilà qui est fait: je ne rirai plus.

MONSIEUR JOURDAIN

Prends-y bien garde. Il faut que, pour tantôt, tu nettoies . . .

NICOLE

Hi, hi.

MONSIEUR JOURDAIN

Que tu nettoies comme il faut . . .

NICOLE

Hi, hi.

MONSIEUR JOURDAIN

Il faut, dis-je, que tu nettoies la salle, et . . .

NICOLE

Hi, hi.

MONSIEUR JOURDAIN

Encore?

NICOLE, *tombant à force de rire*

Tenez, monsieur, battez-moi plutôt, et me laissez rire tout mon soûl; cela me fera plus de bien. Hi, hi, hi, hi, hi.

MONSIEUR JOURDAIN

J'enrage!

NICOLE

De grâce, monsieur, je vous prie de me laisser rire. Hi, hi, hi.

MONSIEUR JOURDAIN

Si je te prends . . .

NICOLE

Monsieur, eur, je crèverai, ai, si je ne ris. Hi, hi, hi.

MONSIEUR JOURDAIN

Mais a-t-on jamais vu une pendarde comme celle-là, qui me vient rire insolemment au nez, au lieu de recevoir mes ordres?

NICOLE

Que voulez-vous que je fasse, monsieur?

NICOLE

All right, sir, it's all over: I won't laugh any more.

MONSIEUR JOURDAIN

Make sure you don't. To prepare for later on, you've got to clean . . .

NICOLE

[*Giggles.*]

MONSIEUR JOURDAIN

You've got to do a thorough cleaning of . . .

NICOLE

[*Giggles.*]

MONSIEUR JOURDAIN

I say, you've got to clean the parlor and . . .

NICOLE

[*Giggles.*]

MONSIEUR JOURDAIN

Again?

NICOLE (*collapsing with laughter:*)

Listen, sir, beat me if you want but let me have my laugh out; it'll do me more good. [*Giggles.*]

MONSIEUR JOURDAIN

I'm furious!

NICOLE

Please, sir, I beg you to let me laugh. [*Giggles.*]

MONSIEUR JOURDAIN

If I take hold of you . . .

NICOLE

Si-ir, I'll bu-urst if I don't laugh. [*Giggles.*]

MONSIEUR JOURDAIN

Well, has anyone ever seen a hussy like this, who comes and laughs insolently in my face instead of taking my orders?

NICOLE

What do you want me to do, sir?

MONSIEUR JOURDAIN

Que tu songes, coquine, à préparer ma maison pour la compagnie qui doit venir tantôt.

NICOLE, *se relevant*

Ah! par ma foi, je n'ai plus envie de rire; et toutes vos compagnies font tant de désordre céans, que ce mot est assez pour me mettre en mauvaise humeur.

MONSIEUR JOURDAIN

Ne dois-je point pour toi fermer ma porte à tout le monde?

NICOLE

Vous devriez au moins la fermer à certaines gens.

SCÈNE III.—Madame Jourdain, monsieur Jourdain, Nicole, deux laquais.

MADAME JOURDAIN

Ah! ah! voici une nouvelle histoire! Qu'est-ce que c'est donc, mon mari, que cet équipage-là? Vous moquez-vous du monde, de vous être fait enharnacher de la sorte? et avez-vous envie qu'on se raille partout de vous?

MONSIEUR JOURDAIN

Il n'y a que des sots et des sottes, ma femme, qui se railleront de moi.

MADAME JOURDAIN

Vraiment, on n'a pas attendu jusqu'à cette heure; et il y a longtemps que vos façons de faire donnent à rire à tout le monde.

MONSIEUR JOURDAIN

Qui est donc tout ce monde-là, s'il vous plaît?

MADAME JOURDAIN

Tout ce monde-là est un monde qui a raison, et qui est plus sage que vous. Pour moi, je suis scandalisée de la vie que vous menez. Je ne sais plus ce que c'est que notre maison. On dirait qu'il est céans carême-prenant tous les jours; et dès le matin, de peur d'y manquer, on y entend des vacarmes de violons et de chanteurs dont tout le voisinage se trouve incommodé.

MONSIEUR JOURDAIN

I want you to think, you baggage, about cleaning my house for the company I'm expecting later.

NICOLE (*getting up again:*)

Ah! I assure you, I don't feel like laughing anymore; all your company makes such a mess in the house, that that announcement is enough to put me in a bad mood.

MONSIEUR JOURDAIN

Am I to close my door to everybody for your sake?

NICOLE

You should at least close it to certain people.

SCENE 3.—Madame Jourdain, Monsieur Jourdain, Nicole, Two Lackeys.

MADAME JOURDAIN

Ah! Ah! Here's a new one! Husband, what's this get-up? Are you playing a joke on people, trussing yourself up this way? Do you want everyone to make fun of you?

MONSIEUR JOURDAIN

Only fools male and female, wife, will make fun of me.

MADAME JOURDAIN

To tell the truth, they haven't waited till now, and for quite some time your goings-on have made everyone laugh.

MONSIEUR JOURDAIN

Who is that everybody, please?

MADAME JOURDAIN

That everybody is all the people who are right and are wiser than you. As for me, I'm shocked at the life you're leading. I don't know what our house is any more. You'd think it was Mardi Gras every day; and, from morning on, for fear of missing anything, there's a racket of violins and singers that disturbs the whole neighborhood.

NICOLE

Madame parle bien. Je ne saurais plus voir mon ménage propre avec cet attirail de gens que vous faites venir chez vous. Ils ont des pieds qui vont chercher de la boue dans tous les quartiers de la ville, pour l'apporter ici; et la pauvre Françoise est presque sur les dents, à frotter les planchers que vos biaux maîtres viennent crotter régulièrement tous les jours.

MONSIEUR JOURDAIN

Ouais! notre servante Nicole, vous avez le caquet bien affilé pour une paysanne!

MADAME JOURDAIN

Nicole a raison; et son sens est meilleur que le vôtre. Je voudrais bien savoir ce que vous pensez faire d'un maître à danser, à l'âge que vous avez.

NICOLE

Et d'un grand maître tireur d'armes, qui vient, avec ses battements de pied, ébranler toute la maison, et nous déraciner tous les carriaux de notre salle.

MONSIEUR JOURDAIN

Taisez-vous, ma servante et ma femme.

MADAME JOURDAIN

Est-ce que vous voulez apprendre à danser pour quand vous n'aurez plus de jambes?

NICOLE

Est-ce que vous avez envie de tuer quelqu'un?

MONSIEUR JOURDAIN

Taisez-vous, vous dis-je: vous êtes des ignorantes, l'une et l'autre; et vous ne savez pas les prérogatives de tout cela.

MADAME JOURDAIN

Vous devriez bien plutôt songer à marier votre fille, qui est en âge d'être pourvue.

NICOLE

Madame is right. I can never have the house clean anymore with that gang of people you invite in. They have feet that search out the mud in every section of town so they can bring it here; and poor Françoise is nearly worn out scrubbing the floors that your lovely teachers foul up day after day.

MONSIEUR JOURDAIN

Well! Servant Nicole, you've got a ready tongue for a peasant girl![12]

MADAME JOURDAIN

Nicole is right, and she's got more sense than you. I'd like to know what you think you're doing with a dancing master at your age.

NICOLE

And with that tall fencing master, whose foot stamping shakes the whole house and loosens all the tiles in our parlor.

MONSIEUR JOURDAIN

Be still, both servant and wife.

MADAME JOURDAIN

Do you want to learn to dance for the time your legs will no longer carry you?

NICOLE

Do you feel like killing somebody?

MONSIEUR JOURDAIN

Be still, I say; you're both ignorant, and you don't know the prerogatives of all this.

MADAME JOURDAIN

Instead, you should be thinking of marrying off your daughter, who's old enough to be settled in life.

---

[12] Nicole does indeed display a touch of "peasant" speech, saying *biau* for *beau,* for instance.

MONSIEUR JOURDAIN

Je songerai à marier ma fille quand il se présentera un parti pour elle; mais je veux songer aussi à apprendre les belles choses.

NICOLE

J'ai encore ouï dire, madame, qu'il a pris aujourd'hui, pour renfort de potage, un maître de philosophie.

MONSIEUR JOURDAIN

Fort bien. Je veux avoir de l'esprit, et savoir raisonner des choses parmi les honnêtes gens.

MADAME JOURDAIN

N'irez-vous point, l'un de ces jours, au collège, vous faire donner le fouet, à votre âge?

MONSIEUR JOURDAIN

Pourquoi non? Plût à Dieu l'avoir tout à l'heure, le fouet, devant tout le monde, et savoir ce qu'on apprend au collège.

NICOLE

Oui, ma foi, cela vous rendrait la jambe bien mieux faite.

MONSIEUR JOURDAIN

Sans doute.

MADAME JOURDAIN

Tout cela est fort nécessaire pour conduire votre maison!

MONSIEUR JOURDAIN

Assurément. Vous parlez toutes deux comme des bêtes, et j'ai honte de votre ignorance. (*A madame Jourdain*) Par exemple, savez-vous, vous, ce que c'est que vous dites à cette heure?

MADAME JOURDAIN

Oui. Je sais que ce que je dis est fort bien dit, et que vous devriez songer à vivre d'autre sorte.

MONSIEUR JOURDAIN

Je ne parle pas de cela. Je vous demande ce que c'est que les paroles que vous dites ici.

MADAME JOURDAIN

Ce sont des paroles bien sensées, et votre conduite ne l'est guère.

MONSIEUR JOURDAIN

Je ne parle pas de cela, vous dis-je. Je vous demande, ce que je parle avec vous, ce que je vous dis à cette heure, qu'est-ce que c'est?

MONSIEUR JOURDAIN
I'll think about marrying off my daughter when a proper match for her turns up; but I also want to think about learning the finer things.

NICOLE
Madame, I've also heard tell that, to top it all, he took on a master of philosophy today.

MONSIEUR JOURDAIN
And a good thing, too. I want to shine in conversation, and to be able to discuss things properly among honorable people.

MADAME JOURDAIN
One of these days will you go to high school and get whipped, at your age?

MONSIEUR JOURDAIN
Why not? I wish to God I could be whipped right now in front of everybody, if it meant knowing what you learn in high school!

NICOLE
Yes, indeed! That would help you out a lot.

MONSIEUR JOURDAIN
It would indeed.

MADAME JOURDAIN
All that is really necessary for managing your home!

MONSIEUR JOURDAIN
Absolutely. Both of you talk like fools, and I'm ashamed of your ignorance. (*To Madame Jourdain:*) For example, you, do you know what you're saying right now?

MADAME JOURDAIN
Yes. I know that what I'm saying is very well said, and that you should think about changing your way of living.

MONSIEUR JOURDAIN
I'm not talking about that. I'm asking you what the words are that you're saying here.

MADAME JOURDAIN
They're words that are very sensible, and your behavior isn't.

MONSIEUR JOURDAIN
I'm not talking about that, I say. I'm asking you: what I'm speaking with you, what I'm saying to you now, what is it?

MADAME JOURDAIN
　Des chansons.

MONSIEUR JOURDAIN
　Eh! non, ce n'est pas cela. Ce que nous disons tous deux, le langage que nous parlons à cette heure?

MADAME JOURDAIN
　Eh bien?

MONSIEUR JOURDAIN
　Comment est-ce que cela s'appelle?

MADAME JOURDAIN
　Cela s'appelle comme on veut l'appeler.

MONSIEUR JOURDAIN
　C'est de la prose, ignorante.

MADAME JOURDAIN
　De la prose?

MONSIEUR JOURDAIN
　Oui, de la prose. Tout ce qui est prose n'est point vers; et tout ce qui n'est point vers est prose. Heu! voilà ce que c'est que d'étudier. (*À Nicole*) Et toi, sais-tu bien comme il faut faire pour dire un U?

NICOLE
　Comment?

MONSIEUR JOURDAIN
　Oui. Qu'est-ce que tu fais quand tu dis U?

NICOLE
　Quoi?

MONSIEUR JOURDAIN
　Dis un peu U, pour voir.

NICOLE
　Eh bien, U.

MONSIEUR JOURDAIN
　Qu'est-ce que tu fais?

MADAME JOURDAIN
Stuff and nonsense.

MONSIEUR JOURDAIN
Ah! No, that's not it. What we're both saying, the words we're now speaking?

MADAME JOURDAIN
What of it?

MONSIEUR JOURDAIN
What is it called?

MADAME JOURDAIN
It's called whatever you want to call it.

MONSIEUR JOURDAIN
Ignorant woman! It's prose.

MADAME JOURDAIN
Prose?

MONSIEUR JOURDAIN
Yes, prose. All that's prose is not verse, and all that isn't verse is prose.[13] So! That's what it means to study. *(To Nicole:)* And you, do you know what you have to do to say a U?

NICOLE
How's that?

MONSIEUR JOURDAIN
Yes. What do you do when you say U?

NICOLE
What?

MONSIEUR JOURDAIN
Just say U and see.

NICOLE
All right! U.

MONSIEUR JOURDAIN
What did you do?

---

[13] Other editions print: ". . . et tout ce qui n'est point vers n'est pas prose" (and all that isn't verse isn't prose), thus adding to Monsieur Jourdain's confusion.

NICOLE

Je dis U.

MONSIEUR JOURDAIN

Oui; mais, quand tu dis U, qu'est-ce que tu fais?

NICOLE

Je fais ce que vous me dites.

MONSIEUR JOURDAIN

Oh! l'étrange chose que d'avoir affaire à des bêtes! Tu allonges les lèvres en dehors, et approches la mâchoire d'en haut de celle d'en bas; U, vois-tu? Je fais la moue: U.

NICOLE

Oui, cela est biau!

MADAME JOURDAIN

Voilà qui est admirable!

MONSIEUR JOURDAIN

C'est bien autre chose, si vous aviez vu O, et DA, DA, et FA, FA!

MADAME JOURDAIN

Qu'est-ce que c'est donc que tout ce galimatias-là?

NICOLE

De quoi est-ce que tout cela guérit?

MONSIEUR JOURDAIN

J'enrage quand je vois des femmes ignorantes.

MADAME JOURDAIN

Allez, vous devriez envoyer promener tous ces gens-là, avec leurs fariboles.

NICOLE

Et surtout ce grand escogriffe de maître d'armes, qui remplit de poudre tout mon ménage.

MONSIEUR JOURDAIN

Ouais! ce maître d'armes vous tient au cœur! Je te veux faire voir ton impertinence tout à l'heure. (*Après avoir fait apporter des fleurets, et en avoir donné un à Nicole*) Tiens, raison démonstrative, la ligne de corps. Quand on pousse en quarte, on n'a qu'à faire cela, et, quand on pousse en tierce, on n'a qu'à faire cela. Voilà le moyen de n'être jamais tué; et cela n'est-il pas beau, d'être assuré de son fait quand on se bat contre quelqu'un? Là, pousse-moi un peu, pour voir.

NICOLE
I said U.

MONSIEUR JOURDAIN
Yes, but when you say U, what are you doing?

NICOLE
I'm doing what you told me to.

MONSIEUR JOURDAIN
Oh, how painful it is to be dealing with brute beasts! You stretch your lips out, and you bring your upper jaw near the lower one; U, see? I pout: U.

NICOLE
Yes, that's beautiful.

MADAME JOURDAIN
Really amazing!

MONSIEUR JOURDAIN
It's really something else, if you'd seen O, and DA, DA, and FA, FA!

MADAME JOURDAIN
What's all this gibberish?

NICOLE
What does all that do for you?

MONSIEUR JOURDAIN
I get furious when I see ignorant women.

MADAME JOURDAIN
Come now, you ought to give all those people their walking papers, with their tomfoolery.

NICOLE
Especially that big lout of a fencing master, who fills my whole household with dust.

MONSIEUR JOURDAIN
Yes! That fencing master really bothers you! I'll show you your impertinence right now. (*Calling for the foils and giving one to Nicole:*) There, demonstrative proof, the line of your body. When you thrust in carte, all you have to do is this, and, when you thrust in tierce, all you have to do is that. That's the way never to get killed; and isn't it a fine thing, to be sure of the outcome when you fight someone? There, thrust at me a little, and you'll see.

NICOLE

Eh bien, quoi! (*Nicole pousse plusieurs bottes à monsieur Jourdain.*)

MONSIEUR JOURDAIN

Tout beau! Holà! ho! Doucement. Diantre soit la coquine!

NICOLE

Vous me dites de pousser.

MONSIEUR JOURDAIN

Oui; mais tu me pousses en tierce avant que de me pousser en quarte, et tu n'as pas la patience que je pare.

MADAME JOURDAIN

Vous êtes fou, mon mari, avec toutes vos fantaisies; et cela vous est venu depuis que vous vous mêlez de hanter la noblesse.

MONSIEUR JOURDAIN

Lorsque je hante la noblesse, je fais paraître mon jugement; et cela est plus beau que de hanter votre bourgeoisie.

MADAME JOURDAIN

Çamon vraiment! il y a fort à gagner à fréquenter vos nobles, et vous avez bien opéré avec ce beau monsieur le comte, dont vous vous êtes embéguiné!

MONSIEUR JOURDAIN

Paix; songez à ce que vous dites. Savez-vous bien, ma femme, que vous ne savez pas de qui vous parlez, quand vous parlez de lui? C'est une personne d'importance plus que vous ne pensez, un seigneur que l'on considère à la cour, et qui parle au roi tout comme je vous parle. N'est-ce pas une chose qui m'est tout à fait honorable, que l'on voie venir chez moi si souvent une personne de cette qualité, qui m'appelle son cher ami, et me traite comme si j'étais son égal? Il a pour moi des bontés qu'on ne devinerait jamais; et, devant tout le monde, il me fait des caresses dont je suis moi-même confus.

MADAME JOURDAIN

Oui, il a des bontés pour vous, et vous fait des caresses; mais il vous emprunte votre argent.

MONSIEUR JOURDAIN

Eh bien, ne m'est-ce pas de l'honneur, de prêter de l'argent à un homme de cette condition-là? et puis-je faire moins pour un seigneur qui m'appelle son cher ami?

NICOLE
All right! There! (*Nicole makes several lunges at Monsieur Jourdain.*)

MONSIEUR JOURDAIN
Easy there! Hey! Ho! Gently! The devil take the hussy!

NICOLE
You told me to thrust.

MONSIEUR JOURDAIN
Yes; but you thrust at me in tierce before thrusting in carte, and you don't have the patience to let me parry.

MADAME JOURDAIN
Husband, you're crazy with all your notions; and it's happened to you ever since you've taken it on yourself to frequent the nobility.

MONSIEUR JOURDAIN
When I frequent the nobility, I'm displaying my good judgment; and it's preferable to frequenting your middle class.

MADAME JOURDAIN
Oh, sure! There's a lot to be gained in hobnobbing with your noblemen, and you've done fine with that great gentleman the count, who you've become infatuated with!

MONSIEUR JOURDAIN
Silence! Think about what you're saying. Are you aware, wife, that you don't know of whom you're speaking when you speak about him? He's a person of greater importance than you think, a gentleman honored at the court, a man who speaks to the king just as I'm speaking to you. Isn't it something altogether honorable for me, that people see me visited so often by a man of that standing, who calls me his dear friend and treats me like an equal? He shows me kindnesses that no one would ever suspect, and in front of everybody he showers attentions on me that embarrass me.

MADAME JOURDAIN
Yes, he shows you kindness and gives you attentions, but he borrows your money.

MONSIEUR JOURDAIN
Well? Isn't it an honor for me to lend money to a man of that rank? And can I do less for a gentleman who calls me his dear friend?

MADAME JOURDAIN

Et ce seigneur, que fait-il pour vous?

MONSIEUR JOURDAIN

Des choses dont on serait étonné, si on les savait.

MADAME JOURDAIN

Et quoi?

MONSIEUR JOURDAIN

Baste! je ne puis pas m'expliquer. Il suffit que si je lui ai prêté de l'argent, il me le rendra bien, et avant qu'il soit peu.

MADAME JOURDAIN

Oui. Attendez-vous à cela.

MONSIEUR JOURDAIN

Assurément. Ne me l'a-t-il pas dit?

MADAME JOURDAIN

Oui, oui, il ne manquera pas d'y faillir.

MONSIEUR JOURDAIN

Il m'a juré sa foi de gentilhomme.

MADAME JOURDAIN

Chansons!

MONSIEUR JOURDAIN

Ouais! Vous êtes bien obstinée, ma femme! Je vous dis qu'il me tiendra sa parole; j'en suis sûr.

MADAME JOURDAIN

Et moi, je suis sûre que non, et que toutes les caresses qu'il vous fait ne sont que pour vous enjôler.

MONSIEUR JOURDAIN

Taisez-vous. Le voici.

MADAME JOURDAIN

Il ne nous faut plus que cela. Il vient peut-être encore vous faire quelque emprunt; et il me semble que j'ai dîné quand je le vois.

MONSIEUR JOURDAIN

Taisez-vous, vous dis-je!

MADAME JOURDAIN
And what does this gentleman do for you?

MONSIEUR JOURDAIN
Things that would surprise people if they were known.

MADAME JOURDAIN
Such as?

MONSIEUR JOURDAIN
Enough! I can't go into details. Suffice it to say that, if I've lent him money, he'll give it back, and before very long.

MADAME JOURDAIN
Yes. Just keep waiting for that!

MONSIEUR JOURDAIN
He will. Didn't he say so?

MADAME JOURDAIN
Yes, yes, he won't fail to disappoint you.

MONSIEUR JOURDAIN
He gave me his word as a gentleman.

MADAME JOURDAIN
Fiddlesticks!

MONSIEUR JOURDAIN
My! You're very stubborn, wife! I tell you, he'll keep his word; I'm sure of it.

MADAME JOURDAIN
And *I* am sure he won't, and that all the attentions he showers on you are only done to inveigle you.

MONSIEUR JOURDAIN
Be quiet. Here he comes.

MADAME JOURDAIN
That's all we needed. Maybe he's coming to touch you for some more money; and I lose my appetite when I see him.

MONSIEUR JOURDAIN
Be quiet, I say.

SCÈNE IV.—Dorante, monsieur Jourdain,
madame Jourdain, Nicole.

DORANTE

Mon cher ami monsieur Jourdain, comment vous portez-vous?

MONSIEUR JOURDAIN

Fort bien, monsieur, pour vous rendre mes petits services.

DORANTE

Et madame Jourdain, que voilà, comment se porte-t-elle?

MADAME JOURDAIN

Madame Jourdain se porte comme elle peut.

DORANTE

Comment, monsieur Jourdain, vous voilà le plus propre du monde!

MONSIEUR JOURDAIN

Vous voyez.

DORANTE

Vous avez tout à fait bon air avec cet habit; et nous n'avons point de jeunes gens à la cour qui soient mieux faits que vous.

MONSIEUR JOURDAIN

Hai, hai.

MADAME JOURDAIN, *à part*

Il le gratte par où il se démange.

DORANTE

Tournez-vous. Cela est tout à fait galant.

MADAME JOURDAIN, *à part*

Oui, aussi sot par derrière que par devant.

DORANTE

Ma foi, monsieur Jourdain, j'avais une impatience étrange de vous voir. Vous êtes l'homme du monde que j'estime le plus; et je parlais de vous encore, ce matin, dans la chambre du roi.

MONSIEUR JOURDAIN

Vous me faites beaucoup d'honneur, monsieur. (*À madame Jourdain*) Dans la chambre du roi!

DORANTE

Allons, mettez.

SCENE 4.—Dorante, Monsieur Jourdain, Madame Jourdain, Nicole.

DORANTE
My dear friend Monsieur Jourdain, how are you feeling?

MONSIEUR JOURDAIN
Very well, sir, and I'm at your service.

DORANTE
And Madame Jourdain, here, how is she doing?

MADAME JOURDAIN
Madame Jourdain is doing as well as she can.

DORANTE
Say! Monsieur Jourdain, you look marvelous!

MONSIEUR JOURDAIN
As you see.

DORANTE
That outfit is in the height of fashion, and we don't have any youngsters at the court who are handsomer than you.

MONSIEUR JOURDAIN
Ho, ho.

MADAME JOURDAIN (*aside:*)
He scratches him where it itches.

DORANTE
Turn around. It's absolutely elegant.

MADAME JOURDAIN (*aside:*)
Yes, just as dumb in back as in front.

DORANTE
My word, Monsieur Jourdain, I was deucedly impatient to see you. You are the man I esteem most in the world; and I was just talking about you this morning in the king's bedchamber.

MONSIEUR JOURDAIN
You do me much honor, sir. (*To Madame Jourdain:*) In the king's bedchamber!

DORANTE
Come now, put your hat back on.

MONSIEUR JOURDAIN

Monsieur, je sais le respect que je vous dois.

DORANTE

Mon Dieu! mettez. Point de cérémonie entre nous, je vous prie.

MONSIEUR JOURDAIN

Monsieur . . .

DORANTE

Mettez, vous dis-je, monsieur Jourdain; vous êtes mon ami.

MONSIEUR JOURDAIN

Monsieur, je suis votre serviteur.

DORANTE

Je ne me couvrirai point, si vous ne vous couvrez.

MONSIEUR JOURDAIN, *se couvrant*

J'aime mieux être incivil qu'importun.

DORANTE

Je suis votre débiteur, comme vous le savez.

MADAME JOURDAIN, *à part*

Oui: nous ne le savons que trop.

DORANTE

Vous m'avez généreusement prêté de l'argent en plusieurs occasions, et m'avez obligé de la meilleure grâce du monde, assurément.

MONSIEUR JOURDAIN

Monsieur, vous vous moquez.

DORANTE

Mais je sais rendre ce qu'on me prête, et reconnaître les plaisirs qu'on me fait.

MONSIEUR JOURDAIN

Je n'en doute point, monsieur.

DORANTE

Je veux sortir d'affaire avec vous; et je viens ici pour faire nos comptes ensemble.

MONSIEUR JOURDAIN, *bas, à madame Jourdain*

Eh bien, vous voyez votre impertinence, ma femme.

MONSIEUR JOURDAIN
Sir, I know the respect I owe you.

DORANTE
Heavens! Put your hat on. No ceremony between us, I beg of you.

MONSIEUR JOURDAIN
Sir . . .

DORANTE
Put it on, I say, Monsieur Jourdain: you are my friend.

MONSIEUR JOURDAIN
Sir, I am your servant.

DORANTE
I won't put my hat on if you don't put yours on.

MONSIEUR JOURDAIN (*putting on his hat:*)
I'd rather be impolite than unreasonable.

DORANTE
I am in your debt, as you know.

MADAME JOURDAIN (*aside:*)
Yes: we know it only too well.

DORANTE
You have generously lent me money on several occasions, and you have obliged me in the most gracious way, I assure you.

MONSIEUR JOURDAIN
Sir, you're joking.

DORANTE
But I know how to pay back what I'm loaned, and how to be grateful for the favors I'm shown.

MONSIEUR JOURDAIN
I don't doubt it, sir.

DORANTE
I want to settle up with you; and I've come here to tote up the account together.

MONSIEUR JOURDAIN (*quietly, to Madame Jourdain:*)
There! You see how impertinent you were, wife.

DORANTE

Je suis homme qui aime à m'acquitter le plus tôt que je puis.

MONSIEUR JOURDAIN, *bas, à madame Jourdain*

Je vous le disais bien.

DORANTE

Voyons un peu ce que je vous dois.

MONSIEUR JOURDAIN, *bas, à madame Jourdain*

Vous voilà, avec vos soupçons ridicules.

DORANTE

Vous souvenez-vous bien de tout l'argent que vous m'avez prêté?

MONSIEUR JOURDAIN

Je crois que oui. J'en ai fait un petit mémoire. Le voici. Donné à vous une fois deux cents louis.

DORANTE

Cela est vrai.

MONSIEUR JOURDAIN

Une autre fois six vingts.

DORANTE

Oui.

MONSIEUR JOURDAIN

Et une autre fois cent quarante.

DORANTE

Vous avez raison.

MONSIEUR JOURDAIN

Ces trois articles font quatre cent soixante louis, qui valent cinq mille soixante livres.

DORANTE

Le compte est fort bon. Cinq mille soixante livres.

MONSIEUR JOURDAIN

Mille huit cent trente-deux livres à votre plumassier.

DORANTE
I'm a man who likes to clear up his debts as soon as he can.

MONSIEUR JOURDAIN (*quietly, to Madame Jourdain:*)
I told you so.

DORANTE
Now let's see what I owe you.

MONSIEUR JOURDAIN (*quietly, to Madame Jourdain:*)
There you go with your ridiculous suspicions.

DORANTE
Do you remember all the money you've lent me?

MONSIEUR JOURDAIN
I think so. I made a little memorandum of it. Here it is. Given to you on one occasion two hundred *louis*.[14]

DORANTE
True.

MONSIEUR JOURDAIN
Another time, a hundred twenty.

DORANTE
Yes.

MONSIEUR JOURDAIN
And another time, a hundred forty.

DORANTE
Right.

MONSIEUR JOURDAIN
Those three items come to four hundred sixty *louis*, which makes five thousand sixty *livres*.

DORANTE
The account is quite accurate. Five thousand sixty *livres*.

MONSIEUR JOURDAIN
Then, eighteen hundred thirty-two *livres* to your plume maker.

---

[14] A *louis*, or *pistole*, was a gold coin, at the time worth eleven *livres*, or *francs*. There were 20 *sols* (*sous*) in a *livre*.

DORANTE
Justement.

MONSIEUR JOURDAIN
Deux mille sept cent quatre-vingts livres à votre tailleur.

DORANTE
Il est vrai.

MONSIEUR JOURDAIN
Quatre mille trois cent septante-neuf livres douze sous huit deniers
à votre marchand.

DORANTE
Fort bien. Douze sous huit deniers; le compte est juste.

MONSIEUR JOURDAIN
Et mille sept cent quarante-huit livres sept sous quatre deniers à
votre sellier.

DORANTE
Tout cela est véritable. Qu'est-ce que cela fait?

MONSIEUR JOURDAIN
Somme totale, quinze mille huit cents livres.

DORANTE
Somme totale est juste. Quinze mille huit cents livres. Mettez encore deux cents pistoles que vous m'allez donner: cela fera justement
dix-huit mille francs, que je vous payerai au premier jour.

MADAME JOURDAIN, *bas, à monsieur Jourdain*
Eh bien, ne l'avais-je pas bien deviné?

MONSIEUR JOURDAIN, *bas, à madame Jourdain*
Paix!

DORANTE
Cela vous incommodera-t-il, de me donner ce que je vous dis?

MONSIEUR JOURDAIN
Eh! non.

MADAME JOURDAIN, *bas, à monsieur Jourdain*
Cet homme-là fait de vous une vache à lait.

DORANTE
Correct.

MONSIEUR JOURDAIN
Two thousand seven hundred eighty *livres* to your tailor.

DORANTE
True.

MONSIEUR JOURDAIN
Four thousand three hundred seventy-nine *livres*, twelve *sols*, and eight farthings to your draper.

DORANTE
Very good. Twelve *sols* and eight farthings; the account is accurate.

MONSIEUR JOURDAIN
And seventeen hundred forty-eight *livres*, seven *sols*, and four farthings to your saddler.

DORANTE
All that is true. How much does it come to?

MONSIEUR JOURDAIN
A total of fifteen thousand eight hundred *livres*.

DORANTE
The total is correct. Fifteen thousand eight hundred *livres*. Now add two hundred *louis* that you're about to give me: that will make exactly eighteen thousand *livres*, which I'll pay you back at the earliest opportunity.

MADAME JOURDAIN (*quietly, to Monsieur Jourdain:*)
There! Didn't I guess right?

MONSIEUR JOURDAIN (*quietly, to Madame Jourdain:*)
Quiet!

DORANTE
Will it inconvenience you to give me what I ask?

MONSIEUR JOURDAIN
Oh, no.

MADAME JOURDAIN (*quietly, to Monsieur Jourdain:*)
That man is milking you.

MONSIEUR JOURDAIN, *bas, à madame Jourdain*
Taisez-vous!

DORANTE
Si cela vous incommode, j'en irai chercher ailleurs.

MONSIEUR JOURDAIN
Non, monsieur.

MADAME JOURDAIN, *bas, à monsieur Jourdain*
Il ne sera pas content qu'il ne vous ait ruiné.

MONSIEUR JOURDAIN, *bas, à madame Jourdain*
Taisez-vous, vous dis-je!

DORANTE
Vous n'avez qu'à me dire si cela vous embarrasse.

MONSIEUR JOURDAIN
Point, monsieur.

MADAME JOURDAIN, *bas, à monsieur Jourdain*
C'est un vrai enjôleux.

MONSIEUR JOURDAIN, *bas, à madame Jourdain*
Taisez-vous donc!

MADAME JOURDAIN, *bas, à monsieur Jourdain*
Il vous sucera jusqu'au dernier sou.

MONSIEUR JOURDAIN, *bas, à madame Jourdain*
Vous tairez-vous?

DORANTE
J'ai force gens qui m'en prêteraient avec joie; mais, comme vous êtes mon meilleur ami, j'ai cru que je vous ferais tort si j'en demandais à quelque autre.

MONSIEUR JOURDAIN
C'est trop d'honneur, monsieur, que vous me faites. Je vais querir votre affaire.

MADAME JOURDAIN, *bas, à monsieur Jourdain*
Quoi! vous allez encore lui donner cela?

MONSIEUR JOURDAIN, *bas, à madame Jourdain*
Que faire? voulez-vous que je refuse un homme de cette condition-là, qui a parlé de moi ce matin dans la chambre du roi?

MONSIEUR JOURDAIN (*quietly, to Madame Jourdain:*)
Keep still.

DORANTE
If it inconveniences you, I'll go elsewhere for it.

MONSIEUR JOURDAIN
No, sir.

MADAME JOURDAIN (*quietly, to Monsieur Jourdain:*)
He won't be satisfied till he wipes you out.

MONSIEUR JOURDAIN (*quietly, to Madame Jourdain:*)
Keep still, I tell you.

DORANTE
You have only to tell me if this causes you any difficulties.

MONSIEUR JOURDAIN
Not at all, sir.

MADAME JOURDAIN (*quietly, to Monsieur Jourdain:*)
He's a real wheedler.

MONSIEUR JOURDAIN (*quietly, to Madame Jourdain:*)
Do keep still!

MADAME JOURDAIN (*quietly, to Monsieur Jourdain:*)
He'll drain the last cent out of you.

MONSIEUR JOURDAIN (*quietly, to Madame Jourdain:*)
Will you keep still?

DORANTE
There are many people who'd gladly lend it to me; but, since you're my best friend, I thought that I'd be injuring you if I asked someone else for it.

MONSIEUR JOURDAIN
You do me too much honor, sir. I'll go and get what you need.

MADAME JOURDAIN (*quietly, to Monsieur Jourdain:*)
What? You're going to give him that too?

MONSIEUR JOURDAIN (*quietly, to Madame Jourdain:*)
What else? Do you want me to refuse a man of that rank, who spoke about me this morning in the king's bedchamber?

MADAME JOURDAIN, *bas, à monsieur Jourdain*
Allez, vous êtes une vraie dupe.

SCÈNE V.—Dorante, madame Jourdain, Nicole.

DORANTE
Vous me semblez toute mélancolique. Qu'avez-vous, madame Jourdain?

MADAME JOURDAIN
J'ai la tête plus grosse que le poing, et si elle n'est pas enflée.

DORANTE
Mademoiselle votre fille, où est-elle, que je ne la vois point?

MADAME JOURDAIN
Mademoiselle ma fille est bien où elle est.

DORANTE
Comment se porte-t-elle?

MADAME JOURDAIN
Elle se porte sur ses deux jambes.

DORANTE
Ne voulez-vous point, un de ces jours, venir voir avec elle le ballet et la comédie que l'on fait chez le roi?

MADAME JOURDAIN
Oui, vraiment! nous avons fort envie de rire, fort envie de rire nous avons.

DORANTE
Je pense, madame Jourdain, que vous avez eu bien des amants dans votre jeune âge, belle et d'agréable humeur comme vous étiez.

MADAME JOURDAIN
Tredame! monsieur, est-ce que madame Jourdain est décrépite, et la tête lui grouille-t-elle déjà?

DORANTE
Ah! ma foi, madame Jourdain, je vous demande pardon! je ne songeais pas que vous êtes jeune; et je rêve le plus souvent. Je vous prie d'excuser mon impertinence.

MADAME JOURDAIN (*quietly, to Monsieur Jourdain:*)
Go on, you're a real gull.

SCENE 5.—Dorante, Madame Jourdain, Nicole.

DORANTE
You seem to be quite melancholy. Do you have anything wrong, Madame Jourdain?

MADAME JOURDAIN
What I have is a head that's bigger than my fist, and yet it isn't swelled up.

DORANTE
Where is your daughter that I don't see her?

MADAME JOURDAIN
My daughter is where she belongs.

DORANTE
How is she getting on?

MADAME JOURDAIN
She gets on on her two feet.

DORANTE
One of these days won't you come with her to see the ballet and comedy that are being performed in the palace?

MADAME JOURDAIN
Yes, indeed! We really feel like laughing, a laugh is what we really want.

DORANTE
I think, Madame Jourdain, that you must have had many suitors when you were young, having been so beautiful and good-natured.

MADAME JOURDAIN
By Our Lady, sir, is Madame Jourdain decrepit, and is her head already bobbing?

DORANTE
Oh, I assure you, Madame Jourdain, I beg your pardon! It didn't occur to me that you're still young; and most of the time my thoughts are elsewhere. Please excuse my impertinence.

SCÈNE VI.—Monsieur Jourdain, madame Jourdain, Dorante, Nicole.

MONSIEUR JOURDAIN, *à Dorante*

Voilà deux cents louis bien comptés.

DORANTE

Je vous assure, monsieur Jourdain, que je suis tout à vous, et que je brûle de vous rendre un service à la cour.

MONSIEUR JOURDAIN

Je vous suis trop obligé.

DORANTE

Si madame Jourdain veut voir le divertissement royal, je lui ferai donner les meilleures places de la salle.

MADAME JOURDAIN

Madame Jourdain vous baise les mains.

DORANTE, *bas, à monsieur Jourdain*

Notre belle marquise, comme je vous ai mandé par mon billet, viendra tantôt ici pour le ballet et le repas; et je l'ai fait consentir enfin au cadeau que vous lui voulez donner.

MONSIEUR JOURDAIN

Tirons-nous un peu plus loin, pour cause.

DORANTE

Il y a huit jours que je ne vous ai vu; et je ne vous ai point mandé de nouvelles du diamant que vous me mîtes entre les mains pour lui en faire présent de votre part; mais c'est que j'ai eu toutes les peines du monde à vaincre son scrupule; et ce n'est que d'aujourd'hui qu'elle s'est résolue à l'accepter.

MONSIEUR JOURDAIN

Comment l'a-t-elle trouvé?

DORANTE

Merveilleux; et je me trompe fort, ou la beauté de ce diamant fera pour vous sur son esprit un effet admirable.

MONSIEUR JOURDAIN

Plût au ciel!

SCENE 6.—Monsieur Jourdain, Madame Jourdain, Dorante, Nicole.

MONSIEUR JOURDAIN (*to Dorante:*)
Here are two hundred *louis* all counted.

DORANTE
I assure you, Monsieur Jourdain, that I'm all yours, and I'm impatient to do you some favor at court.

MONSIEUR JOURDAIN
Most obliged to you.

DORANTE
If Madame Jourdain wishes to see the royal entertainment, I'll have her given the best seats in the house.

MADAME JOURDAIN
Madame Jourdain says good-bye.

DORANTE (*quietly, to Monsieur Jourdain:*)
As I let you know in my note, our beautiful marchioness will come here later for the ballet and the dinner; I finally persuaded her to accept the entertainment you want to give her.

MONSIEUR JOURDAIN
Let's move away a little, you know why.

DORANTE
It's a week since I've seen you, and I haven't sent you any news about the diamond you left with me to present to her on your behalf; but it's because I had all the trouble in the world to overcome her scruples; and it was only today that she agreed to accept it.

MONSIEUR JOURDAIN
How did she like it?

DORANTE
She thought it was wonderful; and I'm greatly mistaken if the beauty of that diamond doesn't create a strong impression on her in your favor.

MONSIEUR JOURDAIN
How I hope so!

MADAME JOURDAIN, *à Nicole*

Quand il est une fois avec lui, il ne peut le quitter.

DORANTE

Je lui ai fait valoir comme il faut la richesse de ce présent, et la grandeur de votre amour.

MONSIEUR JOURDAIN

Ce sont, monsieur, des bontés qui m'accablent; et je suis dans une confusion la plus grande du monde, de voir une personne de votre qualité s'abaisser pour moi à ce que vous faites.

DORANTE

Vous moquez-vous? est-ce qu'entre amis on s'arrête à ces sortes de scrupules? et ne feriez-vous pas pour moi la même chose, si l'occasion s'en offrait?

MONSIEUR JOURDAIN

Oh! assurément, et de très-grand cœur!

MADAME JOURDAIN, *à Nicole*

Que sa présence me pèse sur les épaules!

DORANTE

Pour moi, je ne regarde rien quand il faut servir un ami; et, lorsque vous me fîtes confidence de l'ardeur que vous aviez prise pour cette marquise agréable, chez qui j'avais commerce, vous vîtes que d'abord je m'offris de moi-même à servir votre amour.

MONSIEUR JOURDAIN

Il est vrai. Ce sont des bontés qui me confondent.

MADAME JOURDAIN, *à Nicole*

Est-ce qu'il ne s'en ira point?

NICOLE

Ils se trouvent bien ensemble.

DORANTE

Vous avez pris le bon biais pour toucher son cœur. Les femmes aiment surtout les dépenses qu'on fait pour elles; et vos fréquentes sérénades, et vos bouquets continuels, ce superbe feu d'artifice qu'elle trouva sur l'eau, le diamant qu'elle a reçu de votre part, et le cadeau que vous lui préparez, tout cela lui parle bien mieux en faveur de votre amour que toutes les paroles que vous auriez pu lui dire vous-même.

MADAME JOURDAIN (*to Nicole:*)
Once he gets together with him, he can't tear himself away.

DORANTE
I properly impressed on her how expensive the present is and how great your love is.

MONSIEUR JOURDAIN
Sir, these are favors that overwhelm me; and I'm in the greatest embarrassment to see a person of your quality condescending to do what you're doing for me.

DORANTE
Are you joking? Does one linger over scruples of that kind between friends? And wouldn't you do the same thing for me if the occasion arose?

MONSIEUR JOURDAIN
Oh, of course, and very gladly!

MADAME JOURDAIN (*to Nicole:*)
How his presence weighs on me!

DORANTE
As for me, nothing ever prevents me from helping out a friend; and, when you confided in me about the passion you had conceived for that charming marchioness, who was an acquaintance of mine, you saw me immediately offer myself spontaneously to serve your love.

MONSIEUR JOURDAIN
It's true. These are favors that embarrass me.

MADAME JOURDAIN (*to Nicole:*)
Isn't he ever going to leave?

NICOLE
They enjoy each other's company.

DORANTE
You're on the right track for winning her heart. Women like nothing better than to have men spend money on them; and your frequent serenades, and your continual bouquets, that superb fireworks display she enjoyed on the river, the diamond she received on your behalf, and the party you're preparing for her, all that speaks much more forcefully to her in favor of your love than all the words you might have said to her yourself.

MONSIEUR JOURDAIN

Il n'y a point de dépenses que je ne fisse, si par là je pouvais trouver le chemin de son cœur. Une femme de qualité a pour moi des charmes ravissants; et c'est un honneur que j'achèterais au prix de toutes choses.

MADAME JOURDAIN, *bas, à Nicole*

Que peuvent-ils tant dire ensemble? Va-t'en un peu tout doucement prêter l'oreille.

DORANTE

Ce sera tantôt que vous jouirez à votre aise du plaisir de sa vue; et vos yeux auront tout le temps de se satisfaire.

MONSIEUR JOURDAIN

Pour être en pleine liberté, j'ai fait en sorte que ma femme ira dîner chez sa sœur, où elle passera toute l'après-dînée.

DORANTE

Vous avez fait prudemment, et votre femme aurait pu nous embarrasser. J'ai donné pour vous l'ordre qu'il faut au cuisinier, et à toutes les choses qui sont nécessaires pour le ballet. Il est de mon invention; et, pourvu que l'exécution puisse répondre à l'idée, je suis sûr qu'il sera trouvé . . .

MONSIEUR JOURDAIN, *s'apercevant que Nicole écoute, et lui donnant un soufflet*

Ouais! vous êtes bien impertinente! (*À Dorante*) Sortons, s'il vous plaît.

SCÈNE VII.—Madame Jourdain, Nicole.

NICOLE

Ma foi, madame, la curiosité m'a coûté quelque chose; mais je crois qu'il y a quelque anguille sous roche, et ils parlent de quelque affaire où ils ne veulent pas que vous soyez.

MADAME JOURDAIN

Ce n'est pas d'aujourd'hui, Nicole, que j'ai conçu des soupçons de mon mari. Je suis la plus trompée du monde, ou il y a quelque amour en campagne; et je travaille à découvrir ce que ce peut être. Mais songeons à ma fille. Tu sais l'amour que Cléonte a pour elle: c'est un homme qui me revient; et je veux aider sa recherche, et lui donner Lucile si je puis.

MONSIEUR JOURDAIN

There's no expense I wouldn't go to if it helped me find the way to her heart. A woman of rank has bewitching charms for me, and it's an honor I'd buy at any price.

MADAME JOURDAIN (*quietly, to Nicole:*)

How much do they have to tell each other? Go over quietly and listen in.

DORANTE

In only a little while you'll be enjoying the pleasure of seeing her at your ease, and your eyes will have all the time they want to satisfy themselves.

MONSIEUR JOURDAIN

To be at complete liberty, I've arranged for my wife to dine at her sister's, where she'll spend the whole afternoon.

DORANTE

You acted wisely; your wife might have annoyed us. On your behalf I've placed the proper order with the cook and I've arranged for everything necessary for the ballet. I devised it and, provided that the performance comes up to the conception, I'm sure you'll find it . . .

MONSIEUR JOURDAIN (*noticing that Nicole is listening, and slapping her:*)

My, but you're impertinent! (*To Dorante:*) Let's step out, if you don't mind.

SCENE 7.—Madame Jourdain, Nicole.

NICOLE

Goodness, madame, I paid something for my curiosity; but I think there's some snake in the grass, and they're talking about some get-together they don't want you to be at.

MADAME JOURDAIN

Nicole, I've had suspicions about my husband for some time now. Either I'm totally mistaken, or else there's some love affair in the works; and I'm trying hard to find out what it can be. But let's talk about my daughter. You know how much in love with her Cléonte is; he's a man who suits me, and I want to aid his efforts and give him Lucile, if I can.

NICOLE

En vérité, madame, je suis la plus ravie du monde de vous voir dans ces sentiments; car, si le maître vous revient, le valet ne me revient pas moins, et je souhaiterais que notre mariage se pût faire à l'ombre du leur.

MADAME JOURDAIN

Va-t'en lui en parler de ma part, et lui dire que tout à l'heure il me vienne trouver, pour faire ensemble à mon mari la demande de ma fille.

NICOLE

J'y cours, madame, avec joie, et je ne pouvais recevoir une commission plus agréable. (*Seule*) Je vais, je pense, bien réjouir les gens.

SCÈNE VIII.—Cléonte, Covielle, Nicole.

NICOLE, *à Cléonte*

Ah! vous voilà tout à propos! Je suis une ambassadrice de joie, et je viens . . .

CLÉONTE

Retire-toi, perfide, et ne me viens point amuser avec tes traîtresses paroles.

NICOLE

Est-ce ainsi que vous recevez . . .

CLÉONTE

Retire-toi, te dis-je, et va-t'en dire, de ce pas, à ton infidèle maîtresse qu'elle n'abusera de sa vie le trop simple Cléonte.

NICOLE

Quel vertigo est-ce donc là? Mon pauvre Covielle, dis-moi un peu ce que cela veut dire.

COVIELLE

Ton pauvre Covielle, petite scélérate! Allons, vite, ôte-toi de mes yeux, vilaine, et me laisse en repos.

NICOLE

Quoi! tu me viens aussi . . .

COVIELLE

Ôte-toi de mes yeux, te dis-je, et ne me parle pas de ta vie.

NICOLE
Truly, madame, I'm as delighted as can be to hear you talking this way; because if the master suits you, the valet suits me just as much, and I'd like our marriage to take place in conjunction with theirs.

MADAME JOURDAIN
Go talk to him from me and tell him to come see me right away, so we can ask my husband together for my daughter's hand.

NICOLE
Gladly, madame, I'm running, and I couldn't have been given a more pleasant errand. (*Alone:*) I think I'll really cheer people up.

SCENE 8.—Cléonte, Covielle, Nicole.

NICOLE (*to Cléonte:*)
Ah, there you are right in time! I'm an ambassadress of joy, and I come . . .

CLÉONTE
Withdraw, treacherous woman, and do not deceive me with your perfidious words.

NICOLE
Is that how you welcome . . .

CLÉONTE
Withdraw, I tell you, and this very moment go tell your faithless mistress that she shall never again deceive the all-too-naïve Cléonte.

NICOLE
What is all this lunacy? My poor Covielle, please tell me what it's all about.

COVIELLE
Your poor Covielle, little scoundrel! Go, quickly, take yourself out of my sight, ugly creature, and leave me in peace.

NICOLE
What? you, too, are . . .

COVIELLE
Out of my sight, I tell you, and never ever talk to me again.

NICOLE, *à part*

Ouais! Quelle mouche les a piqués tous deux? Allons de cette belle histoire informer ma maîtresse.

SCÈNE IX.—Cléonte, Covielle.

CLÉONTE

Quoi! traiter un amant de la sorte, et un amant le plus fidèle et le plus passionné de tous les amants!

COVIELLE

C'est une chose épouvantable que ce qu'on nous a fait à tous deux.

CLÉONTE

Je fais voir pour une personne toute l'ardeur et toute la tendresse qu'on peut imaginer; je n'aime rien au monde qu'elle, et je n'ai qu'elle dans l'esprit; elle fait tous mes soins, tous mes désirs, toute ma joie; je ne parle que d'elle, je ne pense qu'à elle, je ne fais des songes que d'elle, je ne respire que par elle, mon cœur vit tout en elle; et voilà de tant d'amitié la digne récompense! Je suis deux jours sans la voir, qui sont pour moi deux siècles effroyables: je la rencontre par hasard; mon cœur, à cette vue, se sent tout transporté, ma joie éclate sur mon visage, je vole avec ravissement vers elle, et l'infidèle détourne de moi ses regards, et passe brusquement, comme si de sa vie elle ne m'avait vu!

COVIELLE

Je dis les mêmes choses que vous.

CLÉONTE

Peut-on rien voir d'égal, Covielle, à cette perfidie de l'ingrate Lucile?

COVIELLE

Et à celle, monsieur, de la pendarde de Nicole?

CLÉONTE

Après tant de sacrifices ardents, de soupirs et de vœux que j'ai faits à ses charmes!

COVIELLE

Après tant d'assidus hommages, de soins et de services que je lui ai rendus dans sa cuisine!

NICOLE (*aside:*)

My! What flea do those two have in their ear? Let me go tell my mistress about this happy situation.

SCENE 9.—Cléonte, Covielle.

CLÉONTE

What? To treat a suitor that way, and a suitor who's the most faithful and passionate of all suitors!

COVIELLE

It's a terrible thing they did to both of us.

CLÉONTE

I show a person all imaginable ardor and tenderness; I love nothing in the world but her, and have nothing but her in my mind; she constitutes my every care, my every desire, all my joy; I speak of nothing but her, I think of nothing but her, I dream only of her, I breathe only through her, my heart lives completely in her, and that's the worthy reward of so much love! I don't see her for two days, which are two horrible centuries for me; I meet her by chance; my heart, at that sight, feels completely carried away, my joy shines forth on my face, I fly toward her in raptures; and the faithless one turns her eyes away from me and walks by abruptly, as if she had never seen me in her life!

COVIELLE

I say the same as you.

CLÉONTE

Covielle, is it possible to see anything equal to this treachery of the ungrateful Lucile?

COVIELLE

Or that, sir, of that hussy Nicole?

CLÉONTE

After so many ardent sacrifices, sighs, and vows that I offered to her charms!

COVIELLE

After so many constant tributes, attentions, and favors that I offered to her in her kitchen!

CLÉONTE

Tant de larmes que j'ai versées à ses genoux!

COVIELLE

Tant de seaux d'eau que j'ai tirés au puits pour elle!

CLÉONTE

Tant d'ardeur que j'ai fait paraître à la chérir plus que moi-même!

COVIELLE

Tant de chaleur que j'ai soufferte à tourner la broche à sa place!

CLÉONTE

Elle me fuit avec mépris!

COVIELLE

Elle me tourne le dos avec effronterie!

CLÉONTE

C'est une perfidie digne des plus grands châtiments.

COVIELLE

C'est une trahison à mériter mille soufflets.

CLÉONTE

Ne t'avise point, je te prie, de me parler jamais pour elle.

COVIELLE

Moi, monsieur? Dieu m'en garde!

CLÉONTE

Ne viens point m'excuser l'action de cette infidèle.

COVIELLE

N'ayez pas peur.

CLÉONTE

Non, vois-tu, tous tes discours pour la défendre ne serviront de rien.

COVIELLE

Qui songe à cela?

CLÉONTE

Je veux contre elle conserver mon ressentiment, et rompre ensemble tout commerce.

COVIELLE

J'y consens.

CLÉONTE
So many tears that I shed while kneeling at her feet!

COVIELLE
So many buckets of water that I drew from the well for her!

CLÉONTE
So much eagerness I showed in cherishing her more than myself!

COVIELLE
So much heat I endured while turning the spit in her place!

CLÉONTE
She flees me with scorn!

COVIELLE
She turns her back on me with brazenness!

CLÉONTE
It's treachery deserving of the harshest punishment.

COVIELLE
It's a betrayal that merits a thousand slaps in the face.

CLÉONTE
Please don't ever think of speaking to me in her favor.

COVIELLE
I, sir, God forbid!

CLÉONTE
Don't come and make excuses to me for that faithless girl's deed.

COVIELLE
Don't worry.

CLÉONTE
No, you see, all your words in her defense will be useless.

COVIELLE
Who intends to say any?

CLÉONTE
I want to preserve my anger toward her and break off all relations together.

COVIELLE
I agree to that.

CLÉONTE

Ce monsieur le comte qui va chez elle lui donne peut-être dans la vue; et son esprit, je le vois bien, se laisse éblouir à la qualité. Mais il me faut, pour mon honneur, prévenir l'éclat de son inconstance. Je veux faire autant de pas qu'elle au changement où je la vois courir, et ne lui laisser pas toute la gloire de me quitter.

COVIELLE

C'est fort bien dit, et j'entre pour mon compte dans tous vos sentiments.

CLÉONTE

Donne la main à mon dépit, et soutiens ma résolution contre tous les restes d'amour qui me pourraient parler pour elle. Dis-m'en, je t'en conjure, tout le mal que tu pourras. Fais-moi de sa personne une peinture qui me la rende méprisable, et marque-moi bien, pour m'en dégoûter, tous les défauts que tu peux voir en elle.

COVIELLE

Elle, monsieur? voilà une belle mijaurée, une pimpesouée bien bâtie, pour vous donner tant d'amour! Je ne lui vois rien que de très-médiocre; et vous trouverez cent personnes qui seront plus dignes de vous. Premièrement, elle a les yeux petits.

CLÉONTE

Cela est vrai, elle a les yeux petits; mais elle les a pleins de feu, les plus brillants, les plus perçants du monde, les plus touchants qu'on puisse voir.

COVIELLE

Elle a la bouche grande.

CLÉONTE

Oui; mais on y voit des grâces qu'on ne voit point aux autres bouches; et cette bouche, en la voyant, inspire des désirs, est la plus attrayante, la plus amoureuse du monde.

COVIELLE

Pour sa taille, elle n'est pas grande.

CLÉONTE

Non; mais elle est aisée et bien prise.

COVIELLE

Elle affecte une nonchalance dans son parler et dans ses actions . . .

CLÉONTE

This count who comes to her house may be catching her eye; and I can see that her mind is being dazzled by his rank. But, for my honor, I must forestall the scandal of her inconstancy. I want to contribute as much as she does to the breaking-off that I see her headed for, and not leave her all the glory of deserting me.

COVIELLE

Very well said, and, as for me, I concur with all your sentiments.

CLÉONTE

Aid me in my resentment, and uphold my resolution against all the embers of my love that might speak to me in her favor. I beseech you, say all the bad things about her that you can. Paint a portrait of her appearance that will make her contemptible to me; and, to destroy my feelings for her, point out all the faults you can find in her.

COVIELLE

In her, sir? There's a fine pretentious fool for you, a downright flirt, to inspire so much love in you! I see in her nothing but mediocrity, and you'll find a hundred women more worthy of you. First of all, she has small eyes.

CLÉONTE

It's true, she has small eyes; but they're full of fire, the most shining and piercing in the world, the most exciting that can be seen.

COVIELLE

She has a big mouth.

CLÉONTE

Yes; but it has charms you don't see in other mouths; and, when you see that mouth, it inspires ardor, it's the most attractive and lovable in the world.

COVIELLE

As for her figure, she's not tall.

CLÉONTE

No; but she's graceful and well shaped.

COVIELLE

She affects a nonchalance in her speech and movements.

CLÉONTE

Il est vrai; mais elle a grâce à tout cela; et ses manières sont engageantes, ont je ne sais quel charme à s'insinuer dans les cœurs.

COVIELLE

Pour de l'esprit . . .

CLÉONTE

Ah! elle en a, Covielle, du plus fin, du plus délicat.

COVIELLE

Sa conversation . . .

CLÉONTE

Sa conversation est charmante.

COVIELLE

Elle est toujours sérieuse.

CLÉONTE

Veux-tu de ces enjouements épanouis, de ces joies toujours ouvertes? et vois-tu rien de plus impertinent que les femmes qui rient à tout propos?

COVIELLE

Mais, enfin, elle est capricieuse autant que personne du monde.

CLÉONTE

Oui, elle est capricieuse, j'en demeure d'accord; mais tout sied bien aux belles, on souffre tout des belles.

COVIELLE

Puisque cela va comme cela, je vois bien que vous avez envie de l'aimer toujours.

CLÉONTE

Moi! j'aimerais mieux mourir; et je vais la haïr autant que je l'ai aimée.

COVIELLE

Le moyen, si vous la trouvez si parfaite?

CLÉONTE

C'est en quoi ma vengeance sera plus éclatante, en quoi je veux faire mieux voir la force de mon cœur à la haïr, à la quitter, toute belle, toute pleine d'attraits, tout aimable que je la trouve. La voici.

CLÉONTE

True; but she does it so attractively; and she has winning ways, with a kind of charm that steals into your heart.

COVIELLE

As for her intelligence . . .

CLÉONTE

Oh, Covielle, she has the subtlest, the most delicate.

COVIELLE

Her conversation . . .

CLÉONTE

Her conversation is charming.

COVIELLE

She's always serious.

CLÉONTE

Would you rather have those extroverted fits of playfulness, those joys that are always on display? And can you see anything more impertinent than women who are always laughing?

COVIELLE

Lastly, she's the most capricious woman in the world.

CLÉONTE

Yes, she's capricious, I agree with you there; but everything is becoming to beautiful girls; from beautiful girls you accept everything.

COVIELLE

Since that's the way it is, I can see that you intend to love her always.

CLÉONTE

I? I'd rather die; and I'm going to hate her as much as I used to love her.

COVIELLE

How will you manage, if you find her so perfect?

CLÉONTE

That's what will make my revenge more conspicuous, that's the way I'll show more clearly just how firmly my heart will hate her and abandon her, no matter how beautiful, appealing, and lovable I may consider her. Here she is.

SCÈNE X.—Lucile, Cléonte, Covielle, Nicole.

NICOLE, *à Lucile*
Pour moi, j'en ai été toute scandalisée.

LUCILE
Ce ne peut être, Nicole, que ce que je te dis. Mais le voilà.

CLÉONTE, *à Covielle*
Je ne veux pas seulement lui parler.

COVIELLE
Je veux vous imiter.

LUCILE
Qu'est-ce donc, Cléonte? qu'avez-vous?

NICOLE
Qu'as-tu donc, Covielle?

LUCILE
Quel chagrin vous possède?

NICOLE
Quelle mauvaise humeur te tient?

LUCILE
Êtes-vous muet, Cléonte?

NICOLE
As-tu perdu la parole, Covielle?

CLÉONTE
Que voilà qui est scélérat!

COVIELLE
Que cela est Judas!

LUCILE
Je vois bien que la rencontre de tantôt a troublé votre esprit.

CLÉONTE, *à Covielle*
Ah! ah! On voit ce qu'on a fait.

NICOLE
Notre accueil de ce matin t'a fait prendre la chèvre.

SCENE 10.—Lucile, Cléonte, Covielle, Nicole.

NICOLE *(to Lucile:)*
As for me, it shocked me completely.

LUCILE
Nicole, it can only be what I told you it is. But here he is.

CLÉONTE *(to Covielle:)*
I don't even want to talk to her.

COVIELLE
I'll imitate you.

LUCILE
What is it, Cléonte? What's the matter?

NICOLE
What's wrong with you, Covielle?

LUCILE
What's annoying you?

NICOLE
What's this bad mood you're in?

LUCILE
Are you mute, Cléonte?

NICOLE
Have you lost your voice, Covielle?

CLÉONTE
What a criminal!

COVIELLE
What a Judas!

LUCILE
I can see that our meeting earlier today has upset you.

CLÉONTE *(to Covielle:)*
Ah, ha! They see what they've done.

NICOLE
Our way of greeting you this morning has made you bridle up.

COVIELLE, *à Cléonte*

On a deviné l'enclouure.

LUCILE

N'est-il pas vrai, Cléonte, que c'est là le sujet de votre dépit?

CLÉONTE

Oui, perfide, ce l'est, puisqu'il faut parler; et j'ai à vous dire que vous ne triompherez pas, comme vous pensez, de votre infidélité; que je veux être le premier à rompre avec vous, et que vous n'aurez pas l'avantage de me chasser. J'aurai de la peine, sans doute, à vaincre l'amour que j'ai pour vous; cela me causera des chagrins, je souffrirai un temps; mais j'en viendrai à bout, et je me percerai plutôt le cœur que d'avoir la faiblesse de retourner à vous.

COVIELLE, *à Nicole*

Queussi, queumi.

LUCILE

Voilà bien du bruit pour un rien! Je veux vous dire, Cléonte, le sujet qui m'a fait ce matin éviter votre abord.

CLÉONTE, *voulant s'en aller pour éviter Lucile*

Non, je ne veux rien écouter.

NICOLE, *à Covielle*

Je te veux apprendre la cause qui nous a fait passer si vite.

COVIELLE, *voulant aussi s'en aller pour éviter Nicole*

Je ne veux rien entendre.

LUCILE, *suivant Cléonte*

Sachez que ce matin . . .

CLÉONTE, *marchant toujours sans regarder Lucile*

Non, vous dis-je.

NICOLE, *suivant Covielle*

Apprends que . . .

COVIELLE, *marchant aussi sans regarder Nicole*

Non, traîtresse!

LUCILE

Écoutez.

CLÉONTE

Point d'affaire.

COVIELLE (*to Cléonte:*)
They've guessed where the shoe pinches.

LUCILE
Isn't it true, Cléonte, that that's the reason for your grudge?

CLÉONTE
Yes, faithless girl, since I must speak, it is, and I can tell you that you won't triumph in your infidelity as you intend to; that I want to be the first to break off with you, and that you won't have the advantage of driving me away. No doubt I'll have some difficulty in overcoming the love I have for you, that will cause me vexations, I'll suffer for a while, but I'll finally succeed, and I'd rather stab myself in the heart than have the weakness to come back to you.

COVIELLE (*to Nicole:*)
Same here.

LUCILE
What a lot of noise over nothing! Cléonte, let me tell you the reason I cut you on the street this morning.

CLÉONTE (*trying to leave to avoid Lucile:*)
No, I don't want to listen to a thing.

NICOLE (*to Covielle:*)
I want to tell you what made us walk away so fast.

COVIELLE (*also trying to leave to avoid Nicole:*)
I don't want to hear a thing.

LUCILE (*following Cléonte:*)
You must know that this morning . . .

CLÉONTE (*still walking away without looking at Lucile:*)
No, I tell you.

NICOLE (*following Covielle:*)
The reason was . . .

COVIELLE (*also walking away without looking at Nicole:*)
No, you deceiver!

LUCILE
Listen!

CLÉONTE
No way.

NICOLE
  Laisse-moi dire.

COVIELLE
  Je suis sourd.

LUCILE
  Cléonte!

CLÉONTE
  Non.

NICOLE
  Covielle!

COVIELLE
  Point.

LUCILE
  Arrêtez.

CLÉONTE
  Chansons!

NICOLE
  Entends-moi.

COVIELLE
  Bagatelle!

LUCILE
  Un moment.

CLÉONTE
  Point du tout.

NICOLE
  Un peu de patience.

COVIELLE
  Tarare!

LUCILE
  Deux paroles.

CLÉONTE
  Non: c'en est fait.

NICOLE
  Let me talk.

COVIELLE
  I'm deaf.

LUCILE
  Cléonte!

CLÉONTE
  No!

NICOLE
  Covielle!

COVIELLE
  No!

LUCILE
  Stop.

CLÉONTE
  Nonsense.

NICOLE
  Hear me out.

COVIELLE
  Fiddlesticks.

LUCILE
  One moment.

CLÉONTE
  Not at all.

NICOLE
  A little patience.

COVIELLE
  Nothing doing.

LUCILE
  Just two words.

CLÉONTE
  No; it's all over.

NICOLE
Un mot.

COVIELLE
Plus de commerce.

LUCILE, *s'arrêtant*
Eh bien, puisque vous ne voulez pas m'écouter, demeurez dans votre pensée, et faites ce qu'il vous plaira.

NICOLE, *s'arrêtant aussi*
Puisque tu fais comme cela, prends-le tout comme tu voudras.

CLÉONTE, *se tournant vers Lucile*
Sachons donc le sujet d'un si bel accueil.

LUCILE, *s'en allant à son tour pour éviter Cléonte*
Il ne me plaît plus de le dire.

COVIELLE, *se tournant vers Nicole*
Apprends-nous un peu cette histoire.

NICOLE, *s'en allant aussi pour éviter Covielle*
Je ne veux plus, moi, te l'apprendre.

CLÉONTE, *suivant Lucile*
Dites-moi . . .

LUCILE, *marchant toujours sans regarder Cléonte*
Non, je ne veux rien dire.

COVIELLE, *suivant Nicole*
Conte-moi . . .

NICOLE, *marchant aussi sans regarder Covielle*
Non, je ne conte rien.

CLÉONTE
De grâce!

LUCILE
Non, vous dis-je.

COVIELLE
Par charité.

NICOLE
Point d'affaire.

NICOLE
One word.

COVIELLE
We're through.

LUCILE (*stopping:*)
All right! Since you don't want to listen to me, don't change your mind, and do whatever you like.

NICOLE (*also stopping:*)
Since you're acting like that, believe whatever you want.

CLÉONTE (*turning to Lucile:*)
Let's hear the reason for such a fine greeting.

LUCILE (*walking away, in her turn, to avoid Cléonte:*)
I don't feel anymore like telling you.

COVIELLE (*turning to Nicole:*)
Tell us that story.

NICOLE (*also walking away to avoid Covielle:*)
I'm no longer interested in telling you.

CLÉONTE (*following Lucile:*)
Tell me . . .

LUCILE (*continuing to walk away without looking at Cléonte:*)
No, I don't want to say a thing.

COVIELLE (*following Nicole:*)
Tell the story . . .

NICOLE (*also walking away without looking at Covielle:*)
No, I'm telling no stories.

CLÉONTE
Please!

LUCILE
No, I say.

COVIELLE
Have mercy!

NICOLE
Nothing doing.

CLÉONTE
Je vous en prie.

LUCILE
Laissez-moi.

COVIELLE
Je t'en conjure.

NICOLE
Ôte-toi de là.

CLÉONTE
Lucile!

LUCILE
Non.

COVIELLE
Nicole!

NICOLE
Point.

CLÉONTE
Au nom des dieux!

LUCILE
Je ne veux pas.

COVIELLE
Parle-moi.

NICOLE
Point du tout.

CLÉONTE
Éclaircissez mes doutes.

LUCILE
Non: je n'en ferai rien.

COVIELLE
Guéris-moi l'esprit.

NICOLE
Non: il ne me plaît pas.

CLÉONTE
Eh bien, puisque vous vous souciez si peu de me tirer de peine et

CLÉONTE
  I beg of you.

LUCILE
  Leave me alone.

COVIELLE
  I beseech you.

NICOLE
  Get out of here.

CLÉONTE
  Lucile!

LUCILE
  No.

COVIELLE
  Nicole!

NICOLE
  No way.

CLÉONTE
  In the name of the gods!

LUCILE
  I don't want to.

COVIELLE
  Speak to me.

NICOLE
  Not a word.

CLÉONTE
  Dispel my doubts.

LUCILE
  No; I'll do nothing of the sort.

COVIELLE
  Restore my spirits.

NICOLE
  No; I don't feel like it.

CLÉONTE
  All right! Since you're so little concerned with relieving my sorrow

de vous justifier du traitement indigne que vous avez fait à ma flamme, vous me voyez, ingrate, pour la dernière fois; et je vais, loin de vous, mourir de douleur et d'amour.

COVIELLE, *à Nicole*
Et moi, je vais suivre ses pas.

LUCILE, *à Cléonte, qui veut sortir*
Cléonte!

NICOLE, *à Covielle, qui suit son maître*
Covielle!

CLÉONTE, *s'arrêtant*
Eh?

COVIELLE, *s'arrêtant aussi*
Plaît-il?

LUCILE
Où allez-vous?

CLÉONTE
Où je vous ai dit.

COVIELLE
Nous allons mourir.

LUCILE
Vous allez mourir, Cléonte?

CLÉONTE
Oui, cruelle, puisque vous le voulez.

LUCILE
Moi! je veux que vous mouriez!

CLÉONTE
Oui, vous le voulez.

LUCILE
Qui vous le dit?

CLÉONTE, *s'approchant de Lucile*
N'est-ce pas le vouloir, que de ne vouloir pas éclaircir mes soupçons?

LUCILE
Est-ce ma faute? et, si vous aviez voulu m'écouter, ne vous aurais-

and explaining the shameful way you treated my passion, you're now seeing me for the last time, ungrateful girl; and I'm going off, far from you, to die of grief and love.

COVIELLE (*to Nicole:*)
　As for me, I'm going to follow him.

LUCILE (*to Cléonte, who wants to leave:*)
　Cléonte!

NICOLE (*to Covielle, who is following his master:*)
　Covielle!

CLÉONTE (*stopping:*)
　Yes?

COVIELLE (*also stopping:*)
　You said something?

LUCILE
　Where are you going?

CLÉONTE
　Where I told you.

COVIELLE
　We're going off to die.

LUCILE
　You're going off to die, Cléonte?

CLÉONTE
　Yes, cruel girl, since that's how you want it.

LUCILE
　What? I want you to die?

CLÉONTE
　Yes, you do.

LUCILE
　Who says so?

CLÉONTE (*approaching Lucile:*)
　Isn't not wanting to dispel my doubts just the same thing?

LUCILE
　Is it my fault? And if you had agreed to listen to me, wouldn't I have

je pas dit que l'aventure dont vous vous plaignez a été causée ce matin par la présence d'une vieille tante, qui veut à toute force que la seule approche d'un homme déshonore une fille, qui perpétuellement nous sermonne sur ce chapitre, et nous figure tous les hommes comme des diables qu'il faut fuir?

NICOLE, *à Covielle*

Voilà le secret de l'affaire.

CLÉONTE

Ne me trompez-vous point, Lucile?

COVIELLE, *à Nicole*

Ne m'en donnes-tu point à garder?

LUCILE, *à Cléonte*

Il n'est rien de plus vrai.

NICOLE, *à Covielle*

C'est la chose comme elle est.

COVIELLE, *à Cléonte*

Nous rendrons-nous à cela?

CLÉONTE

Ah! Lucile, qu'avec un mot de votre bouche vous savez apaiser de choses dans mon cœur, et que facilement on se laisse persuader aux personnes qu'on aime!

COVIELLE

Qu'on est aisément amadoué par ces diantres d'animaux-là!

SCÈNE XI.—Madame Jourdain, Cléonte, Lucile, Covielle, Nicole.

MADAME JOURDAIN

Je suis bien aise de vous voir, Cléonte, et vous voilà tout à propos. Mon mari vient; prenez vite votre temps pour lui demander Lucile en mariage.

CLÉONTE

Ah! madame, que cette parole m'est douce et qu'elle flatte mes désirs! Pouvais-je recevoir un ordre plus charmant, une faveur plus précieuse?

told you that the adventure you're complaining about was caused this morning by the presence of an elderly aunt, who staunchly maintains that the very approach of a man dishonors a girl, and who is perpetually preaching to us on that chapter and depicts all men to us as devils we must shun?

NICOLE *(to Covielle:)*
That's the whole secret of the matter.

CLÉONTE
You're not fooling me, Lucile?

COVIELLE *(to Nicole:)*
You're not pulling the wool over my eyes?

LUCILE *(to Cléonte:)*
Nothing is more true.

NICOLE *(to Covielle:)*
That's exactly what happened.

COVIELLE *(to Cléonte:)*
Will we accept that?

CLÉONTE
Ah, Lucile, how, with one word from your lips, you can calm my heart, and how easily we allow ourselves to be convinced by those we love!

COVIELLE
How easily we're wheedled by those devilish creatures!

SCENE 11.—Madame Jourdain, Cléonte, Lucile, Covielle, Nicole.

MADAME JOURDAIN
I'm very happy to see you, Cléonte, you've come most opportunely. My husband is on his way: quickly seize the moment to ask him for Lucile's hand.

CLÉONTE
Oh, madame, how sweet those words are to me, and how they gratify my desires! Could I possibly receive an order more charming, a favor more precious?

SCÈNE XII.—Cléonte, monsieur Jourdain, madame Jourdain, Lucile, Covielle, Nicole.

CLÉONTE

Monsieur, je n'ai voulu prendre personne pour vous faire une demande que je médite il y a longtemps. Elle me touche assez pour m'en charger moi-même, et, sans autre détour, je vous dirai que l'honneur d'être votre gendre est une faveur glorieuse que je vous prie de m'accorder.

MONSIEUR JOURDAIN

Avant que de vous rendre réponse, monsieur, je vous prie de me dire si vous êtes gentilhomme.

CLÉONTE

Monsieur, la plupart des gens, sur cette question, n'hésitent pas beaucoup; on tranche le mot aisément. Ce nom ne fait aucun scrupule à prendre, et l'usage aujourd'hui semble en autoriser le vol. Pour moi, je vous l'avoue, j'ai les sentiments, sur cette matière, un peu plus délicats. Je trouve que toute imposture est indigne d'un honnête homme, et qu'il y a de la lâcheté à déguiser ce que le ciel nous a fait naître, à se parer aux yeux du monde d'un titre dérobé, à se vouloir donner pour ce qu'on n'est pas. Je suis né de parents, sans doute, qui ont tenu des charges honorables; je me suis acquis dans les armes l'honneur de six ans de services, et je me trouve assez de bien pour tenir dans le monde un rang assez passable; mais, avec tout cela, je ne veux point me donner un nom où d'autres en ma place croiraient pouvoir prétendre, et je vous dirai franchement que je ne suis point gentilhomme.

MONSIEUR JOURDAIN

Touchez là, monsieur; ma fille n'est pas pour vous.

CLÉONTE

Comment?

MONSIEUR JOURDAIN

Vous n'êtes point gentilhomme, vous n'aurez pas ma fille.

MADAME JOURDAIN

Que voulez-vous donc dire avec votre gentilhomme? est-ce que nous sommes, nous autres, de la côte de saint Louis?

MONSIEUR JOURDAIN

Taisez-vous, ma femme; je vous vois venir.

SCENE 12.—Cléonte, Monsieur Jourdain, Madame Jourdain, Lucile, Covielle, Nicole.

CLÉONTE

Sir, I wanted no intermediary to ask you something I've long contemplated. It's so important to me that I am handling it myself; and, without beating around the bush, I state to you that the honor of being your son-in-law is a glorious favor that I beg you to grant me.

MONSIEUR JOURDAIN

Before replying to you, sir, please tell me if you are of gentle birth.

CLÉONTE

Sir, when asked such a question, most people barely hesitate. They readily speak out and say yes. They have no scruples in assuming the name of gentleman, and social customs nowadays seem to authorize them in that false claim. As for me, I confess to you, my feelings on that subject are somewhat more delicate. I think that any kind of deception is unworthy of an honorable man, and that it's cowardly to disguise the birth that heaven has allotted us, and to deck ourselves out in the eyes of the world with a pilfered title, to try to pass ourselves off for something we're not. I was certainly born of parents who held honorable posts; I have acquired the honor of six years of service in the military, and I find I have sufficient income to maintain a quite passable station in the world; but, despite all that, I don't want to assume a name which others in my place would think they had the right to; and I tell you frankly that I am not of gentle birth.

MONSIEUR JOURDAIN

Here's my hand on it, sir: my daughter is not for you.

CLÉONTE

What?

MONSIEUR JOURDAIN

You're not of gentle birth; you won't have my daughter.

MADAME JOURDAIN

What are you talking about with that gentle birth? Are *we* old nobility, descended from a rib of Saint Louis?

MONSIEUR JOURDAIN

Keep still, wife: I know where you're heading.

MADAME JOURDAIN

Descendons-nous tous deux que de bonne bourgeoisie?

MONSIEUR JOURDAIN

Voilà pas le coup de langue?

MADAME JOURDAIN

Et votre père n'était-il pas marchand aussi bien que le mien?

MONSIEUR JOURDAIN

Peste soit de la femme! elle n'y a jamais manqué. Si votre père a été marchand, tant pis pour lui; mais pour le mien, ce sont des malavisés qui disent cela. Tout ce que j'ai à vous dire, moi, c'est que je veux avoir un gendre gentilhomme.

MADAME JOURDAIN

Il faut à votre fille un mari qui lui soit propre; et il vaut mieux, pour elle, un honnête homme riche et bien fait qu'un gentilhomme gueux et mal bâti.

NICOLE

Cela est vrai: nous avons le fils du gentilhomme de notre village, qui est le plus grand malitorne et le plus sot dadais que j'aie jamais vu.

MONSIEUR JOURDAIN, *à Nicole*

Taisez-vous, impertinente; vous vous fourrerez toujours dans la conversation. J'ai du bien assez pour ma fille; je n'ai besoin que d'honneurs, et je la veux faire marquise.

MADAME JOURDAIN

Marquise?

MONSIEUR JOURDAIN

Oui, marquise.

MADAME JOURDAIN

Hélas! Dieu m'en garde!

MONSIEUR JOURDAIN

C'est une chose que j'ai résolue.

MADAME JOURDAIN

C'est une chose, moi, où je ne consentirai point. Les alliances avec plus grand que soi sont sujettes toujours à de fâcheux inconvénients. Je ne veux point qu'un gendre puisse à ma fille reprocher ses parents et qu'elle ait des enfants qui aient honte de m'appeler leur grand'ma-

MADAME JOURDAIN
Were our ancestors anything but good bourgeois?

MONSIEUR JOURDAIN
Isn't that slanderous!

MADAME JOURDAIN
And wasn't your father a merchant just like mine?

MONSIEUR JOURDAIN
Plague take the woman! She's never failed yet. If your father was a merchant, too bad about him; but, as for mine, only ignorant folk say that about him. All I have to say to you is that I want a son-in-law of gentle birth.

MADAME JOURDAIN
Your daughter needs a husband who's suitable for her; and she's better off with an honest man who's rich and handsome than with a gentleman who's impoverished and ugly.

NICOLE
That's true. Back home in our village, the son of the squire is the most inept man and the biggest imbecile I ever saw.

MONSIEUR JOURDAIN (*to Nicole:*)
Quiet, you impertinent girl. You're always butting into the conversation. I have enough money for my daughter; all I need is honors, and I want to make her a marchioness.

MADAME JOURDAIN
A marchioness?

MONSIEUR JOURDAIN
Yes, a marchioness.

MADAME JOURDAIN
Alas, God forbid!

MONSIEUR JOURDAIN
It's something I've made up my mind about.

MADAME JOURDAIN
And it's something I'll never consent to. Matches with people grander than oneself always let you in for awful trouble. I don't want my son-in-law to be able to reproach my daughter for her parents, or for her to have children who are ashamed to call me their grandma. If

man. S'il fallait qu'elle me vînt visiter en équipage de grande dame, et qu'elle manquât, par mégarde, à saluer quelqu'un du quartier, on ne manquerait pas aussitôt de dire cent sottises. Voyez-vous, dirait-on, cette madame la marquise qui fait tant la glorieuse? c'est la fille de monsieur Jourdain, qui était trop heureuse, étant petite, de jouer à la madame avec nous. Elle n'a pas toujours été si relevée que la voilà, et ses deux grands-pères vendaient du drap auprès de la porte Saint-Innocent. Ils ont amassé du bien à leurs enfants, qu'ils payent maintenant, peut-être, bien cher en l'autre monde; et l'on ne devient guère si riches à être honnêtes gens. Je ne veux point tous ces caquets, et je veux un homme, en un mot, qui m'ait obligation de ma fille, et à qui je puisse dire: Mettez-vous là, mon gendre, et dinez avec moi.

MONSIEUR JOURDAIN

Voilà bien les sentiments d'un petit esprit, de vouloir demeurer toujours dans la bassesse. Ne me répliquez pas davantage: ma fille sera marquise, en dépit de tout le monde; et, si vous me mettez en colère, je la ferai duchesse.

SCÈNE XIII.—Madame Jourdain, Lucile, Cléonte, Nicole, Covielle.

MADAME JOURDAIN

Cléonte, ne perdez point courage encore. (*À Lucile*) Suivez-moi, ma fille; et venez dire résolûment à votre père que si vous ne l'avez, vous ne voulez épouser personne.

SCÈNE XIV.—Cléonte, Covielle.

COVIELLE

Vous avez fait de belles affaires, avec vos beaux sentiments!

CLÉONTE

Que veux-tu? j'ai un scrupule là-dessus que l'exemple ne saurait vaincre.

she were to come and visit me with all the appurtenances of a great lady and she accidentally forgot to say hello to someone in the neighborhood, they wouldn't fail to say a hundred silly things immediately. They'd say, "Do you see this madame marchioness putting on such airs? She's the daughter of Monsieur Jourdain, and when she was little she was only too glad to play 'grown-ups' with us. She wasn't always as stuck up as that, and her two grandfathers used to sell dry goods near the gate to Saint-Innocent.[15] They saved up money for their children which they may be paying quite dearly for in the next world; and strictly honest people don't usually get that rich." I don't want all that gossip, and, in one word, I want a man who is obliged to me for having received my daughter, and to whom I can say, "Sit right down, son-in-law, and have dinner with me."

MONSIEUR JOURDAIN

Those are the sentiments of a narrow mind, always wanting to remain in a low condition. Don't answer me back anymore: my daughter will be a marchioness, in spite of everybody; and, if you get me angry, I'll make her a duchess.

SCENE 13.—Madame Jourdain, Lucile, Cléonte, Nicole, Covielle.

MADAME JOURDAIN

Cléonte, don't lose heart yet. (*To Lucile:*) Follow me, daughter, and come tell your father firmly that, if you don't get him, you don't want to marry anybody.

SCENE 14.—Cléonte, Covielle.

COVIELLE

You really made out well with your fine sentiments!

CLÉONTE

What would you have me do? I have scruples on that subject that bad examples can't overcome.

---

[15] The Cemetery of the Holy Innocents, in the neighborhood of Les Halles, where Molière was born.

COVIELLE

Vous moquez-vous, de le prendre sérieusement avec un homme comme cela? Ne voyez-vous pas qu'il est fou? et vous coûtait-il quelque chose de vous accommoder à ses chimères?

CLÉONTE

Tu as raison; mais je ne croyais pas qu'il fallût faire ses preuves de noblesse pour être gendre de monsieur Jourdain.

COVIELLE, *riant*

Ah! ah! ah!

CLÉONTE

De quoi ris-tu?

COVIELLE

D'une pensée qui me vient pour jouer notre homme et vous faire obtenir ce que vous souhaitez.

CLÉONTE

Comment?

COVIELLE

L'idée est tout à fait plaisante.

CLÉONTE

Quoi donc?

COVIELLE

Il s'est fait depuis peu une certaine mascarade qui vient le mieux du monde ici, et que je prétends faire entrer dans une bourle que je veux faire à notre ridicule. Tout cela sent un peu sa comédie; mais, avec lui, on peut hasarder toute chose; il n'y faut point chercher tant de façons, et il est homme à y jouer son rôle à merveille et à donner aisément dans toutes les fariboles qu'on s'avisera de lui dire. J'ai les acteurs, j'ai les habits tout prêts; laissez-moi faire seulement.

CLÉONTE

Mais apprends-moi . . .

COVIELLE

Je vais vous instruire de tout. Retirons-nous; le voilà qui revient.

COVIELLE

Are you fooling, taking a serious tone with a man like that? Don't you see that he's crazy? And would it have cost you anything to humor his fancies?

CLÉONTE

You're right; but I didn't think it was necessary to exhibit a pedigree to be the son-in-law of Monsieur Jourdain.

COVIELLE *(laughing:)*

Ha! ha! ha!

CLÉONTE

What are you laughing at?

COVIELLE

At an idea that occurs to me for tricking that man and making you get what you want.

CLÉONTE

How?

COVIELLE

The idea is quite amusing.

CLÉONTE

Well, what is it?

COVIELLE

For a while now they've been performing a certain comedy with masked characters that's just the ticket in our situation. I'm going to try enlisting the cast in a hoax I want to play on that ridiculous man. This all will reek of play-acting; but, with him, you can hazard anything, you don't need to go about it so cautiously, and he's the kind of man who'll play his part in it perfectly; he's sure to fall for any nonsense we feel like telling him. I have the actors and the costumes all prepared; just leave it to me.

CLÉONTE

But at least let me know . . .

COVIELLE

I'll inform you of everything. Let's step out; he's coming back.

SCÈNE XV.—Monsieur Jourdain, *seul.*

Que diable est-ce là? ils n'ont rien que les grands seigneurs à me re-procher, et moi je ne vois rien de si beau que de hanter les grands seigneurs; il n'y a qu'honneur et que civilité avec eux; et je voudrais qu'il m'eût coûté deux doigts de la main, et être né comte ou marquis.

SCÈNE XVI.—Monsieur Jourdain, un laquais.

LE LAQUAIS

Monsieur, voici monsieur le comte, et une dame qu'il mène par la main.

MONSIEUR JOURDAIN

Eh! mon Dieu! j'ai quelques ordres à donner. Dis-leur que je vais venir ici tout à l'heure.

SCÈNE XVII.—Dorimène, Dorante, un laquais.

LE LAQUAIS
Monsieur dit comme cela qu'il va venir ici tout à l'heure.

DORANTE
Voilà qui est bien.

SCÈNE XVIII.—Dorimène, Dorante.

DORIMÈNE
Je ne sais pas, Dorante, je fais encore ici une étrange démarche, de me laisser amener par vous dans une maison où je ne connais personne.

DORANTE
Quel lieu voulez-vous donc, madame, que mon amour choisisse pour vous régaler, puisque, pour fuir l'éclat, vous ne voulez ni votre maison ni la mienne?

DORIMÈNE
Mais vous ne dites pas que je m'engage insensiblement chaque jour

SCENE 15.—Monsieur Jourdain (*alone*).

What the devil is this? All they reproach me with is the great lords; and *I* see nothing finer than to frequent the great lords; only among them do you find honor and politeness; and I wouldn't care if I had gone without two fingers on my hand, as long as I was born a count or a marquess.

SCENE 16.—Monsieur Jourdain, a Lackey.

LACKEY
Sir, here is the count and a lady he's leading by the hand.

MONSIEUR JOURDAIN
My God! I still have some orders to give. Tell them I'll be right back here.

SCENE 17.—Dorimène, Dorante, a Lackey.

LACKEY
My master says he'll be right back here.

DORANTE
Good.

SCENE 18.—Dorimène, Dorante.

DORIMÈNE
I don't know, Dorante; it's a peculiar step I'm taking here, letting you bring me to a house where I don't know anybody.

DORANTE
Madame, what place, then, do you wish my love to choose in order to give you a treat, since to avoid slander, you want neither your house nor mine?

DORIMÈNE
But what you're not saying is that little by little every day I'm con-

à recevoir de trop grands témoignages de votre passion. J'ai beau me défendre des choses, vous fatiguez ma résistance, et vous avez une civile opiniâtreté qui me fait venir doucement à tout ce qu'il vous plaît. Les visites fréquentes ont commencé, les déclarations sont venues ensuite, qui, après elles, ont traîné les sérénades et les cadeaux, que les présents ont suivis. Je me suis opposée à tout cela; mais vous ne vous rebutez point, et, pied à pied, vous gagnez mes résolutions. Pour moi, je ne puis plus répondre de rien, et je crois qu'à la fin vous me ferez venir au mariage, dont je me suis tant éloignée.

DORANTE

Ma foi, madame, vous y devriez déjà être: vous êtes veuve, et ne dépendez que de vous; je suis maître de moi, et je vous aime plus que ma vie: à quoi tient-il que dès aujourd'hui vous ne fassiez tout mon bonheur?

DORIMÈNE

Mon Dieu! Dorante, il faut des deux parts bien des qualités pour vivre heureusement ensemble; et les deux plus raisonnables personnes du monde ont souvent peine à composer une union dont ils soient satisfaits.

DORANTE

Vous vous moquez, madame, de vous y figurer tant de difficultés; et l'expérience que vous avez faite ne conclut rien pour tous les autres.

DORIMÈNE

Enfin j'en reviens toujours là; les dépenses que je vous vois faire pour moi m'inquiètent par deux raisons: l'une, qu'elles m'engagent plus que je ne voudrais; et l'autre, que je suis sûre, sans vous déplaire, que vous ne les faites point que vous ne vous incommodiez; et je ne veux point cela.

DORANTE

Ah! madame, ce sont des bagatelles; et ce n'est pas par là . . .

DORIMÈNE

Je sais ce que je dis; et, entre autres, le diamant que vous m'avez forcée à prendre est d'un prix . . .

DORANTE

Eh! madame, de grâce, ne faites point tant valoir une chose que mon amour trouve indigne de vous; et souffrez . . . Voici le maître du logis.

senting to receive excessive testimonies to your love. It does me no good to protest, you wear down my resistance, and you have a polite obstinacy that makes me calmly agree to everything you please. It started with frequent visits, next came the declarations of love, which brought in their wake the serenades and the entertainments, which were followed by the gifts. I fought against all of that; but you never get discouraged and, bit by bit, you're conquering my resolutions. As for me, I no longer answer for anything; and I think you'll finally bring me to marriage, from which I have kept so aloof.

DORANTE

My word, madame, you should already be at that point. You're a widow, and aren't dependent on anyone else; I'm my own master and I love you more than my life; what keeps you from making me the happiest of men as early as today?

DORIMÈNE

My heavens, Dorante, it takes many good qualities on both sides to live happily together; and the two most reasonable people in the world often find it difficult to find mates who satisfy them.

DORANTE

You're jesting, madame, when you imagine so many difficulties, and your earlier experience proves nothing about how another husband will be.

DORIMÈNE

Finally, I keep coming back to the one point. The outlay I see you making for me worries me for two reasons: first, it puts me under a greater obligation than I'd like; second, I'm sure, and don't take this badly, that you can't keep spending so much without inconveniencing yourself; and I don't want that to happen.

DORANTE

Oh, madame, those are trifles, and it's not on their account that . . .

DORIMÈNE

I know what I'm saying; and, among other things, the diamond that you insisted on my taking is so valuable . . .

DORANTE

Oh, madame, please, don't set such value on a thing that my love considers unworthy of you, and permit . . . Here's the man of the house.

SCÈNE XIX.—Monsieur Jourdain, Dorimène, Dorante.

MONSIEUR JOURDAIN, *après avoir fait deux révérences, se trouvant trop près de Dorimène*
Un peu plus loin, madame.

DORIMÈNE
Comment?

MONSIEUR JOURDAIN
Un pas, s'il vous plaît.

DORIMÈNE
Quoi donc?

MONSIEUR JOURDAIN
Reculez un peu, pour la troisième.

DORANTE
Madame, monsieur Jourdain sait son monde.

MONSIEUR JOURDAIN
Madame, ce m'est une gloire bien grande de me voir assez fortuné, pour être si heureux, que d'avoir le bonheur que vous ayez eu la bonté de m'accorder la grâce, de me faire l'honneur de m'honorer de la faveur de votre présence; et, si j'avais aussi le mérite, pour mériter un mérite comme le vôtre, et que le ciel . . . envieux de mon bien . . . m'eût accordé . . . l'avantage de me voir digne . . . des . . .

DORANTE
Monsieur Jourdain, en voilà assez. Madame n'aime pas les grands compliments, et elle sait que vous êtes homme d'esprit. (*Bas, à Dorimène*) C'est un bon bourgeois assez ridicule, comme vous voyez, dans toutes ses manières.

DORIMÈNE, *bas, à Dorante*
Il n'est pas malaisé de s'en apercevoir.

DORANTE
Madame, voilà le meilleur de mes amis.

MONSIEUR JOURDAIN
C'est trop d'honneur que vous me faites.

DORANTE
Galant homme tout à fait.

SCENE 19.—Monsieur Jourdain, Dorimène, Dorante.

MONSIEUR JOURDAIN (*after making two bows and finding himself too close to Dorimène:*)
Move back a little, madame.

DORIMÈNE
What?

MONSIEUR JOURDAIN
Just one step, please.

DORIMÈNE
How's that?

MONSIEUR JOURDAIN
Move backward for the third bow.

DORANTE
Madame, Monsieur Jourdain is at ease in society.

MONSIEUR JOURDAIN
Madame, it is a very great glory for me, to find myself so fortunate, to be so happy, as to have the happiness of your having had the kindness of granting me the grace, of doing me the honor of honoring me with the favor of your presence; and, if I also had the merit of meriting a merit such as yours, and if heaven . . . envious of my luck . . . had granted me . . . the advantage of finding myself worthy . . . of the . . .

DORANTE
Monsieur Jourdain, that is sufficient. Madame doesn't like great ceremony, and she knows you're a courtly man. (*Quietly, to Dorimène:*) He's a good-natured tradesman, quite ludicrous, as you see, in everything he does.

DORIMÈNE (*quietly, to Dorante:*)
That's not hard to perceive.

DORANTE
Madame, this is my best friend.

MONSIEUR JOURDAIN
You do me too much honor.

DORANTE
Altogether an elegant man.

DORIMÈNE

J'ai beaucoup d'estime pour lui.

MONSIEUR JOURDAIN

Je n'ai rien fait encore, madame, pour mériter cette grâce.

DORANTE, *bas, à monsieur Jourdain*

Prenez bien garde, au moins, à ne lui point parler du diamant que vous lui avez donné.

MONSIEUR JOURDAIN, *bas, à Dorante*

Ne pourrais-je pas seulement lui demander comment elle le trouve?

DORANTE, *bas, à monsieur Jourdain*

Comment! gardez-vous-en bien! cela serait vilain à vous; et, pour agir en galant homme, il faut que vous fassiez comme si ce n'était pas vous qui lui eussiez fait ce présent. (*Haut*) Monsieur Jourdain, madame, dit qu'il est ravi de vous voir chez lui.

DORIMÈNE

Il m'honore beaucoup.

MONSIEUR JOURDAIN, *bas, à Dorante*

Que je vous suis obligé, monsieur, du lui parler ainsi pour moi!

DORANTE, *bas, à monsieur Jourdain*

J'ai eu une peine effroyable à la faire venir ici.

MONSIEUR JOURDAIN, *bas, à Dorante*

Je ne sais quelles grâces vous en rendre.

DORANTE

Il dit, madame, qu'il vous trouve la plus belle personne du monde.

DORIMÈNE

C'est bien de la grâce qu'il me fait.

MONSIEUR JOURDAIN

Madame, c'est vous qui faites les grâces; et . . .

DORANTE

Songeons à manger.

DORIMÈNE
I have a great deal of esteem for him.

MONSIEUR JOURDAIN
Madame, I've done nothing yet to deserve those kind words.

DORANTE (*quietly, to Monsieur Jourdain:*)
Incidentally, be very careful not to speak to her about the diamond you gave her.

MONSIEUR JOURDAIN (*quietly, to Dorante:*)
Couldn't I even ask her how she likes it?

DORANTE (*quietly, to Monsieur Jourdain:*)
What? Absolutely not! It would be boorish of you; and, in order to act like an elegant man, you must pretend as if that present didn't come from you. (*Aloud:*) Madame, Monsieur Jourdain says he's delighted to see you in his home.

DORIMÈNE
He does me great honor.

MONSIEUR JOURDAIN (*quietly, to Dorante:*)
How grateful I am to you, sir, for speaking to her that way in my behalf.

DORANTE (*quietly, to Monsieur Jourdain:*)
I had a terrible time getting her here.

MONSIEUR JOURDAIN (*quietly, to Dorante:*)
I don't know how to thank you for it.

DORANTE
Madame, he says that he considers you the most beautiful woman in the world.

DORIMÈNE
He's truly gracious to me.

MONSIEUR JOURDAIN
Madame, you're supplying all the graces, and . . .

DORANTE
Let's think about eating.

SCÈNE XX.—Monsieur Jourdain, Dorimène, Dorante, un laquais.

LE LAQUAIS, *à monsieur Jourdain*

Tout est prêt, monsieur.

DORANTE

Allons donc nous mettre à table, et qu'on fasse venir les musiciens.

SCÈNE XXI.—ENTRÉE DE BALLET.

Six cuisiniers, qui ont préparé le festin, dansent ensemble, et font le troisième intermède; après quoi ils apportent une table couverte de plusieurs mets.

SCENE 20.—Monsieur Jourdain, Dorimène, Dorante, a Lackey.

LACKEY (*to Monsieur Jourdain:*)
Everything is ready, sir.

DORANTE
Let's sit down at the table, then, and let the singers be sent for.

SCENE 21.—BALLET EPISODE.

Six cooks, who prepared the feast, dance together; this makes the third interlude; afterward, they bring in a table laden with various dishes.

ACTE QUATRIÈME

SCÈNE I.—Dorimène, monsieur Jourdain, Dorante, trois musiciens, un laquais.

DORIMÈNE

Comment! Dorante, voilà un repas tout à fait magnifique!

MONSIEUR JOURDAIN

Vous vous moquez, madame; et je voudrais qu'il fût plus digne de vous être offert. (*Dorimène, monsieur Jourdain, Dorante et les trois musiciens se mettent à table.*)

DORANTE

Monsieur Jourdain a raison, madame, de parler de la sorte; et il m'oblige de vous faire si bien les honneurs de chez lui. Je demeure d'accord avec lui que le repas n'est pas digne de vous. Comme c'est moi qui l'ai ordonné et que je n'ai pas sur cette matière les lumières de nos amis, vous n'avez pas ici un repas fort savant, et vous y trouverez des incongruités de bonne chère et des barbarismes de bon goût. Si Damis, notre ami, s'en était mêlé, tout serait dans les règles; il y aurait partout de l'élégance et de l'érudition, et il ne manquerait pas de vous exagérer lui-même toutes les pièces du repas qu'il vous donnerait et de vous faire tomber d'accord de sa haute capacité dans la science des bons morceaux, de vous parler d'un pain de rive à biseau doré, relevé de croûte partout, croquant tendrement sous la dent; d'un vin à sève veloutée, armé d'un vert qui n'est point trop commandant; d'un carré de mouton gourmandé de persil; d'une longe de veau de rivière longue comme cela, blanche, délicate, et qui, sous les dents, est une vraie pâte d'amande; de perdrix relevées d'un fumet surprenant; et, pour son opéra, d'une soupe à bouillon perlé, soutenue d'un jeune gros dindon cantonné de pigeonneaux, et couronnée

322

ACT IV

SCENE 1.—Dorimène, Monsieur Jourdain, Dorante, Three Singers, a Lackey.

DORIMÈNE

Well! Dorante, this is a truly magnificent banquet!

MONSIEUR JOURDAIN

You're jesting, madame, and I wish it were worthier of being of-fered to you. (*Dorimène, Monsieur Jourdain, Dorante, and the three Singers sit down at the table.*)

DORANTE

Monsieur Jourdain is right, madame, to speak that way, and I'm grateful to him for doing you the honors of his home so finely. I agree with him that the meal is unworthy of you. Since it was I who ordered it, and since on this subject I am not so enlightened as some friends of ours, you do not have a very scholarly meal here, and you will find it contains culinary incongruities and faults of social grammar. If Damis had been involved, everything would follow the rules; every-where there would be elegance and erudition, and he wouldn't fail to extol personally every course of the meal he'd give you, and to make you recognize his lofty abilities in the science of tasty morsels; he'd speak to you of bread baked at the edge of the oven to achieve golden-brown beveled edges, with a fine crust all around, tenderly crunchy between the teeth; of a wine with a velvety body, with a new-wine tang that yet is not overpowering; of a loin of mutton larded with parsley; of a loin of veal from an animal raised in river meadows, a loin as long as that, white, delicate, and like a real almond paste when you chew it; of partridges seasoned with an astonishing herb concentrate; and for his masterpiece, a meat bouillon whitened with crushed almonds,

d'oignons blancs mariés avec la chicorée. Mais, pour moi, je vous avoue mon ignorance; et, comme monsieur Jourdain a fort bien dit, je voudrais que le repas fût plus digne de vous être offert.

DORIMÈNE

Je ne réponds à ce compliment qu'en mangeant comme je fais.

MONSIEUR JOURDAIN

Ah! que voilà de belles mains!

DORIMÈNE

Les mains sont médiocres, monsieur Jourdain; mais vous voulez parler du diamant, qui est fort beau.

MONSIEUR JOURDAIN

Moi, madame? Dieu me garde d'en vouloir parler! ce ne serait pas agir en galant homme; et le diamant est fort peu de chose.

DORIMÈNE

Vous êtes bien dégoûté.

MONSIEUR JOURDAIN

Vous avez trop de bonté . . .

DORANTE, *après avoir fait un signe à monsieur Jourdain*

Allons, qu'on donne du vin à monsieur Jourdain et à ces messieurs, qui nous feront la grâce de nous chanter quelque air à boire.

DORIMÈNE

C'est merveilleusement assaisonner la bonne chère, que d'y mêler la musique; et je me vois ici admirablement régalée.

MONSIEUR JOURDAIN

Madame, ce n'est pas . . .

DORANTE

Monsieur Jourdain, prêtons silence à ces messieurs; ce qu'ils nous feront entendre vaudra mieux que tout ce que nous pourrions dire.

PREMIER ET SECOND MUSICIEN, *ensemble, un verre à la main*

Un petit doigt, Philis, pour commencer le tour:
Ah! qu'un verre en vos mains a d'agréables charmes!
Vous et le vin vous vous prêtez des armes,

flanked by a fat young turkey with squabs at all four corners, and crowned by white onions mingled with chicory. But, as for me, I confess my ignorance; and, as Monsieur Jourdain has so well said, I wish that the meal were worthier of being offered to you.

DORIMÈNE
My only reply to that compliment is to eat as much as I'm doing.

MONSIEUR JOURDAIN
Oh, what beautiful hands!

DORIMÈNE
The hands are ordinary, Monsieur Jourdain; but you must be referring to the diamond, which *is* extremely beautiful.

MONSIEUR JOURDAIN
I, madame? God forbid that I should speak of it! It wouldn't be acting like a man of elegance; and the diamond isn't much of anything.

DORIMÈNE
You're really hard to please.

MONSIEUR JOURDAIN
You're too kind . . .

DORANTE (*signaling to Monsieur Jourdain:*)
Come, let wine be given to Monsieur Jourdain and to these good people, who will do us the favor of singing us a drinking song.

DORIMÈNE
Blending in music is a marvelous way to season good food, and I find that I'm being wonderfully entertained here.

MONSIEUR JOURDAIN
Madame, it's not . . .

DORANTE
Monsieur Jourdain, let's be silent for these good people; what they let us hear[16] will be more worthwhile than anything we can say.

FIRST AND SECOND SINGERS (*together, each holding a glass:*)
Just a drop, Phyllis, to begin the round.
Ah, what pleasing charms a glass has in your hands!
You and the wine lend each other weapons,

---

[16] In other editions, "ce qu'ils nous diront" (what they have to say to us).

Et je sens pour tous deux redoubler mon amour:
Entre lui, vous et moi, jurons, jurons, ma belle,
       Une ardeur éternelle.

Qu'en mouillant votre bouche il en reçoit d'attraits!
Et que l'on voit par lui votre bouche embellie!
  Ah! l'un de l'autre ils me donnent envie,
Et de vous et de lui je m'enivre à longs traits.
Entre lui, vous et moi, jurons, jurons, ma belle,
       Une ardeur éternelle.

SECOND ET TROISIÈME MUSICIEN, *ensemble*
    Buvons, chers amis, buvons!
  Le temps qui fuit nous y convie;
      Profitons de la vie
      Autant que nous pouvons.

  Quand on a passé l'onde noire,
  Adieu le bon vin, nos amours.
      Dépêchons-nous de boire;
      On ne boit pas toujours.

  Laissons raisonner les sots
  Sur le vrai bonheur de la vie;
      Notre philosophie
      Le met parmi les pots.

  Les biens, le savoir et la gloire,
  N'ôtent point les soucis fâcheux;
      Et ce n'est qu'à bien boire
      Que l'on peut être heureux.

TOUS TROIS, *ensemble*
Sus, sus; du vin partout: versez, garçon, versez.
Versez, versez toujours, tant qu'on vous dise: Assez.

DORIMÈNE
  Je ne crois pas qu'on puisse mieux chanter; et cela est tout à fait beau.

MONSIEUR JOURDAIN
  Je vois encore ici, madame, quelque chose de plus beau.

DORIMÈNE
  Ouais! monsieur Jourdain est galant plus que je ne pensais.

And I feel my love for both of you doubling.
Between it, you, and me, let us swear, let us swear, my lovely one,
     An eternal love.

How many allurements it gains when it moistens your lips!
And how I see your lips beautified by it!
   Ah! each one makes me long for the other,
And in long draughts I become drunk with you and with it.
Between it, you, and me, let us swear, let us swear, my lovely one,
     An eternal love.

SECOND AND THIRD SINGERS (*together:*)
     Let's drink, dear friends, let's drink;
   Fleeing time invites us to do so:
     Let's enjoy life
     As much as we can.

   When we have passed the dark waters [of the Styx],
   Farewell to good wine, to our love.
     Let's make haste to drink;
     We shall not drink always.

   Let fools argue
   About true happiness in life,
     Our philosophy
     Locates it among the wine jugs.

   Wealth, knowledge, and fame
   Don't do away with troubling cares;
     And it's only by drinking deep
     That we can be happy.

ALL THREE (*together:*)
Come, come; wine all around; pour, lad, pour;
Pour, keep pouring until we tell you "Enough."

DORIMÈNE
   I don't think singing can be better than that; it was just beautiful.

MONSIEUR JOURDAIN
   I see something else here, madame, that is even more beautiful.

DORIMÈNE
   Oh, my! Monsieur Jourdain is more gallant than I thought.

DORANTE

Comment, madame! pour qui prenez-vous monsieur Jourdain?

MONSIEUR JOURDAIN

Je voudrais bien qu'elle me prît pour ce que je dirais.

DORIMÈNE

Encore?

DORANTE, *à Dorimène*

Vous ne le connaissez pas.

MONSIEUR JOURDAIN

Elle me connaîtra quand il lui plaira.

DORIMÈNE

Oh! je le quitte.

DORANTE

Il est homme qui a toujours la riposte en main. Mais vous ne voyez pas que monsieur Jourdain, madame, mange tous les morceaux que vous touchez.

DORIMÈNE

Monsieur Jourdain est un homme qui me ravit.

MONSIEUR JOURDAIN

Si je pouvais ravir votre cœur, je serais . . .

SCÈNE II.—Madame Jourdain, monsieur Jourdain, Dorimène, Dorante, musiciens, laquais.

MADAME JOURDAIN

Ah! ah! je trouve ici bonne compagnie, et je vois bien qu'on ne m'y attendait pas. C'est donc pour cette belle affaire-ci, monsieur mon mari, que vous avez eu tant d'empressement à m'envoyer dîner chez ma sœur? Je viens de voir un théâtre là-bas, et je vois ici un banquet à faire noces. Voilà comme vous dépensez votre bien; et c'est ainsi que vous festinez les dames en mon absence, et que vous leur donnez la musique et la comédie, tandis que vous m'envoyez promener!

DORANTE

Que voulez-vous dire, madame Jourdain? et quelles fantaisies sont les vôtres, de vous aller mettre en tête que votre mari dépense son

DORANTE
What, madame, whom do you take Monsieur Jourdain for?

MONSIEUR JOURDAIN
I'd like her to take me for something I'd be glad to say.

DORIMÈNE
Still at it?

DORANTE (*to Dorimène:*)
You don't know him.

MONSIEUR JOURDAIN
She'll get to know me whenever she likes.

DORIMÈNE
Oh! I give up.

DORANTE
He's a man who always has a ready comeback. But, madame, you don't notice that Monsieur Jourdain is eating all the morsels that you touched in the serving dish.

DORIMÈNE
Monsieur Jourdain is a man who captivates me.

MONSIEUR JOURDAIN
If I could captivate your heart, I'd be . . .

SCENE 2.—Madame Jourdain, Monsieur Jourdain, Dorimène, Dorante, Singers, Lackeys.

MADAME JOURDAIN
Ah, ha! I find a goodly company here, and I can see I wasn't expected. So, husband, it was for these fine doings that you were so eager to send me to dine at my sister's? I've just seen arrangements for a show downstairs, and here I see a wedding banquet. This is how you spend your money; and this is how you wine and dine ladies when I'm away, offering them music and theatricals, while you send me packing.

DORANTE
What do you mean, Madame Jourdain? And what can you be imagining? What made you think that your husband is spending his money,

bien, et que c'est lui qui donne ce régal à madame? Apprenez que c'est moi, je vous prie; qu'il ne fait seulement que me prêter sa maison, et que vous devriez un peu mieux regarder aux choses que vous dites.

MONSIEUR JOURDAIN

Oui, impertinente, c'est monsieur le comte qui donne tout ceci à madame, qui est une personne de qualité. Il me fait l'honneur de prendre ma maison et de vouloir que je sois avec lui.

MADAME JOURDAIN

Ce sont des chansons que cela; je sais ce que je sais.

DORANTE

Prenez, madame Jourdain, prenez de meilleures lunettes.

MADAME JOURDAIN

Je n'ai que faire de lunettes, monsieur, et je vois assez clair. Il y a longtemps que je sens les choses, et je ne suis pas une bête. Cela est fort vilain à vous, pour un grand seigneur, de prêter la main comme vous faites aux sottises de mon mari. Et vous, madame, pour une grande dame, cela n'est ni beau ni honnête à vous, de mettre de la dissension dans un ménage, et de souffrir que mon mari soit amoureux de vous.

DORIMÈNE

Que veut donc dire tout ceci? Allez, Dorante, vous vous moquez, de m'exposer aux sottes visions de cette extravagante.

DORANTE, *suivant Dorimène, qui sort*

Madame, holà! madame, où courez-vous?

MONSIEUR JOURDAIN

Madame . . . Monsieur le comte, faites-lui mes excuses, et tâchez de la ramener.

SCÈNE III.—Madame Jourdain, monsieur Jourdain, laquais.

MONSIEUR JOURDAIN

Ah! impertinente que vous êtes, voilà de beaux faits! Vous me venez faire des affronts devant tout le monde, et vous chassez de chez moi des personnes de qualité!

MADAME JOURDAIN

Je me moque de leur qualité.

and that he's the one giving madame this party? Please be informed that it's I; that he is merely offering the use of his house, and that you should be a little more careful about the things you say.

MONSIEUR JOURDAIN

Yes, you impertinent woman, it's the count who's giving all this to madame, who is a lady of quality. He's doing me the honor of taking my house and allowing me to be with him.

MADAME JOURDAIN

All that is folderol; I know what I know.

DORANTE

Madame Jourdain, put on better eyeglasses.

MADAME JOURDAIN

I have no need of eyeglasses, sir, and my vision is good enough. I've felt this coming for some time, and I'm nobody's fool. It's very low of you, a great lord, to second my husband in his follies the way you do. And you, madame, a great lady, it's neither nice nor honorable of you to create strife in a home and permit my husband to be in love with you.

DORIMÈNE

What does all this mean? Come, Dorante, it's a bad joke to expose me to the foolish imaginings of this eccentric woman.

DORANTE (*following Dorimène, who is leaving:*)

Madame, wait! Madame, where are you running off to?

MONSIEUR JOURDAIN

Madame . . . Count, apologize to her for me and try to bring her back.

SCENE 3.—Madame Jourdain, Monsieur Jourdain, Lackeys.

MONSIEUR JOURDAIN

Oh, you impertinent creature, you've made a fine kettle of fish! You come and insult me in front of everybody; and you drive people of quality out of my house!

MADAME JOURDAIN

I don't give a hoot for their quality.

MONSIEUR JOURDAIN

Je ne sais qui me tient, maudite, que je ne vous fende la tête avec les pièces du repas que vous êtes venue troubler. (*Les laquais emportent la table.*)

MADAME JOURDAIN, *sortant*

Je me moque de cela. Ce sont mes droits que je défends, et j'aurai pour moi toutes les femmes.

MONSIEUR JOURDAIN

Vous faites bien d'éviter ma colère.

SCÈNE IV.—Monsieur Jourdain, *seul.*

Elle est arrivée là bien malheureusement. J'étais en humeur de dire de jolies choses; et jamais je ne m'étais senti tant d'esprit. Qu'est-ce que c'est que cela?

SCÈNE V.—Monsieur Jourdain; Covielle, *déguisé.*

COVIELLE

Monsieur, je ne sais pas si j'ai l'honneur d'être connu de vous.

MONSIEUR JOURDAIN

Non, monsieur.

COVIELLE, *étendant la main à un pied de terre*

Je vous ai vu que vous n'étiez pas plus grand que cela.

MONSIEUR JOURDAIN

Moi?

COVIELLE

Oui. Vous étiez le plus bel enfant du monde, et toutes les dames vous prenaient dans leurs bras pour vous baiser.

MONSIEUR JOURDAIN

Pour me baiser?

COVIELLE

Oui. J'étais grand ami de feu monsieur votre père.

MONSIEUR JOURDAIN

De feu monsieur mon père?

MONSIEUR JOURDAIN
Cursed shrew, I don't know what's restraining me from splitting your head open with the dishes from the meal you've just interrupted. (*The lackeys carry out the table.*)

MADAME JOURDAIN (*exiting:*)
That doesn't bother me. It's my rights that I'm defending, and every woman will be on my side.

MONSIEUR JOURDAIN
You're acting wisely in avoiding my anger.

SCENE 4.—Monsieur Jourdain (*alone*).

She arrived most unfortunately. I was in the vein to say sweet nothings, and I never felt a readier wit in myself. But what's this?

SCENE 5.—Monsieur Jourdain; Covielle (*in disguise*).

COVIELLE
Sir, I don't know if I have the honor of your knowing me.

MONSIEUR JOURDAIN
No, sir.

COVIELLE (*lowering his hand to a foot above the floor:*)
I knew you when you were no higher than that.

MONSIEUR JOURDAIN
Me?

COVIELLE
Yes. You were the prettiest child in the world, and all the ladies would take you in their arms and kiss you.

MONSIEUR JOURDAIN
Kiss me?

COVIELLE
Yes. I was a good friend of your late father.

MONSIEUR JOURDAIN
Of my late father?

COVIELLE

Oui. C'était un fort honnête gentilhomme.

MONSIEUR JOURDAIN

Comment dites-vous?

COVIELLE

Je dis que c'était un fort honnête gentilhomme.

MONSIEUR JOURDAIN

Mon père?

COVIELLE

Oui.

MONSIEUR JOURDAIN

Vous l'avez fort connu?

COVIELLE

Assurément.

MONSIEUR JOURDAIN

Et vous l'avez connu pour gentilhomme?

COVIELLE

Sans doute.

MONSIEUR JOURDAIN

Je ne sais donc pas comment le monde est fait!

COVIELLE

Comment?

MONSIEUR JOURDAIN

Il y a de sottes gens qui me veulent dire qu'il a été marchand.

COVIELLE

Lui, marchand! c'est pure médisance, il ne l'a jamais été. Tout ce qu'il faisait, c'est qu'il était fort obligeant, fort officieux; et, comme il se connaissait fort bien en étoffes, il en allait choisir de tous les côtés, les faisait apporter chez lui, et en donnait à ses amis pour de l'argent.

MONSIEUR JOURDAIN

Je suis ravi de vous connaître, afin que vous rendiez ce témoignage-là, que mon père était gentilhomme.

COVIELLE

Je le soutiendrai devant tout le monde.

COVIELLE
Yes. He was a most honorable gentleman.

MONSIEUR JOURDAIN
What's that you say?

COVIELLE
I say he was a most honorable gentleman.

MONSIEUR JOURDAIN
My father?

COVIELLE
Yes.

MONSIEUR JOURDAIN
You knew him well?

COVIELLE
Of course.

MONSIEUR JOURDAIN
And you knew him to be a gentleman?

COVIELLE
Naturally.

MONSIEUR JOURDAIN
Then I don't know what the world is coming to!

COVIELLE
How so?

MONSIEUR JOURDAIN
There are foolish people who want to tell me he was a merchant.

COVIELLE
He, a merchant? It's sheer slander, he never was. All he did was to be very obliging, very helpful, and, since he knew a lot about fabrics, he would go around everywhere selecting them, he'd have them sent to his house, and he'd give them to his friends for money.

MONSIEUR JOURDAIN
I'm delighted to meet you, so that you can testify that my father was a gentleman.

COVIELLE
I'll maintain it in the face of anybody.

MONSIEUR JOURDAIN

Vous m'obligerez. Quel sujet vous amène?

COVIELLE

Depuis avoir connu feu monsieur votre père, honnête gentil-homme, comme je vous ai dit, j'ai voyagé par tout le monde.

MONSIEUR JOURDAIN

Par tout le monde?

COVIELLE

Oui.

MONSIEUR JOURDAIN

Je pense qu'il y a bien loin en ce pays-là.

COVIELLE

Assurément. Je ne suis revenu de tous mes longs voyages que depuis quatre jours; et, par l'intérêt que je prends à tout ce qui vous touche, je viens vous annoncer la meilleure nouvelle du monde.

MONSIEUR JOURDAIN

Quelle?

COVIELLE

Vous savez que le fils du Grand Turc est ici?

MONSIEUR JOURDAIN

Moi? Non.

COVIELLE

Comment! il a un train tout à fait magnifique; tout le monde le va voir, et il a été reçu en ce pays comme un seigneur d'importance.

MONSIEUR JOURDAIN

Par ma foi, je ne savais pas cela.

COVIELLE

Ce qu'il y a d'avantageux pour vous, c'est qu'il est amoureux de votre fille.

MONSIEUR JOURDAIN

Le fils du Grand Turc?

COVIELLE

Oui; et il veut être votre gendre.

MONSIEUR JOURDAIN
  And I'll be grateful. What brings you here?

COVIELLE
  After my acquaintance with your late father—an honorable gentle-man, as I've told you—I traveled all over the world.

MONSIEUR JOURDAIN
  All over the world?

COVIELLE
  Yes.

MONSIEUR JOURDAIN
  I think that's pretty far from here.

COVIELLE
  Decidedly. I've only been back from all my long travels for four days now; and, because of my interest in everything that concerns you, I've come to bring you the best news in the world.

MONSIEUR JOURDAIN
  Which is?

COVIELLE
  Do you know that the son of the Turkish sultan is here?

MONSIEUR JOURDAIN
  Did I? No.

COVIELLE
  What? He has an absolutely magnificent retinue; everyone is going to see him, and he's been welcomed in this country as a lord of high importance.

MONSIEUR JOURDAIN
  I swear I didn't know.

COVIELLE
  The advantageous thing in it for you is that he's in love with your daughter.

MONSIEUR JOURDAIN
  The son of the sultan?

COVIELLE
  Yes, and he wants to become your son-in-law.

MONSIEUR JOURDAIN
  Mon gendre, le fils du Grand Turc!

COVIELLE
  Le fils du Grand Turc votre gendre. Comme je le fus voir, et que j'entends parfaitement sa langue, il s'entretint avec moi; et, après quelques autres discours, il me dit: *Acciam croc soler onch alla moustaph gidelum amanahem varahini oussere carbulath,* c'est-à-dire: N'as-tu point vu une jeune belle personne, qui est la fille de monsieur Jourdain, gentilhomme parisien?

MONSIEUR JOURDAIN
  Le fils du Grand Turc dit cela de moi?

COVIELLE
  Oui. Comme je lui eus répondu que je vous connaissais particulièrement et que j'avais vu votre fille: Ah! me dit-il, *marababa sahem!* c'est-à-dire: Ah! que je suis amoureux d'elle!

MONSIEUR JOURDAIN
  Marababa sahem veut dire: Ah! que je suis amoureux d'elle?

COVIELLE
  Oui.

MONSIEUR JOURDAIN
  Par ma foi, vous faites bien de me le dire; car, pour moi, je n'aurais jamais cru que *marababa sahem* eût voulu dire: Ah! que je suis amoureux d'elle! Voilà une langue admirable que ce turc!

COVIELLE
  Plus admirable qu'on ne peut croire. Savez-vous bien ce que veut dire *cacaracamouchen?*

MONSIEUR JOURDAIN
  Cacaracamouchen? Non.

COVIELLE
  C'est-à-dire: Ma chère âme!

MONSIEUR JOURDAIN
  Cacaracamouchen veut dire: Ma chère âme?

COVIELLE
  Oui.

MONSIEUR JOURDAIN
My son-in-law, the son of the sultan?

COVIELLE
The son of the sultan your son-in-law. Since I went to see him, and as I understand his language perfectly, he had a conversation with me; and, after some other topics, he said to me: "Acciam croc soler onch alla moustaph gidelum amanahem varahini oussere carbulath," that is: "Haven't you seen a beautiful young girl, who is the daughter of Monsieur Jourdain, a Parisian gentleman?"

MONSIEUR JOURDAIN
The son of the sultan said that about me?

COVIELLE
Yes. When I replied that I knew you intimately, and that I had seen your daughter, "Ah!" he said to me, "marababa sahem!"—that is, "Ah, how I love her!"

MONSIEUR JOURDAIN
"Marababa sahem" means "Ah, how I love her"?

COVIELLE
Yes.

MONSIEUR JOURDAIN
By heaven, it's a good thing you tell me so; because, as for me, I would never have believed that "Marababa sahem" meant "Ah, how I love her"! An amazing language, this Turkish!

COVIELLE
More amazing than you'd believe. Do you know what "cacara-camouchen" means?

MONSIEUR JOURDAIN
"Cacaracamouchen"? No.

COVIELLE
It means "my dear soul."

MONSIEUR JOURDAIN
"Cacaracamouchen" means "my dear soul"?

COVIELLE
Yes.

MONSIEUR JOURDAIN

Voilà qui est merveilleux! *Cacaracamouchen,* ma chère âme. Dirait-on jamais cela? Voilà qui me confond.

COVIELLE

Enfin, pour achever mon ambassade, il vient vous demander votre fille en mariage; et, pour avoir un beau-père qui soit digne de lui, il veut vous faire *mamamouchi,* qui est une certaine grande dignité de son pays.

MONSIEUR JOURDAIN

Mamamouchi?

COVIELLE

Oui, *mamamouchi;* c'est-à-dire, en notre langue, paladin. Paladin, ce sont de ces anciens . . . Paladin, enfin. Il n'y a rien de plus noble que cela dans le monde, et vous irez de pair avec les plus grands seigneurs de la terre.

MONSIEUR JOURDAIN

Le fils du Grand Turc m'honore beaucoup; et je vous prie de me mener chez lui pour lui faire mes remercîments.

COVIELLE

Comment! le voilà qui va venir ici.

MONSIEUR JOURDAIN

Il va venir ici?

COVIELLE

Oui; et il amène toutes choses pour la cérémonie de votre dignité.

MONSIEUR JOURDAIN

Voilà qui est bien prompt.

COVIELLE

Son amour ne peut souffrir aucun retardement.

MONSIEUR JOURDAIN

Tout ce qui m'embarrasse ici, c'est que ma fille est une opiniâtre qui s'est allée mettre dans la tête un certain Cléonte, et elle jure de n'épouser personne que celui-là.

COVIELLE

Elle changera de sentiment quand elle verra le fils du Grand Turc;

MONSIEUR JOURDAIN

That's miraculous! "Cacaracamouchen, my dear soul." Would you ever have thought it? That's what astounds me.

COVIELLE

Lastly, to conclude my mission, he is coming to ask you for your daughter's hand; and, in order to have a father-in-law worthy of himself, he wants to make you a mamamouchi, which is a certain high rank in his country.

MONSIEUR JOURDAIN

Mamamouchi?

COVIELLE

Yes, mamamouchi; that is, in our language, a paladin. Paladins were those old-time . . . Anyway, a paladin. There's nothing nobler in the world; and you'll be on the same footing as the greatest lords on earth.

MONSIEUR JOURDAIN

The son of the sultan does me great honor, and I beg you to take me to his house, so I can thank him.

COVIELLE

What? He's coming here.

MONSIEUR JOURDAIN

Coming here?

COVIELLE

Yes; and he's bringing everything necessary for the ceremony of conferring the rank on you.

MONSIEUR JOURDAIN

That's pretty fast work.

COVIELLE

His love can't abide any delay.

MONSIEUR JOURDAIN

The only obstacle here is that my daughter is a stubborn creature who has filled her head with a certain Cléonte, and she swears she'll never marry anyone but him.

COVIELLE

She'll change her mind when she sees the son of the sultan; and, be-

et puis il se rencontre ici une aventure merveilleuse: c'est que le fils du Grand Turc ressemble à ce Cléonte, à peu de chose près. Je viens de le voir, on me l'a montré; et l'amour qu'elle a pour l'un pourra passer aisément à l'autre, et . . . Je l'entends venir; le voilà.

SCÈNE VI.—Cléonte, *en Turc;* trois pages, *portant la veste de Cléonte;* monsieur Jourdain, Covielle.

CLÉONTE
Ambousahim oqui boraf, Jordina, salamalequi.

COVIELLE, *à monsieur Jourdain*
C'est-à-dire: Monsieur Jourdain, votre cœur soit toute l'année comme un rosier fleuri. Ce sont façons de parler obligeantes de ces pays-là.

MONSIEUR JOURDAIN
Je suis très-humble serviteur de Son Altesse turque.

COVIELLE
Carigar camboto oustin moraf.

CLÉONTE
Oustin yoc catamalequi basum base alla moran.

COVIELLE
Il dit: Que le ciel vous donne la force des lions et la prudence des serpents.

MONSIEUR JOURDAIN
Son Altesse turque m'honore trop, et je lui souhaite toutes sortes de prospérités.

COVIELLE
Ossa binamen sadoc bahally oracaf ouram.

CLÉONTE
Belmen.

COVIELLE
Il dit que vous alliez vite avec lui vous préparer pour la cérémonie, afin de voir ensuite votre fille et de conclure le mariage.

MONSIEUR JOURDAIN
Tant de choses en deux mots?

sides, there's an enormous coincidence at work here; the son of the sultan looks like this Cléonte, with very little difference. I've just seen him; he was pointed out to me, and the love that she has for one of them can easily be transferred to the other; and . . . I hear him coming; here he is.

SCENE 6.—Cléonte *(dressed as a Turk);* Three Pages *(bearing Cléonte's Turkish waistcoat);* Monsieur Jourdain, Covielle.

CLÉONTE

Ambousahim oqui boraf, Jordina, salamalequi.

COVIELLE *(to Monsieur Jourdain:)*

That means: "Monsieur Jourdain, may your heart be like a rosebush in blossom all the year round." That's the kind of complimentary language they use in those parts.

MONSIEUR JOURDAIN

I am the most humble servant of His Turkish Highness.

COVIELLE

Carigar camboto oustin moraf.

CLÉONTE

Oustin yoc catamalequi basum base alla moran.

COVIELLE

He says: "May heaven give you the strength of lions and the wisdom of serpents."

MONSIEUR JOURDAIN

His Turkish Highness does me too much honor, and I wish him every kind of prosperity.

COVIELLE

Ossa binamen sadoe babally oracaf ouram.

CLÉONTE

Belmen.

COVIELLE

He says he wants you to come with him quickly to get ready for the ceremony, so he can then see your daughter and conclude the marriage.

MONSIEUR JOURDAIN

All that in two words?

COVIELLE

Oui. La langue turque est comme cela; elle dit beaucoup en peu de paroles. Allez vite où il souhaite.

SCÈNE VII.—Covielle, *seul.*

Ah! ah! ah! Ma foi, cela est tout à fait drôle. Quelle dupe! quand il aurait appris son rôle par cœur, il ne pourrait pas le mieux jouer. Ah! ah!

SCÈNE VIII.—Dorante, Covielle.

COVIELLE

Je vous prie, monsieur, de nous vouloir aider céans dans une affaire qui s'y passe.

DORANTE

Ah! ah! Covielle, qui t'aurait reconnu? Comme te voilà ajusté!

COVIELLE

Vous voyez. Ah! ah!

DORANTE

De quoi ris-tu?

COVIELLE

D'une chose, monsieur, qui le mérite bien.

DORANTE

Comment?

COVIELLE

Je vous le donnerais en bien des fois, monsieur, à deviner le stratagème dont nous nous servons auprès de monsieur Jourdain pour porter son esprit à donner sa fille à mon maître.

DORANTE

Je ne devine point le stratagème; mais je devine qu'il ne manquera pas de faire son effet, puisque tu l'entreprends.

COVIELLE

Je sais, monsieur, que la bête vous est connue.

COVIELLE

Yes. The Turkish language is like that, it says a lot in just a few words. Go quickly where he asks you to.

SCENE 7.—Covielle (*alone*).

Ha, ha, ha! I swear, this is really funny. What a gull! If he had learned his role by heart, he couldn't have played it better. Ha, ha!

SCENE 8.—Dorante, Covielle.

COVIELLE

Sir, please be so good as to lend us a hand in something that's going on here.

DORANTE

Ha, ha! Covielle, who would have recognized you? What a get-up on you!

COVIELLE

As you see. Ha, ha!

DORANTE

What are you laughing at?

COVIELLE

Sir, at something that really rates it.

DORANTE

What?

COVIELLE

I'd give you any number of guesses, sir, as to the stratagem we're using with Monsieur Jourdain to persuade him to give his daughter to my master.

DORANTE

I can't guess the stratagem; but I do guess that it's sure to be effective, since it's you carrying it out.

COVIELLE

Sir, I know you're well acquainted with me.

DORANTE

Apprends-moi ce que c'est.

COVIELLE

Prenez la peine de vous tirer un peu plus loin, pour faire place à ce que j'aperçois venir. Vous pourrez voir une partie de l'histoire, tandis que je vous conterai le reste.

SCÈNE IX.—(CÉRÉMONIE TURQUE). Le muphti, dervis;
Turcs, *assistants du muphti, chantants et dansants.*

PREMIÈRE ENTRÉE DE BALLET.

Six Turcs entrent gravement deux à deux, au son des instruments. Ils portent trois tapis qu'ils lèvent fort haut, après en avoir fait, en dansant, plusieurs figures. Les Turcs chantants passent par-dessous ces tapis pour s'aller ranger aux deux côtés du théâtre. Le muphti, accompagné des dervis, ferme cette marche.

Alors les Turcs étendent les tapis par terre, et se mettent dessus à genoux. Le muphti et les dervis restent debout au milieu d'eux; et, pendant que le muphti invoque Mahomet, en faisant beaucoup de contorsions et de grimaces, sans proférer une seule parole, les Turcs assistants se prosternent jusqu'à terre, chantant Alli, *lèvent les bras au ciel, en chantant* Alla; *ce qu'ils continuent jusqu'à la fin de l'invocation, après laquelle ils se lèvent tous, chantant* Alla eckber; *et deux dervis vont chercher monsieur Jourdain.*

SCÈNE X.—Le muphti, dervis; Turcs *chantants et dansants;* monsieur Jourdain *vêtu à la turque, la tête rasée, sans turban et sans sabre.*

LE MUPHTI, *à monsieur Jourdain*

Se ti sabir,
Ti respondir;

DORANTE
  Tell me what it is.

COVIELLE
  Take the trouble to move away a little to make room for what I see coming. You'll be able to see part of the proceedings, while I'll explain the rest to you.[17]

SCENE 9.—(TURKISH CEREMONY). Mufti,[18] Dervishes;
Turks (*assistants to the Mufti, who sing and dance*).

FIRST BALLET EPISODE.

Six Turks enter solemnly two by two, to the sound of the instruments. They carry three carpets, which they lift very high after a dance in which they manipulate them in various ways. The Turks, singing, pass beneath these carpets and line up along both sides of the stage. The Mufti, accompanied by the Dervishes, brings up the rear of this march.

Then the Turks spread out the carpets on the floor, and kneel down on them. The Mufti and the Dervishes remain standing in their midst; and, while the Mufti invokes Mohammed, with many contortions and grimaces, but without uttering a single word, the assistant Turks bow down to the ground, singing "Alli," and lift their arms to the sky, singing "Allah"; they keep this up until the end of the invocation, after which they all rise, singing "Allah akbar," and two Dervishes go to fetch Monsieur Jourdain.

SCENE 10.—Mufti, Dervishes; Turks (*who sing and dance*);
Monsieur Jourdain (*dressed in Turkish style, his head shaved, without turban or saber*).

MUFTI (*to Monsieur Jourdain:*)
                    If you know-a,[19]
                    Reply-a;

---

[17] At this point, other editions include the stage direction "La cérémonie turque pour anoblir le Bourgeois se fait en danse et en musique, et compose le quatrième intermède" (The Turkish ceremony for making the bourgeois a nobleman is performed in song and dance, constituting the fourth interlude). Moreover, these editions use no further scene divisions for the rest of the act.

[18] Exponent of Islamic law. See Introduction for more information on the Turkish element in the play. As stated there, the publisher and translator sincerely apologize for any offense that might be taken. A modern producer easily can take steps to remove some of the potential causes.

[19] For information on the non-French languages in the original text during the last two acts, see the Introduction.

> Se non sabir,
> Tazir, tazir.
>
> Mi star muphti,
> Ti qui star si?
> Non intendir;
> Tazir, tazir.

Deux dervis font retirer monsieur Jourdain.

SCÈNE XI.—Le muphti, dervis; Turcs *chantants et dansants.*

LE MUPHTI
  Dice, Turque, qui star quista? Anabatista? anabatista?

LES TURCS
  Ioc.

LE MUPHTI
  Zuinglista?

LES TURCS
  Ioc.

LE MUPHTI
  Coffita?

LES TURCS
  Ioc.

LE MUPHTI
  Hussita? Morista? Fronista?

LES TURCS
  Ioc, ioc, ioc.

LE MUPHTI
  Ioc, ioc, ioc. Star pagana?

LES TURCS
  Ioc.

LE MUPHTI
  Luterana?

LES TURCS
  Ioc.

> If not know-a,
> Be still-a, be still-a.
>
> I be mufti,
> You be who?
> No understand-a,
> Be still-a, be still-a.

Two Dervishes lead away Monsieur Jourdain.

SCENE 11.—Mufti, Dervishes; Turks (*who sing and dance*).

MUFTI
Tell-a, Turk-a, who be this-a? Anabaptist-a? Anabaptist-a?

TURKS
No.

MUFTI
Zwinglian-a?

TURKS
No.

MUFTI
Copt-a?

TURKS
No.

MUFTI
Hussite-a? Moor-a? Phronist-a?

TURKS
No, no, no.

MUFTI
No, no. no. Be pagan-a?

TURKS
No.

MUFTI
Lutheran-a?

TURKS
No.

LE MUPHTI
    Puritana?

LES TURCS
    Ioc.

LE MUPHTI
    Bramina? Moffina? Zurina?

LES TURCS
    Ioc, ioc, ioc.

LE MUPHTI
    Ioc, ioc, ioc. Mahametana? Mahametana?

LES TURCS
    Hi Valla. Hi Valla.

LE MUPHTI
    Como chamara? Como chamara?

LES TURCS
    Giourdina, Giourdina.

LE MUPHTI, *sautant*
    Giourdina, Giourdina.

LES TURCS
    Giourdina, Giourdina.

LE MUPHTI

> Mahameta, per Giourdina,
> Mi pregar sera e matina.
> Voler far un paladina
> De Giourdina, de Giourdina;
> Dar turbanta, et dar scarrina,
> Con galera, e brigantina,
> Per deffender Palestina.
> Mahameta, per Giourdina,
> Mi pregar sera e matina.

Aux Turcs
    Star bon Turca Giourdina?

LES TURCS
    Hi Valla. Hi Valla.

LE MUPHTI, *chantant et dansant*
    Ha la ba, ba la chou, ba la ba, ba la da.

MUFTI
Puritan-a?

TURKS
No.

MUFTI
Brahmin-a? Moffin-a? Zurin-a?

TURKS
No, no, no.

MUFTI
No, no, no. Mohammedan-a? Mohammedan-a?

TURKS
Yea, by Allah. Yea, by Allah.

MUFTI
What name-a? What name-a?

TURKS
Giourdina, Giourdina.

MUFTI (*leaping:*)
Giourdina? Giourdina?

TURKS
Giourdina, Giourdina.

MUFTI

>To Mohammed-a, for Giourdina
>Me pray evening and morning-a.
>Wish to make a paladin-a
>Of Giourdina, of Giourdina;
>Give turban-a, and give saber-a,
>With galley-a, and brigantine-a,
>To defend Palestine-a.
>To Mohammed-a, for Giourdina,
>Me pray evening and morning-a.

(*To the Turks:*)
Be good Turk-a Giourdina?

TURKS
Yea, by Allah. Yea, by Allah.

MUFTI (*singing and dancing:*)
Ha la ba, ba la chou, ba la ba, ba la da.

LES TURCS
Ha la ba, ba la chou, ba la ba, ba la da.

SCÈNE XII.—Turcs *chantants et dansants.*

SECONDE ENTRÉE DE BALLET.

SCÈNE XIII.—Le muphti, dervis, monsieur Jourdain;
Turcs *chantants et dansants.*

Le muphti revient coiffé avec son turban de cérémonie, qui est d'une grosseur démesurée et garni de bougies allumées à quatre ou cinq rangs; il est accompagné de deux dervis qui portent l'Alcoran, et qui ont des bonnets pointus, garnis aussi de bougies allumées.

Les deux autres dervis amènent monsieur Jourdain, et le font mettre à genoux, les mains par terre, de façon que son dos, sur lequel est mis l'Alcoran, sert de pupitre au muphti, qui fait une seconde invocation burlesque, fronçant le sourcil, frappant de temps en temps sur l'Alcoran, et tournant les feuillets avec précipitation; après quoi, en levant les bras au ciel, le muphti crie à haute voix: Hou.

Pendant cette seconde invocation, les Turcs assistants, s'inclinant et se relevant alternativement, chantent aussi Hou, hou, hou.

MONSIEUR JOURDAIN, *après qu'on lui a ôté l'Alcoran de dessus le dos*
Ouf!

LE MUPHTI, *à monsieur Jourdain*
Ti non star furba?

LES TURCS
No, no, no.

LE MUPHTI
Non star forfanta?

LES TURCS
No, no, no.

LE MUPHTI, *aux Turcs*
Donar turbanta.

LES TURCS
Ti non star furba?
No, no, no.
Non star forfanta?

TURKS
Ha la ba, ba la chou, ba la ba, ba la da.

SCENE 12.—Turks (*who sing and dance*).

SECOND BALLET EPISODE.

SCENE 13.—Mufti, Dervishes, Monsieur Jourdain;
Turks (*who sing and dance*).

The Mufti returns wearing his ceremonial turban, which is immense and is deco-
rated with four or five rows of lighted candles; he is accompanied by two
Dervishes who carry the Koran and wear pointed bonnets decorated with lighted
candles.
The two other Dervishes bring in Monsieur Jourdain, and make him kneel down with
his hands on the ground, so that his back, on which the Koran is placed, serves as a
lectern for the Mufti, who performs another mock invocation, knitting his brows,
striking the Koran from time to time, and turning its pages swiftly; after that, he lifts
his arms skyward and calls aloud: "Hou."
During this second invocation, the assistant Turks, bowing and rising in alternation,
also chant "Hou, hou, hou."

MONSIEUR JOURDAIN (*after the Koran has been taken off his back:*)
Whew!

MUFTI (*to Monsieur Jourdain:*)
You no be crook-a?

TURKS
No, no, no.

MUFTI
No be con man?

TURKS
No, no, no.

MUFTI (*to the Turks:*)
Give turban-a.

TURKS
You no be crook-a?
No, no, no.
No be con man?

No, no, no.
Donar turbanta.

TROISIÈME ENTRÉE DE BALLET.

Les Turcs dansants mettent le turban sur la tête de monsieur Jourdain au son des in-struments.

LE MUPHTI, *donnant le sabre à monsieur Jourdain*
Ti star nobile, non star fabbola.
Pigliar schiabbola.

LES TURCS, *mettant le sabre à la main*
Ti star nobile, non star fabbola.
Pigliar schiabbola.

QUATRIÈME ENTRÉE DE BALLET.

Les Turcs dansants donnent en cadence plusieurs coups de sabre à monsieur Jourdain.

LE MUPHTI
Dara, dara
Bastonnara.

LES TURCS
Dara, dara
Bastonnara.

CINQUIÈME ENTRÉE DE BALLET.

Les Turcs dansants donnent à monsieur Jourdain des coups de bâton en cadence.

LE MUPHTI
Non tener honta,
Questa star l'ultima affronta.

LES TURCS
Non tener honta,
Questa star l'ultima affronta.

Le muphti commence une troisième invocation. Les dervis le soutiennent par-dessous les bras avec respect; après quoi les Turcs chantants et dansants, sautant autour du muphti, se retirent avec lui et emmènent monsieur Jourdain.

No, no, no.
Give turban-a.

THIRD BALLET EPISODE.

The Turkish dancers place the turban on Monsieur Jourdain's head to the sound of the instruments.

MUFTI (*giving the saber to Monsieur Jourdain:*)
>You be noble-a, it no fable-a.
>Take-a saber-a.

TURKS (*putting the saber in his hand:*)
>You be noble-a, it no fable-a.
>Take-a saber-a.

FOURTH BALLET EPISODE.

The Turkish dancers strike Monsieur Jourdain several times with their sabers, to the musical beat.

MUFTI

>Give-a, give-a,
>Hit with stick-a.

TURKS

>Give-a, give-a,
>Hit with stick-a.

FIFTH BALLET EPISODE.

The Turkish dancers hit Monsieur Jourdain with sticks, to the beat.

MUFTI

>Be not ashame-a,
>This be last-a insult.

TURKS

>Be not ashame-a,
>This be last-a insult.

The Mufti begins a third invocation. The Dervishes support him, respectfully holding him under his arms; then the Turkish singers and dancers leap around the Mufti, exit with him, and take away Monsieur Jourdain.

ACTE CINQUIÈME

SCÈNE I.—Madame Jourdain, monsieur Jourdain.

MADAME JOURDAIN

Ah! mon Dieu, miséricorde! qu'est-ce que c'est donc que cela? Quelle figure! Est-ce un momon que vous allez porter, et est-il temps d'aller en masque? Parlez donc, qu'est-ce que c'est que ceci? Qui vous a fagoté comme cela?

MONSIEUR JOURDAIN

Voyez l'impertinente, de parler de la sorte à un *mamamouchi!*

MADAME JOURDAIN

Comment donc?

MONSIEUR JOURDAIN

Oui, il me faut porter du respect maintenant, et l'on vient de me faire *mamamouchi.*

MADAME JOURDAIN

Que voulez-vous dire avec votre *mamamouchi?*

MONSIEUR JOURDAIN

Mamamouchi, vous dis-je. Je suis *mamamouchi.*

MADAME JOURDAIN

Quelle bête est-ce là?

MONSIEUR JOURDAIN

Mamamouchi, c'est-à-dire, en notre langue, paladin.

ACT V

SCENE 1.—Madame Jourdain, Monsieur Jourdain.

MADAME JOURDAIN
Oh, Lord, have mercy on me! What's that? What a sight! Are you celebrating Carnival,[20] and is it the season for going around disguised? Speak up, what is all this? Who bundled you up like that?

MONSIEUR JOURDAIN
Impertinent woman, to speak that way to a mamamouchi.

MADAME JOURDAIN
To a what?

MONSIEUR JOURDAIN
Yes, you must show me some respect now, I've just been made a mamamouchi.

MADAME JOURDAIN
What is this mamamouchi you're talking about?

MONSIEUR JOURDAIN
Mamamouchi, I tell you. I'm a mamamouchi.

MADAME JOURDAIN
What sort of animal is that?

MONSIEUR JOURDAIN
Mamamouchi, which in our language means paladin.

---

[20] Literally, "Are you [as a masked Carnival figure] bearing a challenge to play dice?"

MADAME JOURDAIN
  Baladin! Êtes-vous en âge de danser des ballets?

MONSIEUR JOURDAIN
  Quelle ignorante! Je dis paladin: c'est une dignité dont on vient de me faire la cérémonie.

MADAME JOURDAIN
  Quelle cérémonie donc?

MONSIEUR JOURDAIN
  Mahameta per Jordina.

MADAME JOURDAIN
  Qu'est-ce que cela veut dire?

MONSIEUR JOURDAIN
  Jordina, c'est-à-dire Jourdain.

MADAME JOURDAIN
  Eh bien, quoi, Jourdain?

MONSIEUR JOURDAIN
  Voler far un paladina de Jordina.

MADAME JOURDAIN
  Comment?

MONSIEUR JOURDAIN
  Dar turbanta con galera.

MADAME JOURDAIN
  Qu'est-ce à dire, cela?

MONSIEUR JOURDAIN
  Per deffender Palestina.

MADAME JOURDAIN
  Que voulez-vous donc dire?

MONSIEUR JOURDAIN
  Dara, dara bastonnara.

MADAME JOURDAIN
  Qu'est-ce donc que ce jargon-là?

MADAME JOURDAIN
   Ballet-din?[21] Aren't you too old to be dancing in ballets?

MONSIEUR JOURDAIN
   What an ignoramus! I said "paladin"; that's a rank I've just been given in a ceremony.

MADAME JOURDAIN
   What ceremony?

MONSIEUR JOURDAIN
   To Mohammed-a for Giourdina.

MADAME JOURDAIN
   What's that mean?

MONSIEUR JOURDAIN
   "Giourdina" is "Jourdain."

MADAME JOURDAIN
   So? What about Jourdain?

MONSIEUR JOURDAIN
   Wish to make a paladin-a of Giourdina.

MADAME JOURDAIN
   What?

MONSIEUR JOURDAIN
   Give turban-a with galley-a.

MADAME JOURDAIN
   What are you talking about?

MONSIEUR JOURDAIN
   To defend Palestine-a.

MADAME JOURDAIN
   What do you mean?

MONSIEUR JOURDAIN
   Give-a, give-a, hit with stick-a.

MADAME JOURDAIN
   What's this gibberish?

---

[21] Literally, a derogatory term for a dancer.

MONSIEUR JOURDAIN
Non tener honta, questa star l'ultima affronta.

MADAME JOURDAIN
Qu'est-ce que c'est donc que tout cela?

MONSIEUR JOURDAIN, *chantant et dansant*
Hou la ba, ba la chou, ba la ba, ba la da. (Il tombe par terre.)

MADAME JOURDAIN
Hélas! mon Dieu! mon mari est devenu fou!

MONSIEUR JOURDAIN, *se relevant et s'en allant*
Paix, insolente! Portez respect à monsieur le *mamamouchi.*

MADAME JOURDAIN, *seule*
Où est-ce donc qu'il a perdu l'esprit? Courons l'empêcher de sortir. (*Apercevant Dorimène et Dorante*) Ah! ah! voici justement le reste de notre écu. Je ne vois que chagrin de tous côtés.

SCÈNE II.—Dorante, Dorimène.

DORANTE
Oui, madame, vous verrez la plus plaisante chose qu'on puisse voir; et je ne crois pas que dans tout le monde il soit possible de trouver encore un homme aussi fou que celui-là. Et puis, madame, il faut tâcher de servir l'amour de Cléonte et d'appuyer toute sa mascarade. C'est un fort galant homme, et qui mérite que l'on s'intéresse pour lui.

DORIMÈNE
J'en fais beaucoup de cas, et il est digne d'une bonne fortune.

DORANTE
Outre cela, nous avons ici, madame, un ballet qui nous revient, que nous ne devons pas laisser perdre; et il faut bien voir si mon idée pourra réussir.

DORIMÈNE
J'ai vu là des apprêts magnifiques, et ce sont des choses, Dorante, que je ne puis plus souffrir. Oui, je veux enfin vous empêcher vos profusions; et, pour rompre le cours à toutes les dépenses que je vous vois faire pour moi, j'ai résolu de me marier promptement avec vous. C'en est le vrai secret; et toutes ces choses finissent avec le mariage.

MONSIEUR JOURDAIN
Be not ashame-a, this be last-a insult.

MADAME JOURDAIN
What is all this?

MONSIEUR JOURDAIN (*singing and dancing:*)
Hou la ba, ba la chou, ba la ba, ba la da. (*He falls down.*)

MADAME JOURDAIN
Oh, my God, my husband's gone crazy.

MONSIEUR JOURDAIN (*getting up and going away:*)
Quiet, insolent woman. Have some respect for the mamamouchi.

MADAME JOURDAIN (*alone:*)
Where did he lose his senses? Let's stop him from leaving the house. (*Catching sight of Dorimène and Dorante:*) Oh! Oh! Here comes the rest of our misfortune! I see nothing but grief on all sides.

SCENE 2.—Dorante, Dorimène.

DORANTE
Yes, madame, you'll see the funniest possible thing, and I don't think that anywhere in the world can be found another man as crazy as that one. Besides, madame, we must try to help Cléonte in his courtship and lend credence to his whole masquerade. He's a very upstanding man, who deserves to have people take interest in his affairs.

DORIMÈNE
I esteem him greatly, and he's worthy of success.

DORANTE
In addition, madame, we have a ballet here that was prepared for us, and that we shouldn't let go to waste; also, we ought to see whether my idea will work out.

DORIMÈNE
I saw sumptuous preparations downstairs, Dorante, and that's something I can no longer tolerate. Yes, once and for all I want to call a halt to your extravagance; and so, to put an end to all the expense I see you going to on my account, I've decided to marry you very soon. That's the only way to do it; all those things come to an end once people are married.

DORANTE

Ah! madame, est-il possible que vous ayez pu prendre pour moi une si douce résolution?

DORIMÈNE

Ce n'est que pour vous empêcher de vous ruiner; et, sans cela, je vois bien qu'avant qu'il fût peu vous n'auriez pas un sou.

DORANTE

Que j'ai d'obligation, madame, aux soins que vous avez de conserver mon bien! Il est entièrement à vous, aussi bien que mon cœur; et vous en userez de la façon qu'il vous plaira.

DORIMÈNE

J'userai bien de tous les deux. Mais voici votre homme: la figure en est admirable.

SCÈNE III.—Monsieur Jourdain, Dorimène, Dorante.

DORANTE

Monsieur, nous venons rendre hommage, madame et moi, à votre nouvelle dignité, et nous réjouir avec vous du mariage que vous faites de votre fille avec le fils du Grand Turc.

MONSIEUR JOURDAIN, *après avoir fait les révérences à la turque*

Monsieur, je vous souhaite la force des serpents et la prudence des lions.

DORIMÈNE

J'ai été bien aise d'être des premières, monsieur, à venir vous féliciter du haut degré de gloire où vous êtes monté.

MONSIEUR JOURDAIN

Madame, je vous souhaite toute l'année votre rosier fleuri. Je vous suis infiniment obligé de prendre part aux honneurs qui m'arrivent; et j'ai beaucoup de joie de vous voir revenue ici, pour vous faire les très-humbles excuses de l'extravagance de ma femme.

DORIMÈNE

Cela n'est rien; j'excuse en elle un pareil mouvement: votre cœur lui doit être précieux; et il n'est pas étrange que la possession d'un homme comme vous puisse inspirer quelques alarmes.

MONSIEUR JOURDAIN

La possession de mon cœur est une chose qui vous est tout acquise.

DORANTE

Ah! Madame, can it be true that you've made a decision so delightful to me?

DORIMÈNE

It's only to stop you from bankrupting yourself; otherwise, it's clear
to me that before long you wouldn't have a cent.

DORANTE

How grateful I am to you, madame, for your concern over preserv-
ing my wealth! It's all yours, along with my heart; and you may make
any use of them that you please.

DORIMÈNE

I'll make good use of both. But here's your friend: his appearance is
really noteworthy.

SCENE 3.—Monsieur Jourdain, Dorimène, Dorante.

DORANTE

Sir, madame and I have come to pay our respects to your new rank
and to rejoice with you at the marriage you're arranging between your
daughter and the son of the sultan.

MONSIEUR JOURDAIN (*making Turkish bows:*)

Sir, I wish you the strength of serpents and the wisdom of lions.

DORIMÈNE

Sir, I'm very pleased to be among the first to congratulate you on
the high degree of honor to which you've risen.

MONSIEUR JOURDAIN

Madame, may your rosebush be in blossom all year round. I'm infinitely grateful to you for taking part in the honors I'm receiving, and
I'm very happy to see you back here so I can apologize most humbly
for my wife's peculiar behavior.

DORIMÈNE

It's nothing; I excuse her for such an outburst: your love must be
precious to her, and it isn't strange that the possession of a man like
you is liable to cause her some alarm.

MONSIEUR JOURDAIN

The possession of my heart is something you can be assured of.

DORANTE

Vous voyez, madame, que monsieur Jourdain n'est pas de ces gens que les prospérités aveuglent, et qu'il sait, dans sa grandeur, connaître encore ses amis.

DORIMÈNE

C'est la marque d'une âme tout à fait généreuse.

DORANTE

Où est donc Son Altesse turque? nous voudrions bien, comme vos amis, lui rendre nos devoirs.

MONSIEUR JOURDAIN

Le voilà qui vient; et j'ai envoyé querir ma fille pour lui donner la main.

SCÈNE IV.—Monsieur Jourdain, Dorimène, Dorante; Cléonte, *habillé en Turc.*

DORANTE, *à Cléonte*

Monsieur, nous venons faire la révérence à Votre Altesse, comme amis de monsieur votre beau-père, et l'assurer avec respect de nos très-humbles services.

MONSIEUR JOURDAIN

Où est le truchement, pour lui dire qui vous êtes et lui faire entendre ce que vous dites? Vous verrez qu'il vous répondra; et il parle turc à merveille. Holà! où diantre est-il allé? (*À Cléonte*) *Strouf, strif, strof, straf.* Monsieur est un *grande segnore, grande segnore, grande segnore*; et madame, une *granda dama, granda dama.* (*Voyant qu'il ne se fait point entendre*) Ah! (*À Cléonte, montrant Dorante*) Monsieur, lui *mamamouchi* français, et madame *mamamouchie* française. Je ne puis pas parler plus clairement. Bon! voici l'interprète.

SCÈNE V.—Monsieur Jourdain, Dorimène, Dorante; Cléonte, *habillé en Turc;* Covielle, *déguisé.*

MONSIEUR JOURDAIN

Où allez-vous donc? nous ne saurions rien dire sans vous. (*Montrant Cléonte*) Dites-lui un peu que monsieur et madame sont des personnes

DORANTE

Madame, you can see that Monsieur Jourdain isn't one of those people who are blinded by good fortune, and that, in his new greatness, he is still able to recognize his friends.

DORIMÈNE

It's the sign of a totally generous soul.

DORANTE

But where is His Turkish Highness? As your friends, we'd like to pay our respects to him.

MONSIEUR JOURDAIN

Here he comes; and I've sent for my daughter to give him her hand.

SCENE 4.—Monsieur Jourdain, Dorimène, Dorante; Cléonte (*dressed as a Turk*).

DORANTE (*to Cléonte:*)

Sir, we've come to bow down to Your Highness, as friends of your father-in-law, and to assure you respectfully that you may command our humble service.

MONSIEUR JOURDAIN

Where's the interpreter, to tell him who you are, and to make him understand what you're saying? You'll see, he'll answer you; and he speaks Turkish awfully well. Hey! Where the devil did he get to? (*To Cléonte:*) Strouf, strif, strof, straf. This gentleman is a great-a lord-a, great-a lord-a, great-a lord-a; and madame is a great-a lady, great-a lady. (*Seeing that he isn't getting across:*) Ah! (*To Cléonte, pointing to Dorante:*) This gentleman, he French mamamouchi, and madame French mamamouchie. I can't talk any more clearly than that. Good! Here's the interpreter.

SCENE 5.—Monsieur Jourdain, Dorimène, Dorante; Cléonte (*dressed as a Turk*); Covielle (*in disguise*).

MONSIEUR JOURDAIN

Where are you off to? We can't say anything without you. (*Indicating Cléonte:*) Please tell him that monsieur and madame are persons of

de grande qualité, qui lui viennent faire la révérence, comme mes amis, et l'assurer de leurs services. (*À Dorimène et à Dorante*) Vous allez voir comme il va répondre.

COVIELLE

Alabala crociam acci boram alabamen.

CLÉONTE

Catalequi tubal ourin soter amalouchan.

MONSIEUR JOURDAIN, *à Dorimène et à Dorante*

Voyez-vous?

COVIELLE

Il dit que la pluie des prospérités arrose en tout temps le jardin de votre famille.

MONSIEUR JOURDAIN

Je vous l'avais bien dit, qu'il parle turc.

DORANTE

Cela est admirable.

SCÈNE VI.—Lucile, Cléonte, monsieur Jourdain, Dorimène, Dorante, Covielle.

MONSIEUR JOURDAIN

Venez, ma fille; approchez-vous, et venez donner votre main à monsieur, qui vous fait l'honneur de vous demander en mariage.

LUCILE

Comment! mon père, comme vous voilà fait! est-ce une comédie que vous jouez?

MONSIEUR JOURDAIN

Non, non, ce n'est pas une comédie; c'est une affaire fort sérieuse, et la plus pleine d'honneur pour vous qui se peut souhaiter. (*Montrant Cléonte*) Voilà le mari que je vous donne.

LUCILE

À moi, mon père?

MONSIEUR JOURDAIN

Oui, à vous. Allons, touchez-lui dans la main, et rendez grâces au ciel de votre bonheur.

great quality, who have come to pay their respects to him, as my friends, and to promise him their service. (*To Dorimène and Dorante:*) You'll see, he'll answer.

COVIELLE
Alabala crociam acci boram alabamen.

CLÉONTE
Catalequi tubal ourin soter amalouchan.

MONSIEUR JOURDAIN (*To Dorimène and Dorante:*)
See?

COVIELLE
He says: "May the rain of prosperity always water the garden of your family."

MONSIEUR JOURDAIN
I told you he speaks Turkish!

DORANTE
It's wonderful!

SCENE 6.—Lucile, Cléonte, Monsieur Jourdain, Dorimène, Dorante, Covielle.

MONSIEUR JOURDAIN
Come, daughter; come near, and give your hand to this gentleman, who is doing you the honor of asking your hand in marriage.

LUCILE
What? Father, look at how you're dressed! Are you acting out a comedy?

MONSIEUR JOURDAIN
No, no, it's not a comedy; it's a very serious matter, and the most honorable for you that anyone could wish. (*Indicating Cléonte:*) Here is the husband I'm giving you.

LUCILE
Giving *me,* father?

MONSIEUR JOURDAIN
Yes, you. Go, take his hand, and thank heaven for your good fortune.

LUCILE
Je ne veux point me marier.

MONSIEUR JOURDAIN
Je le veux, moi, qui suis votre père.

LUCILE
Je n'en ferai rien.

MONSIEUR JOURDAIN
Ah! que de bruit! Allons, vous dis-je. Çà, votre main.

LUCILE
Non, mon père; je vous l'ai dit, il n'est point de pouvoir qui me puisse obliger à prendre un autre mari que Cléonte; et je me résoudrai plutôt à toutes les extrémités que de . . . (*Reconnaissant Cléonte*) Il est vrai que vous êtes mon père; je vous dois entière obéissance; et c'est à vous à disposer de moi selon vos volontés.

MONSIEUR JOURDAIN
Ah! je suis ravi de vous soir si promptement revenue dans votre devoir; et voilà qui me plaît, d'avoir une fille obéissante.

SCÈNE VII.—Madame Jourdain, Cléonte, monsieur Jourdain, Lucile, Dorante, Dorimène, Covielle.

MADAME JOURDAIN
Comment donc? qu'est-ce que c'est que ceci? on dit que vous voulez donner votre fille en mariage à un carême-prenant.

MONSIEUR JOURDAIN
Voulez-vous vous taire, impertinente! Vous venez toujours mêler vos extravagances à toutes choses; et il n'y a pas moyen de vous apprendre à être raisonnable.

MADAME JOURDAIN
C'est vous qu'il n'y a pas moyen de rendre sage; et vous allez de folie en folie. Quel est votre dessein, et que voulez-vous faire avec cet assemblage?

MONSIEUR JOURDAIN
Je veux marier notre fille avec le fils du Grand Turc.

MADAME JOURDAIN
Avec le fils du Grand Turc?

LUCILE

I don't want to get married.

MONSIEUR JOURDAIN

But *I* want you to, I, your father.

LUCILE

I'll do nothing of the sort.

MONSIEUR JOURDAIN

Ah! What a to-do! Go, I tell you. Here, give me your hand.

LUCILE

No, father; I told you, there's no power that can force me to accept any husband but Cléonte; and I'd rather go to any extremes than to . . . (*Recognizing Cléonte:*) It's true, you're my father; I owe you complete obedience, and it's your right to do exactly what you like with me.

MONSIEUR JOURDAIN

Ah! I'm delighted to see you become dutiful again so quickly, and I'm very pleased to have an obedient daughter.

SCENE 7.—Madame Jourdain, Cléonte, Monsieur Jourdain, Lucile, Dorante, Dorimène, Covielle.

MADAME JOURDAIN

What's this? What's going on here? They tell me you want to marry off your daughter to a Mardi Gras mummer.

MONSIEUR JOURDAIN

Will you be quiet, with your impertinence? You always come and mess things up with your wild notions, and there's no way to teach you to be reasonable.

MADAME JOURDAIN

There's no way to make *you* be sensible, and you're going from one folly to another. What do you have in mind, and what are you doing with this whole gathering?

MONSIEUR JOURDAIN

I want to marry our daughter to the son of the sultan.

MADAME JOURDAIN

To the son of the sultan?

MONSIEUR JOURDAIN, *montrant Covielle*

Oui. Faites-lui faire vos compliments par le truchement que voilà.

MADAME JOURDAIN

Je n'ai que faire du truchement, et je lui dirai bien, moi-même, à son nez, qu'il n'aura point ma fille.

MONSIEUR JOURDAIN

Voulez-vous vous taire, encore une fois!

DORANTE

Comment, madame Jourdain! vous vous opposez à un honneur comme celui-là? vous refusez Son Altesse turque pour gendre?

MADAME JOURDAIN

Mon Dieu! monsieur, mêlez-vous de vos affaires.

DORIMÈNE

C'est une grande gloire qui n'est pas à rejeter.

MADAME JOURDAIN

Madame, je vous prie aussi de ne vous point embarrasser de ce qui ne vous touche pas.

DORANTE

C'est l'amitié que nous avons pour vous qui nous fait intéresser dans vos avantages.

MADAME JOURDAIN

Je me passerai bien de votre amitié.

DORANTE

Voilà votre fille qui consent aux volontés de son père.

MADAME JOURDAIN

Ma fille consent à épouser un Turc?

DORANTE

Sans doute.

MADAME JOURDAIN

Elle peut oublier Cléonte?

DORANTE

Que ne fait-on pas pour être grande dame?

MADAME JOURDAIN

Je l'étranglerais de mes mains, si elle avait fait un coup comme celui-là.

MONSIEUR JOURDAIN (*indicating Covielle:*)
Yes. Pay him your respects through this interpreter here.

MADAME JOURDAIN
I don't need any interpreter, and I'll tell him myself, right to his face, that he won't have my daughter.

MONSIEUR JOURDAIN
Once again, will you be still?

DORANTE
What, Madame Jourdain, you object to an honor like this? You refuse to accept His Turkish Highness as a son-in-law?

MADAME JOURDAIN
By God, sir, mind your own business.

DORIMÈNE
It's a great honor, not to be spurned.

MADAME JOURDAIN
Madame, I ask you, too, not to worry yourself over things that don't concern you.

DORANTE
It's our friendship for you that makes us concerned about your best interests.

MADAME JOURDAIN
I'll get along very well without your friendship.

DORANTE
Your daughter here consents to her father's wishes.

MADAME JOURDAIN
My daughter consents to marry a Turk?

DORANTE
Of course.

MADAME JOURDAIN
She's able to forget Cléonte?

DORANTE
What wouldn't one do to be a great lady?

MADAME JOURDAIN
I'd strangle her with my own hands if she played such a dirty trick.

MONSIEUR JOURDAIN

Voilà bien du caquet! Je vous dis que ce mariage-là se fera.

MADAME JOURDAIN

Je vous dis, moi, qu'il ne se fera point.

MONSIEUR JOURDAIN

Ah! que de bruit!

LUCILE

Ma mère!

MADAME JOURDAIN

Allez! vous êtes une coquine!

MONSIEUR JOURDAIN, *à madame Jourdain*

Quoi! vous la querellez de ce qu'elle m'obéit!

MADAME JOURDAIN

Oui; elle est à moi aussi bien qu'à vous.

COVIELLE, *à madame Jourdain*

Madame!

MADAME JOURDAIN

Que me voulez-vous conter, vous?

COVIELLE

Un mot.

MADAME JOURDAIN

Je n'ai que faire de votre mot.

COVIELLE, *à monsieur Jourdain*

Monsieur, si elle veut écouter une parole en particulier, je vous promets de la faire consentir à ce que vous voulez.

MADAME JOURDAIN

Je n'y consentirai point.

COVIELLE

Écoutez-moi seulement.

MADAME JOURDAIN

Non.

MONSIEUR JOURDAIN, *à madame Jourdain*

Écoutez-le.

MONSIEUR JOURDAIN
  Enough chatter! I tell you this marriage will take place.

MADAME JOURDAIN
  And I tell you it won't.

MONSIEUR JOURDAIN
  Oh! All this noise!

LUCILE
  Mother!

MADAME JOURDAIN
  Go away. You're a hussy.

MONSIEUR JOURDAIN (*to Madame Jourdain:*)
  What! You're bawling her out for obeying me?

MADAME JOURDAIN
  Yes. She's mine just as much as yours.

COVIELLE (*to Madame Jourdain:*)
  Madame!

MADAME JOURDAIN
  What story do *you* want to tell me?

COVIELLE
  One word.

MADAME JOURDAIN
  I don't need your word.

COVIELLE (*to Monsieur Jourdain:*)
  Sir, if she's willing to listen to one word in private, I promise you to make her consent to your wishes.

MADAME JOURDAIN
  I won't consent.

COVIELLE
  Just hear me out.

MADAME JOURDAIN
  No.

MONSIEUR JOURDAIN (*to Madame Jourdain:*)
  Hear him out.

MADAME JOURDAIN
Non; je ne veux pas l'écouter.

MONSIEUR JOURDAIN
Il vous dira . . .

MADAME JOURDAIN
Je ne veux point qu'il me dise rien.

MONSIEUR JOURDAIN
Voilà une grande obstination de femme! Cela vous fera-t-il mal de l'entendre?

COVIELLE
Ne faites que m'écouter; vous ferez après ce qu'il vous plaira.

MADAME JOURDAIN
Eh bien, quoi?

COVIELLE, *bas, à madame Jourdain*
Il y a une heure, madame, que nous vous faisons signe: ne voyez-vous pas bien que tout ceci n'est fait que pour nous ajuster aux visions de votre mari; que nous l'abusons sous ce déguisement, et que c'est Cléonte lui-même qui est le fils du Grand Turc? . . .

MADAME JOURDAIN, *bas, à Covielle*
Ah! ah!

COVIELLE, *bas, à madame Jourdain*
Et moi, Covielle, qui suis le truchement?

MADAME JOURDAIN, *bas, à Covielle*
Ah! comme cela, je me rends.

COVIELLE, *bas, à madame Jourdain*
Ne faites pas semblant de rien.

MADAME JOURDAIN, *haut*
Oui, voilà qui est fait, je consens au mariage.

MONSIEUR JOURDAIN
Ah! voilà tout le monde raisonnable. (*À madame Jourdain*) Vous ne vouliez pas l'écouter. Je savais bien qu'il vous expliquerait ce que c'est que le fils du Grand Turc.

MADAME JOURDAIN
Il me l'a expliqué comme il faut, et j'en suis satisfaite. Envoyons querir un notaire.

MADAME JOURDAIN
No: I don't want to hear him out.

MONSIEUR JOURDAIN
He'll tell you . . .

MADAME JOURDAIN
I don't want him to tell me anything.

MONSIEUR JOURDAIN
There's women's stubbornness for you! Will it hurt you to hear him?

COVIELLE
Just listen to me; after that you can do what you like.

MADAME JOURDAIN
All right! What?

COVIELLE (*quietly, to Madame Jourdain:*)
Madame, we've been signaling to you for an hour now. Don't you see we're doing all this to humor your husband's fancies, that we're fooling him with these disguises, and that Cléonte himself is the son of the sultan?

MADAME JOURDAIN (*quietly, to Covielle:*)
Oh! oh!

COVIELLE (*quietly, to Madame Jourdain:*)
And the interpreter is me, Covielle.

MADAME JOURDAIN (*quietly, to Covielle:*)
Oh! In that case, I give in.

COVIELLE (*quietly, to Madame Jourdain:*)
Don't give anything away.

MADAME JOURDAIN (*aloud:*)
Yes. It's done; I consent to the marriage.

MONSIEUR JOURDAIN
Ah! Now everybody is showing some sense. (*To Madame Jourdain:*) You didn't want to listen to him. I knew he'd make it clear to you just who the son of the sultan is.

MADAME JOURDAIN
He made it perfectly clear to me, and I'm contented. Let's send for a notary.

DORANTE

C'est fort bien dit. Et afin, madame Jourdain, que vous puissiez avoir l'esprit tout à fait content et que vous perdiez aujourd'hui toute la jalousie que vous pourriez avoir conçue de monsieur votre mari, c'est que nous nous servirons du même notaire pour nous marier, madame et moi.

MADAME JOURDAIN

Je consens aussi à cela.

MONSIEUR JOURDAIN, *bas, à Dorante*

C'est pour lui faire accroire?

DORANTE, *bas, à monsieur Jourdain*

Il faut bien l'amuser avec cette feinte.

MONSIEUR JOURDAIN, *bas*

Bon, bon! (*Haut*) Qu'on aille querir le notaire.

DORANTE

Tandis qu'il viendra et qu'il dressera les contrats, voyons notre ballet, et donnons-en le divertissement à Son Altesse turque.

MONSIEUR JOURDAIN

C'est fort bien avisé. Allons prendre nos places.

MADAME JOURDAIN

Et Nicole?

MONSIEUR JOURDAIN

Je la donne au truchement; et ma femme, à qui la voudra.

COVIELLE

Monsieur, je vous remercie. (*À part*) Si l'on en peut voir un plus fou, je l'irai dire à Rome. (*La comédie finit par un petit ballet qui avait été préparé.*)

DORANTE
Very well said. And, Madame Jourdain, so that you can set your mind completely at rest, and so that this day you can lose any jealousy you may have felt with regard to your husband, madame and I will make use of the same notary to marry each other.

MADAME JOURDAIN
I consent to that, too.

MONSIEUR JOURDAIN (*quietly, to Dorante:*)
It's just to fool her?

DORANTE (*quietly, to Monsieur Jourdain:*)
We've got to put her off with that pretense.

MONSIEUR JOURDAIN (*quietly:*)
Good! Good! (*Aloud:*) Someone go get the notary.

DORANTE
While he's on the way and drawing up the contracts, let's watch our ballet, and let's give it as entertainment to His Turkish Highness.

MONSIEUR JOURDAIN
A very good idea. Let's be seated.

MADAME JOURDAIN
And Nicole?

MONSIEUR JOURDAIN
I give her to the interpreter; and I give my wife to anyone who'll take her.

COVIELLE
Sir, I thank you. (*Aside:*) If you can find anyone nuttier, I'll go tell them about it in Rome. (*The comedy ends with a short ballet that had been prepared.*)

[BALLET DES NATIONS]

PREMIÈRE ENTRÉE.

Un homme vient donner les livres du ballet, qui d'abord est fatigué par une multitude de gens de provinces différentes, qui crient en musique pour en avoir, et par trois importuns qu'il trouve toujours sur ses pas.

DIALOGUE DES GENS, *qui en musique demandent des livres.*

TOUS
À moi, monsieur, à moi, de grâce, à moi, monsieur:
Un livre, s'il vous plaît, à votre serviteur.

HOMME DU BEL AIR
Monsieur, distinguez-nous parmi les gens qui crient.
Quelques livres ici; les dames vous en prient.

AUTRE HOMME DU BEL AIR
Holà, monsieur! monsieur, ayez la charité
　　D'en jeter de notre côté.

FEMME DU BEL AIR
　　Mon Dieu, qu'aux personnes bien faites
　　On sait peu rendre honneur céans!

AUTRE FEMME DU BEL AIR
　　Ils n'ont des livres et des bancs
　　Que pour mesdames les grisettes.

[BALLET OF THE NATIONS]

FIRST BALLET EPISODE.

A man comes to distribute librettos of the ballet. He is immediately harassed by a mob of people from various provinces, who call out (in song) to get them, and by three nuisances who are always at his heels.

DIALOGUE OF PEOPLE REQUESTING LIBRETTOS *(in song)*.

ALL
One for me, sir, for me, please, for me, sir:
A libretto, if you please, for your humble servant.

[FIRST] FASHIONABLE MAN
Sir, single us out among the yelling people.
Some librettos over here; the ladies ask you for them.

SECOND FASHIONABLE MAN
Here, sir! Sir, have the goodness
    To toss some our way.

[FIRST] FASHIONABLE WOMAN
    Heavens, what little honor is given here
    To well-appointed persons!

SECOND FASHIONABLE WOMAN
    They only have librettos and benches
    For the shopgirls.

GASCON

Ah! l'homme aux libres, qu'on m'en vaille.
J'ai déjà lé poumon usé.
Bous boyez qué chacun mé raille;
Et jé suis escandalisé
Dé boir ès mains de la canaille
Ce qui m'est par bous réfusé.

AUTRE GASCON

Eh! cadédis, monseu, boyez qui l'on put être.
Un libret, jé bous prie, au varon d'Asbarat.
Jé pensé, mordi, qué lé fat
N'a pas l'honneur dé mé connaître.

LE SUISSE

Montsir le donner de papieir,
Que vuel dire sti façon de fifre?
Moi l'écorchair tout mon gosieir
A crieir,
Sans que je pouvre afoir ein lifre.
Pardi, mon foi, montsir, je pense fous l'être ifre.

VIEUX BOURGEOIS BABILLARD

De tout ceci, franc et net,
Je suis mal satisfait.
Et cela sans doute est laid,
Que notre fille,
Si bien faite et si gentille,
De tant d'amoureux l'objet,
N'ait pas à son souhait
Un livre de ballet,
Pour lire le sujet
Du divertissement qu'on fait;
Et que toute notre famille
Si proprement s'habille
Pour être placée au sommet

[FIRST] GASCON[22]

    Hey! Libretto man, give me some.
    My lungs are worn out already.
    You see how everyone's making fun of me,
    And I'm shocked
    To see in the hands of the rabble
    What you deny to me.

SECOND GASCON

Hey! By God's head, sir, look at who you're dealing with!
A libretto, I ask of you, for Baron d'Asbarat.
    By God's death, I think the conceited fool
    Doesn't have the honor of knowing me.

THE SWISS[23]

    Mister paper-distributor,
    What kind of behavior is this?
    I'm getting all hoarse
        Yelling,
    And I still can't get a libretto.
By God, by my faith, sir, I think you're drunk.

GARRULOUS OLD MIDDLE-CLASS MAN

    To be quite honest about it, all this
        Is very unsatisfying to me;
    And it's surely a nasty thing
        That our daughter,
    So nice-looking and pleasant,
    Sought after by so many suitors,
        Doesn't have, as she wishes,
        A libretto of the ballet,
        To read the plot
    Of the entertainment they're giving;
    And that our whole family,
        Should have gotten all dressed up
    Just to be seated at the very top

---

[22] His and his companion's dialect, from southwestern France, is here characterized chiefly by colorful oaths and the interchange of the letters *b* and *v* (not indicated in the translation). Their remarks display proverbial Gascon bravado.

[23] His dialect, as rendered by Molière, shows some slight phonetic variations from standard French, particularly the substitution of *f* for *v* (not imitated in the translation).

> De la salle où l'on met
>   Les gens de l'entriguet.
> De tout ceci, franc et net
>   Je suis mal satisfait;
> Et cela sans doute est laid.

VIEILLE BOURGEOISE BABILLARDE
>   Il est vrai que c'est une honte;
>   Le sang au visage me monte;
> Et ce jeteur de vers, qui manque au capital,
>   L'entend fort mal,
>   C'est un brutal,
>   Un vrai cheval,
>   Franc animal,
>   De faire si peu de compte
> D'une fille qui fait l'ornement principal
>   Du quartier du Palais-Royal,
>   Et que, ces jours passés, un comte
>   Fut prendre la première au bal.
>   Il l'entend mal,
>   C'est un brutal,
>   Un vrai cheval,
>   Franc animal.

HOMMES ET FEMMES DU BEL AIR
Ah! quel bruit!
>   Quel fracas!
>   Quel chaos!
>   Quel mélange!
Quelle confusion!
>   Quelle cohue étrange!
>   Quel désordre!
>   Quel embarras!
>   On y sèche.
>   L'on n'y tient pas.

GASCON
Bentré! je suis à vout.

Of the rows of seats, where they put
The folks from little towns in Brittany![24]
To be quite honest about it, all this
Is very unsatisfying to me;
And it's surely a nasty thing.

GARRULOUS OLD MIDDLE-CLASS WOMAN
It really is a shame;
The blood is rushing to my head.
And this verse-tosser, who's neglectful of the most important things,
Doesn't know his business:
He's a brute,
A real horse,
A mere animal,
To have so little regard
For a girl who's the principal ornament
Of the Palais-Royal neighborhood,
And whom, a few days ago, a count
Chose as his first partner at the ball.
He doesn't know his business;
He's a brute,
A real horse,
A mere animal.

FASHIONABLE MEN AND WOMEN
Ah, what noise!
What a hubbub!
What chaos!
What a mixup!
What confusion!
What a strange mob!
What disorder!
What a tight spot!
We're dying of impatience here.
We can't stand it.

FIRST GASCON
God's belly! I'm done in.

---

[24] Reading, with other editions, "Lantriguet," another form of the place name Tréguier. The word in the traditional French text is very peculiar.

AUTRE GASCON
> J'enragé, Diou mé damne!

LE SUISSE
Ah! que l'y faire saif dans sti stal de cians!

GASCON
> Jé murs!

AUTRE GASCON
> Jé perds la tramontane!

LE SUISSE
Mon foi, moi le foudrois être hors de dedans.

VIEUX BOURGEOIS BABILLARD
> Allons, ma mie,
> Suivez mes pas,
> Je vous en prie,
> Et ne me quittez pas.
> On fait de nous trop peu de cas,
> Et je suis las
> De ce tracas.
> Tout ce fracas,
> Cet embarras,
> Me pèse par trop sur les bras.
> S'il me prend jamais envie
> De retourner de ma vie
> A ballet ni comédie,
> Je veux bien qu'on m'estropie.
> Allons, ma mie,
> Suivez mes pas,
> Je vous en prie,
> Et ne me quittez pas.
> On fait de nous trop peu de cas.

VIEILLE BOURGEOISE BABILLARDE
> Allons, mon mignon, mon fils,
> Regagnons notre logis;
> Et sortons de ce taudis,
> Où l'on ne peut être assis.
> Ils seront bien ébaubis,
> Quand ils nous verront partis.
> Trop de confusion règne dans cette salle,

SECOND GASCON
             I'm furious, God damn me!

THE SWISS
Oh, how thirsty you get in this theater here!

FIRST GASCON
        I'm dying!

SECOND GASCON
               I'm losing the pole star!

THE SWISS
My faith, I'd like to be out of here.

GARRULOUS OLD MIDDLE-CLASS MAN
               Come, wife,
               Follow me,
               Please,
          And keep right with me.
     They're not paying us enough mind here,
               And I'm tired
               Of this bother.
               All this hubbub,
               This crowdedness,
     Is too much of an annoyance to me.
          If I ever get the urge,
          In my whole life, to come again
          To a ballet or comedy,
          I wish somebody would maim me.
               Come, wife,
               Follow me,
               Please,
          And keep right with me.
     They're not paying us enough mind here.

GARRULOUS OLD MIDDLE-CLASS WOMAN
          Come, darling son,
          Let's go back home;
          And let's leave this hovel,
          Where we can't get a seat.
          They'll be good and surprised
          When they see that we're gone.
     Too much confusion reigns in this theater,

Et j'aimerais mieux être au milieu de la Halle.
Si jamais je reviens à semblable régale,
Je veux bien recevoir des soufflets plus de six.
　　　Allons, mon mignon, mon fils,
　　　Regagnons notre logis;
　　　Et sortons de ce taudis,
　　　Où l'on ne peut être assis.

TOUS
À moi, monsieur, à moi, de grâce, à moi, monsieur;
Un livre, s'il vous plaît, à votre serviteur.

SECONDE ENTRÉE.

Les trois importuns dansent.

TROISIÈME ENTRÉE.

TROIS ESPAGNOLS, *chantant*
　　　　　Sé que me muero de amor,
　　　　　Y solicito el dolor.

　　　　　Aun muriendo de querer,
　　　　　De tan buen aire adolezco
　　　　　Que es más de lo que padezco,
　　　　　Lo que quiero padecer;
　　　　　Y no pudiendo exceder
　　　　　A mi deseo el rigor.

　　　　　Sé que me muero de amor
　　　　　Y solicito el dolor.

　　　　　Lisonjeame la suerte
　　　　　Con piedad tan advertida,
　　　　　Que me asegura la vida
　　　　　En el riesgo de la muerte.
　　　　　Vivir de su golpe fuerte
　　　　　Es de mi salud primor.

　　　　　Sé que me muero de amor
　　　　　Y solicito el dolor.
Six Espagnols dansent.

And I'd rather be in the middle of the produce market.
If ever I come again to a similar entertainment,
I wish somebody would give me more than six slaps.
>Come, darling son,
>Let's go back home;
>And let's leave this hovel,
>Where we can't get a seat.

ALL
One for me, sir, for me, please, for me, sir:
A libretto, if you please, for your humble servant.

SECOND BALLET EPISODE.

The three Nuisances dance.

THIRD BALLET EPISODE.

THREE SPANIARDS (*singing:*).
>I know that I'm dying of love,
>Yet I seek out the pain.
>
>Although I die with longing,
>I languish so enjoyably
>That what I suffer
>Is still less than I wish to suffer;
>And my sweetheart's cruelty
>Cannot exceed my desire.
>
>I know that I'm dying of love,
>Yet I seek out the pain.
>
>Fate flatters me
>With such attentive pity
>That it assures me of life
>Amid the risk of death.
>To gain life through its hard blows
>Is the wonder of my salvation.
>
>I know that I'm dying of love,
>Yet I seek out the pain.

Six Spaniards dance.

TROIS MUSICIENS ESPAGNOLS
> ¡Ay! qué locura, con tanto rigor
> Quejarse de Amor,
> Del niño benito
> Que todo es dulzura.
> > ¡Ay! qué locura!
> > ¡Ay! qué locura!

ESPAGNOL, *chantant*
> El dolor solicita
> El que al dolor se da:
> Y nadie de amor muere,
> Sino quien no sabe amar.

DEUX ESPAGNOLS
> Dulce muerte es el amor
> Con correspondencia igual;
> Y si esta gozamos hoy,
> ¿Por qué la quieres turbar?

UN ESPAGNOL
> Alégrese, enamorado,
> Y tome mi parecer,
> Que en esto de querer,
> Todo es hallar el vado.

TOUS TROIS ENSEMBLE
> ¡Vaya, vaya de fiestas!
> ¡Vaya de baile!
> ¡Alegría, alegría, alegría!
> Que esto de dolor es fantasía.

QUATRIÈME ENTRÉE.   ITALIENS.

UNE MUSICIENNE ITALIENNE, *fait le premier récit, dont voici les paroles:*
> Di rigori armata il seno,
> Contro Amor mi ribellai;
> Ma fui vinta in un baleno
> In mirar due vaghi rai.
> Ahi! che resiste puoco
> Cor di gelo a stral di fuoco!

THREE SPANISH SINGERS
>Ah! What madness, to complain
>>Of Love so harshly,
>>Of that pretty boy
>>Who is all sweetness.
>>>Ah! What madness!
>>>Ah! What madness!

SPANIARD (*singing:*)
>>Pain seeks out
>>The one who gives himself up to pain:
>>And no one dies of love
>>Except the one who doesn't know how to love.

TWO SPANIARDS
>>A sweet death is love
>>When it is reciprocated;
>>And if we enjoy it today,
>>Why do you wish to disturb it?

ONE SPANIARD
>>Cheer up, those in love,
>>And adopt my viewpoint;
>>For, in this business of loving,
>>The chief thing is finding the way.

ALL THREE TOGETHER
>>Come, come, let's have parties!
>>>Let's have a dance!
>>Merriment, merriment, merriment!
>>Because all this about pain is imaginary.

FOURTH BALLET EPISODE.   ITALIANS.

ITALIAN WOMAN SINGER (*performs the first explanatory song, to these words:*)
>>Arming my heart with coldness,
>>I rebelled against love;
>>But I was vanquished in a flash,
>>When I caught sight of two beautiful eyes.
>>Oh, how feebly a heart of ice
>>Resists a flaming arrow!

Ma sì caro è'l mio tormento,
Dolce è sì la piaga mia,
Ch'il penare è'l mio contento.
E'l sanarmi è tirannia.
Ahi! che più giova e piace,
Quanto amor è più vivace!

Après l'air que la musicienne a chanté, deux scaramouches, deux trivelins et un arle-quin, représentent une nuit à la manière des comédiens italiens, en cadence. Un mu-sicien italien se joint à la musicienne italienne, et chante avec elle les paroles qui suivent:

LE MUSICIEN ITALIEN

Bel tempo che vola
Rapisce il contento:
D'Amor nella scuola
Si coglie il momento.

LA MUSICIENNE

Insin che florida
Ride l'età,
Che pur tropp'orrida,
Da noi sen va, . . .

TOUS DEUX

Sù cantiamo,
Sù godiamo
Ne' bei dì di gioventù;
Perduto ben non si racquista più.

MUSICIEN

Pupilla ch'è vaga
Mill'alme incatena,
Fa dolce la piaga,
Felice la pena.

MUSICIENNE

Ma poichè frigida
Langue l'età,
Più l'alma rigida
Fiamme non ha.

But my torment is so dear to me,
So sweet is my wound,
That suffering is my enjoyment,
And to be cured would be cruelty.
Oh, the more it gives aid and pleasure,
The livelier love is!

After the song the singer has performed, two Scaramouches, two Trivellinos and a Harlequin,[25] dancing to music, represent a nightfall in the manner of Italian comedy. A male Italian singer joins the Italian woman singer, and sings with her the following text:

MALE ITALIAN SINGER

The prime of life flies by
And steals our pleasure:
In the school of love
Each moment is seized.

WOMAN SINGER

While our blossoming
    Youth smiles,
Which all too soon grows grim
    And flees from us, . . .

BOTH

Come, let's sing,
Come, let's make merry
In the beautiful days of youth;
Lost happiness is never recovered.

MAN

Beautiful eyes
Enslave a thousand souls,
They make the wound sweet,
The pain blissful.

WOMAN

But once our years
    Languish in a chill,
The soul, grown stiff,
    Has no more flames.

---

[25] All of these are traditional costumed characters of commedia dell'arte.

TOUS DEUX
> Sù cantiamo,
> Sù godiamo
> Ne' bei dì di gioventù;
> Perduto ben non si racquista più.

Après les dialogues italiens, les scaramouches et trivelins dansent une réjouissance.

CINQUIÈME ENTRÉE. FRANÇAIS.

DEUX MUSICIENS POITEVINS, *dansent, et chantent les paroles qui suivent.*

PREMIER MENUET
> Ah! qu'il fait beau dans ces bocages!
> Ah! que le ciel donne un beau jour!

AUTRE MUSICIEN
> Le rossignol, sous ces tendres feuillages,
>> Chante aux échos son doux retour:
>>> Ce beau séjour,
>>> Ces doux ramages,
>>> Ce beau séjour
>> Nous invite à l'amour.

DEUXIÈME MENUET.—TOUS DEUX ENSEMBLE
> Vois, ma Climène,
> Vois, sous ce chêne,
> S'entre-baiser ces oiseaux amoureux:
>> Ils n'ont rien dans leurs vœux
>>> Qui les gêne;
>>> De leurs doux feux
>>> Leur âme est pleine.
>> Qu'ils sont heureux!
>> Nous pouvons tous deux,
>>> Si tu le veux,
>>> Être comme eux.

Six autres Français viennent après, vêtus galamment à la poitevine, trois en hommes et trois en femmes, accompagnés de huit flûtes et de hautbois, et dansent les menuets.

BOTH

Come, let's sing,
Come, let's make merry
In the beautiful days of youth;
Lost happiness is never recovered.

After the Italian musical dialogues, the Scaramouches and Trivellinos perform a dance of merrymaking.

FIFTH BALLET EPISODE.   FRENCHMEN.

TWO SINGERS FROM POITOU[26] *(dancing, and singing the following words:)*

FIRST MINUET

Oh, how lovely it is in these groves!
Oh, what a lovely day heaven sends us!

SECOND SINGER

The nightingale, beneath these fresh leaves,
Makes the echoes ring with its song of sweet homecoming!
This lovely spot,
This sweet warbling,
This lovely spot
Invites us to love.

SECOND MINUET.—BOTH SINGERS

See, my Climène,
See how beneath this oak
Those loving birds are kissing each other:
There's nothing in their love
To inhibit them;
Their soul is full
Of their sweet desires.
How happy they are!
The two of us,
If you wish,
Can be happy as they.

Then six other Frenchmen come, dressed elegantly in Poitou style, three as men and three as women, accompanied by eight flutes and by oboes, and dance minuets.

---

[26] An old province of west-central France. This ballet episode is, musically, a suite of minuets (see also Introduction); certain folk dances of Poitou have been considered as sources of this courtly dance, which was fairly new at the time of the play.

SIXIÈME ENTRÉE.

Tout cela finit par le mélange des trois nations, et les applaudissements en danse et en musique de toute l'assistance, qui chante les deux vers qui suivent:

Quels spectacles charmants! quels plaisirs goûtons-nous!
Les dieux mêmes, les dieux n'en ont point de plus doux.

SIXTH BALLET EPISODE.

*It all ends with the three nations intermingling, and all the spectators applauding in
dance and song, to the following two verses:*

What a charming entertainment! What pleasures we enjoy!
The gods themselves, the gods have none more delightful.